CHARLES SPENCE

GASTROLOGIK

CHARLES SPENCE

GASTROLOGIK

Die erstaunliche Wissenschaft
der kulinarischen Verführung

*Aus dem Englischen
von Frank Sievers*

C.H.Beck

Mit 55 Abbildungen

Titel der englischen Originalausgabe:
«Gastrophysics. The New Science of Eating», erstmals erschienen 2017 bei
Penguin Books LTD London

Für die deutsche Ausgabe:

Umschlaggestaltung: Geviert, Grafik & Typografie
Umschlagabbildung: © shutterstock
Satz: Fotosatz Amann, Memmingen
Druck und Bindung: CPI – Ebner & Spiegel, Ulm
Gedruckt auf säurefreiem, alterungsbeständigem Papier
(hergestellt aus chlorfrei gebleichtem Zellstoff)
Printed in Germany
ISBN 978 3 406 72036 9

www.chbeck.de

Für Norah Spence, die intuitiv um den Wert einer guten Erziehung wusste, ohne je selbst in den Genuss gekommen zu sein. Und für Barbara Spence, die mehr über den legendären F. T. lesen musste, als einer liebenden Frau zuzumuten ist.

INHALT

AMUSE-GUEULE

1. SCHMECKEN

2. RIECHEN

3. SEHEN

4. HÖREN

5. TASTEN

6. DAS STIMMUNGSVOLLE MAHL

7. ESSEN IN GESELLSCHAFT

12. DIGITALES ESSEN

13. ZURÜCK ZU DEN FUTURISTEN

AMUSE-GUEULE

«Mund auf!», befahl sie in ihrem verführerischsten französischen Akzent. Ich gehorchte. Und nahm, was da kommen sollte – als mit einem Mal, einer einzigen Bewegung, nur einem Löffel die längst verblasste Erinnerung wiederkehrte, wie ich als Baby gefüttert wurde. Zugleich warf die Art und Weise, wie ich dieses Mahl gereicht bekam, ihren langen Schatten auf meine allerletzten Mahlzeiten voraus, ehe mich die ewige Nacht übermannt. Wollte man nur ein Beispiel geben, um zu zeigen, dass Essen viel mehr ist als reine Nahrungsaufnahme, wäre das dieser Löffel Limonengelee im Restaurant *The Fat Duck* in Bray vor vielen, vielen Jahren. Es war ein überwältigendes Erlebnis, erschütternd und auch verstörend. Aber warum? Vermutlich, weil mir nie in meinem Leben – zumindest nicht in den letzten fünfundvierzig Jahren – auf diese Weise mein Essen dargebracht wurde. Und nun saß ich da in dem bald besten Restaurant der Welt und ließ mir ein Menü mit drei Michelin-Sternen einfüttern. Zumindest einen Gang davon, immerhin. Jedenfalls hat mir dieses Erlebnis die Augen dafür geöffnet, dass es beim Essen um viel mehr geht als nur um die Frage, was wir essen.

Kulinarisches Vergnügen entsteht im Kopf, nicht im Mund. Das einmal begriffen, ist schnell klar, dass selbst die exquisitesten Kochkünste nicht der Weisheit letzter Schluss sind. Wenn wir verstehen wollen, wodurch Essen und Trinken lustvoll und anregend werden und was genau ein Mahl unvergesslich macht, müssen wir die Rolle des «Drumherum» in den Blick nehmen. Bei näherer Betrachtung wird selbst ein einfacher Vorgang wie das Beißen in einen reifen Pfirsich zu einem unglaublich komplexen multisensorischen Erlebnis. Überlegen Sie mal, was Ihr Gehirn dabei alles anstellt: Es verknüpft den aromatischen Geruch, den Geschmack, die Textur, die Farbe, das Geräusch, wenn Ihre Zähne ins Fruchtfleisch dringen, und das pelzige Gefühl des Pfirsichflaums auf Ihrer Haut und Zunge. All diese Sinneseindrücke tragen im Zusammenspiel mit Ihrer Erinnerung viel mehr zu Ihrem Geschmackserlebnis bei, als Sie glauben. Und in Ihrem Gehirn wird alles miteinander verbunden.

Die Erkenntnis, dass sich unser Geschmackserleben vor allen Dingen im Gehirn abspielt, hat einige der besten Spitzenköche der Welt dazu angeregt, einmal neu darüber nachzudenken, was für ein Erlebnis sie ihren Gästen eigentlich genau bieten. Ein Beispiel ist Denis Martin, der in der Schweiz ein Restaurant mit moderner Küche betreibt (siehe Abb. 1). Manche Gäste schienen das Essen nicht so sehr zu genießen, wie es eigentlich seiner Mühe und Sorgfalt bei der Zubereitung der Speisen entspräche. Allzu oft waren sie steif und zugeknöpft. Und wie sollte jemand, der schon beim Betreten des Restaurants eine sauertöpfische Miene zur Schau stellt, Freude am Essen haben? Die Lösung war so einfach wie brillant: Martin stellte auf jeden Tisch eine Kuh.

Nachdem die Gäste Platz genommen haben, geschieht erst einmal gar nichts – bis jemand aus Neugier nach der Kuh greift, um zu untersuchen, ob sie vielleicht die Schweizer Variante eines Salzstreuers oder einer Pfeffermühle ist. Wenn er sie umdreht, um sich die Unterseite anzusehen, stößt die Kuh plötzlich ein langgedehntes Muhen aus. Meist fangen die Gäste überrascht an zu lachen. Dann dauert es nur wenige Sekunden, bis das ganze Restaurant in einen Chor muhender Kühe ausbricht und alle Gäste kichern und glucksen. Unversehens ist gute Laune eingekehrt, sodass der erste Gang serviert werden kann. Dieser wunderbar intuitive geistige Gaumenreiniger ist weit wirkungsvoller als das säuerlichste Sorbet – der traditionelle Gaumenreiniger –, um den Genuss der Gäste an den nun folgenden Speisen zu steigern. Letztlich zählt unsere Gemütslage zu den wichtigsten Faktoren, die unser

Abb. 1 Die Kuh ist die einzige
Tischdekoration, die die
erwartungsvollen Gäste in
Denis Martins mit zwei Michelin-
Sternen ausgezeichnetem
Restaurant in Vevey begrüßt.

Geschmackserleben beeinflussen – man sorge also für möglichst
gute Laune!

Die neue Wissenschaft vom Essen, die ich Gastrophysik nenne,
ist für moderne Küchenchefs von besonderem Interesse. Denn sie
wollen ja gerade die Zutaten ihrer Gerichte auf neue, ungewöhnliche Weise kombinieren, unabhängig von ihrer Lust, mit den Erwartungen der Gäste zu spielen. Wie genau sie die neuen gastrophysikalischen Erkenntnisse nutzen, um das gastronomische Erlebnis
zu steigern, möchte ich in diesem Buch erläutern. Auch immer
mehr Nahrungsmittel- und Getränkeunternehmen interessieren
sich für die Wissenschaft von der multisensorischen Geschmackswahrnehmung – wobei sich ihre Ziele aber doch von denen der
Spitzenköche unterscheiden. Sie hoffen nämlich insgeheim, dass
ihnen die neuen gastrophysikalischen Erkenntnisse helfen könnten, «Sinnestäuschungen» zu erwirken, mit denen sich ungesunde
Zutaten in ihren Markenprodukten reduzieren lassen, ohne Kom-
promisse beim Geschmack eingehen zu müssen.

GASTROPHYSIK:
DIE NEUE WISSENSCHAFT VOM ESSEN

Viele Faktoren beeinflussen unsere Wahrnehmung von Speisen und Getränken, ganz gleich ob wir einen saftigen Pfirsich oder ein raffiniertes Menü in einem Spitzenrestaurant zu uns nehmen. Nur gab es bislang keinen Erklärungsansatz, warum uns unsere Nahrung so schmeckt, wie sie schmeckt, und warum wir bestimmte Gerichte mögen und andere wiederum nicht. Die moderne Küche – die oft auch als die neue Küchenwissenschaft bezeichnet wird – richtet ihr Augenmerk vor allem auf die Zutaten und deren Zubereitung. Die Wissenschaft der Sinne dagegen sagt uns etwas darüber, wie Menschen die sinnlichen Attribute von Speisen und Getränken im Labor wahrnehmen: Wie süß schmecken sie, wie intensiv ist das Aroma, wie mundet ihnen das Gericht. Dann gibt es noch die neue Disziplin der Neurogastronomie, die im Grunde untersucht, wie das Gehirn Sinnesinformationen verarbeitet. Welche Netzwerke sind im Gehirn beteiligt, wenn eine Versuchsperson mit festgeklemmtem Kopf auf dem Rücken im Gehirnscanner liegt und über ein Röhrchen verflüssigte Nahrung eingeflößt bekommt? Interessanterweise findet man heute auf den Speisekarten von Spitzenrestaurants wie dem *Mugaritz* im spanischen San Sebastián oder der *Fat Duck* in Bray westlich von London tatsächlich Erläuterungen, was im Gehirn der Speisenden vor sich geht. Ja, viele der Trends, die heute wissenschaftlich fundiert die Restaurants der Welt stürmen, haben ihren Ursprung in Bray, wo Heston Blumenthal mit seinem Forschungsteam und vielen weiteren Mitarbeitern seit nunmehr zwanzig Jahren die Grenzen dessen auslotet, was Essen sein kann.

Doch weder die Molekularküche noch die Wissenschaft der Sinne, ja nicht einmal die Neurogastronomie können uns eine befriedigende Antwort auf die Frage geben, warum uns unser Essen so schmeckt, wie es schmeckt. Damit jene Faktoren gemessen und nachvollzogen werden können, die Einfluss auf die Reaktionen echter Menschen auf echte Nahrungsmittel haben, idealerweise unter lebensnahen Bedingungen, braucht es einen anderen Ansatz. Die Gastrophysik nutzt die Stärken und Vorteile verschiedener Disziplinen, darunter Experimentalpsychologie, kognitive Neurowissenschaft, Wissenschaft der Sinne, Neurogastronomie, Marketing, Design und Verhaltensökonomie, die mithilfe ihrer spezifischen Techniken bestimmte Fragen beantworten und somit jeweils einen Teil des Puzzles ergänzen.

Als Experimentalpsychologen haben mich schon immer die Sinne besonders interessiert, vor allem die Anwendung neuester Erkenntnisse aus der kognitiven Neurowissenschaft, mit denen wir unser alltägliches Erleben verschönern können. Anfangs forschte ich am Seh- und Gehörsinn, ehe ich im Laufe der Jahre weitere Sinne in meine Untersuchungen einbezog. Das führte mich schließlich zu der Frage, was mit unseren Sinnen geschieht, wenn wir essen – das multisensorische Erlebnis par excellence. Da meine Eltern nie zur Schule gegangen sind und als Kinder von Schaustellern immer unterwegs waren, war es für mich eine ausgemachte Sache, dass Forschungsergebnisse am Ende auch im echten Leben Anwendung finden müssen. 1997 gründete ich daher ein eigenes Labor, das Crossmodal Research Laboratory, das inzwischen großenteils von der Nahrungsmittel- und Getränkeindustrie mitfinanziert wird. Dort arbeiten neben Psychologen auch Marketingfachleute, der jeweilige Produktdesigner, Musiker und sogar immer ein Chefkoch in Residence – dreimal dürfen Sie raten, auf welcher Firmenparty es das beste Buffet von Oxford gibt. Auch hatte ich das große Glück, mit führenden Spitzenköchen, Barkeepern und Baristas zusammenzuarbeiten. Für meinen Geschmack liegen nämlich die spannendsten Themen genau an der Schnittstelle dieser drei Gebiete – Nahrungsmittel- und Getränkeindustrie, kulinarisches Erlebnisdesign und Gastrophysik. Meiner Ansicht nach wird die

Gastrophysik in den nächsten Jahren eine zentrale Rolle spielen, wenn es darum geht, unsere Wahrnehmung von Speisen und Getränken zu verstehen und zu verbessern.

WAS IST «GASTROPHYSIK»?

Man könnte Gastrophysik als die wissenschaftliche Untersuchung aller Faktoren definieren, die Einfluss auf unser multisensorisches Erleben beim Essen und Trinken haben. Der Begriff ist eine Verschmelzung der Worte «Gastronomie» und «Psychophysik», wobei Gastronomie die feinen kulinarischen Erlebnisse meint, die die Inspirationsquelle der Forschung sind, und Psychophysik die wissenschaftliche Untersuchung unserer Wahrnehmung. Psychophysiker behandeln Menschen gern wie Maschinen. Indem sie systematisch beobachten, wie ihre Probanden – auch Beobachter genannt – auf ausgeklügelte Kombinationen von Sinnesreizen reagieren, hoffen sie messen zu können, was diese wahrnehmen, damit sie anschließend herausfinden, was besonders wichtig ist, um das Verhalten von Menschen zu beeinflussen. Die meisten Psychophysiker arbeiten mit dem Seh- und dem Hörsinn, weil die sich relativ leicht beobachten lassen. Womöglich spielt aber auch ein gewisser Dünkel mit hinein, weil viele Philosophen und Wissenschaftler sie als die höheren, rationalen Sinne erachten. Geschmacks-, Geruchs- und Tastsinn werden dagegen oftmals als die niederen Sinne bezeichnet, unter der unausgesprochenen Annahme, sie seien es nicht wert, sich mit ihnen zu beschäftigen. Das Problem beim Geschmack und Geruch, den beiden wichtigsten Aspekten der Geschmackswahrnehmung, besteht darin, dass sie nur schwer zu untersuchen sind; darüber hinaus tritt bei den «Versuchskaninchen», wie ich meine Testteilnehmer gern nenne, schnell Anpassung, Gewöhnung oder schlicht Übersättigung ein.

Der Gastrophysiker interessiert sich dafür, was der Proband tut

und wie er auf gezielte Fragen und Bewertungsskalen reagiert: Wie
süß ist der Nachtisch auf einer Skala zwischen 1 und 7? Wie gut hat
ihm das Essen geschmeckt? Wie viel würde er für dieses Essen bezahlen? Man hegt in dieser Disziplin eine gewisse Skepsis gegenüber Menschen, die einfach freiheraus erzählen, was sie erlebt und
empfunden haben, weil viele Fälle dokumentiert sind, in denen sie
etwas völlig anderes tun, als sie sagen.

Wichtig ist, dass die Forschungsergebnisse der Gastrophysik
nicht nur in die Entwicklung von Nahrungsmitteln und Getränken der Spitzengastronomie einfließen. Wie oft speisen Sie schon
in einem Sternerestaurant? Umgekehrt sind aber viele Spitzenköche einfach unglaublich kreativ. Und sie besitzen die Autorität
und die Möglichkeiten, Veränderungen anzustoßen. Wenn sie eine
neue Erkenntnis aus dem Labor des Gastrophysikers spannend finden, kann womöglich schon nächste Woche ein entsprechendes
Gericht auf ihrer Speisekarte stehen. Die großen Unternehmen der
Nahrungsmittel- und Getränkeindustrie sind dagegen deutlich
unflexibler und können, so gern sie es täten, keine schnellen und
vor allem keine radikalen Änderungen vornehmen; bei ihnen geht
alles deutlich langsamer vonstatten.

Im Idealfall werden innovative Ideen zunächst in der modernen
Küche ausprobiert, deren konkrete Ergebnisse anschließend unser kulinarisches Erleben allerorten verbessern helfen können, im
Flugzeug, im Krankenhaus, zu Hause, im Schnellrestaurant. Die
multisensorischen Gerichte und Erlebnisse, die zunächst in einigen
wenigen Spitzenrestaurants erdacht werden, liefern den Mach-
barkeitsbeweis für all jene Menschen und Unternehmen, die sodann die Neuerungen unter das Volk bringen. Funktioniert dieses
Zusammenspiel, können am Ende neue Erkenntnisse aus der
Gastrophysik zu beglückenden kulinarischen Erlebnissen führen,
die man gerne teilen möchte. Richtig angewandt, entstehen spektakuläre, unvergessliche Gerichte, die bestenfalls sogar noch gesünder sind als unser bisheriges Essen.

Als Beispiel würde ich Ihnen gern von einem Forschungsprojekt erzählen, das ich vor fünfzehn Jahren für Unilever durchgeführt habe. Darin konnten wir zeigen, dass die Probanden einen Kartoffelchip als umso frischer und knuspriger empfinden, je prägnanter das Knuspergeräusch beim Reinbeißen ist. Diese Erkenntnis brachte uns – wie ich nicht ohne Stolz sage – den Ig-Nobelpreis für Ernährung ein; das ist kein echter Nobelpreis, sondern eine gleichsam augenzwinkernde Auszeichnung für wissenschaftliche Erkenntnisse, die uns erst zum Lachen und dann zum Nachdenken bringen. Etwa zu der Zeit kam der Spitzenkoch Heston Blumenthal auf Empfehlung von Anthony Blake von Firmenich, einem Schweizer Aromen- und Duftstoffhersteller, zum ersten Mal in das Oxforder Labor. Wir steckten ihn in unsere Kabine und setzten ihm die Kopfhörer auf. Auf dem Foto ist ihm die Verblüffung ins Gesicht geschrieben (siehe Abb. 2).

In einem Interview auf BBC Radio 4 sagte Heston damals: «Ich halte Klang für eine Zutat, mit der Köche arbeiten können.» Diese Erkenntnis gab den Anstoß zu einem Gericht, das zum Aushängeschild der *Fat Duck,* eines der besten Restaurants der Welt, werden sollte: «Sound of the Sea», ein Gericht mit Meeresfrüchten. Bald begannen auch andere Restaurants und Marken, Klangelemente in ihre Gerichte zu integrieren, nicht selten unter Zuhilfenahme von Technologien.

Als Nächstes arbeiteten wir zusammen mit der Forschungsküche der *Fat Duck* am Würzen mit Klang; dabei geht es darum, den Geschmack von Nahrungsmitteln gezielt zu verändern, indem man sie mit bestimmten Klängen oder einer bestimmten Musik begleitet. Unsere daraus resultierenden Erkenntnisse flossen wiederum in die Speisekarte des Londoner Restaurants *The House of Wolf* ein, das von der Essenskünstlerin Caroline Hobkinson geführt wird. Essenskünstler sind mehr Künstler als Koch, die mittels Essen und Essensinstallationen ihre Ideen auszudrücken suchen. Auf der Grundlage dieser Forschung brachte British Airways 2014 sein

Abb. 2 Der Spitzenkoch Heston Blumenthal lauscht in der goldenen Kabine des Crossmodal Research Laboratory in Oxford unserem «akustischen Chip» (um 2004).

«Sound Bite»-Menü heraus, das akustisches Würzen für Langstreckenflüge nutzt. Ein noch aktuelleres Beispiel ist die Erforschung einiger Gesundheitsbehörden, ob sich «süß klingende» Playlists erstellen lassen, wodurch etwa Diabetiker besser mit ihrem Zuckerhaushalt zurechtkommen. Dahinter steht die Idee, wenn ich dem Gehirn suggerieren kann, dass das Essen süßer schmeckt, als es in Wirklichkeit ist, erhöhe ich den Genuss, ohne die schädlichen Nebenwirkungen des übermäßigen Zuckerkonsums in Kauf nehmen zu müssen. So finden Forschungsergebnisse ihren Weg vom Labor des Gastrophysikers in Spitzenrestaurants und schließlich in die Allgemeinheit – wobei noch die Anschlussstudien anstehen, wie nachhaltig die Wirkung von Musik und Klanglandschaften tatsächlich ist. Außerdem können auch umgekehrt Kompositionen der Spitzenrestaurants den Anstoß für Grundlagenforschung im Labor geben.

DER UNTERSCHIED ZWISCHEN «KREUZMODAL» UND «MULTISENSORISCH»

Viele Erkenntnisse der Gastrophysik basieren auf den neuesten Forschungsergebnissen zur kreuzmodalen und multisensorischen Wahrnehmung. Diese kompliziert klingenden Begriffe umschrei-

ben die Tatsache, dass es zwischen den verschiedenen Sinnen ein
sehr viel größeres Wechselspiel gibt als bislang gedacht. Früher
ging die Wissenschaft davon aus, dass alles, was wir sehen, in unserem visuellen Gehirn landet, alles, was wir hören, im akustischen
und so weiter. Tatsächlich aber bestehen zahlreiche vielfältige Verbindungen zwischen den Sinnen. Wenn man austauscht, was eine
Person sieht, kann sich das, was sie hört, radikal ändern; und wenn
sie etwas Neues hört, ändert sich womöglich ihr Empfinden, was
wiederum dazu führen kann, dass sich die gesamte Geschmackswahrnehmung wandelt. Daher der Begriff «kreuzmodal»: Was wir
mit einem bestimmten Sinn wahrnehmen, beeinflusst, was wir mit
den anderen Sinnen erleben.

Der Begriff «multisensorisch» soll dagegen eher erklären, was
etwa geschieht, wenn ich den Krach eines Kartoffelchips beim Reinbeißen verändere. Das Gehirn überführt das, was man hört und
empfindet, in eine multisensorische Wahrnehmung der Frische
und Knusprigkeit, wobei beide Sinne das Genusserleben desselben
Lebensmittels bestimmen. Die Unterscheidung mag haarspalterisch
sein – es ist in der Tat ein sehr feiner Unterschied. Aber auf solche
Fragen fahren meine Akademikerkollegen besonders ab.

Entschieden verwehre ich mich gegen das Konzept der Fernsehsendung *Chef versus Science. The Ultimate Kitchen Challenge* auf BBC,
in der Wettkämpfe zwischen Chefköchen und Wissenschaftlern
veranstaltet werden. Ich finde das schlichtweg lächerlich. Ob Sie
nun Pierre Gagnaire und Hervé This, einen der Väter der Mole-
kulargastronomie, gegeneinander antreten lassen oder den Sternekoch Marcus Wareing gegen den Materialwissenschaftler Mark
Miodownik, es wird immer auf dasselbe hinauslaufen: Natürlich
gewinnt der Koch. Zumindest mich interessiert viel mehr, wie sehr
der Spitzenkoch, der Molekularbarkeeper oder der Barista von der
Zusammenarbeit mit einem Gastrophysiker profitieren können.
Ich hoffe, zeigen zu können, dass eine solche Kombination meist
lohnend ist. Ja, allmählich lassen sich schon die Früchte dieser

Zusammenarbeit in den verschiedensten kulinarischen Bereichen
ernten. Indes sind nicht alle Menschen glücklich darüber, was in der
Gastronomie vor sich geht. Zum Beispiel drohte William Sitwell,
ein Juror der Kochshow *MasterChef*, alle quadratischen Teller zu
zerschlagen, die ihm unterkommen.[1] Er verabscheut diese Mode.
Ich will nicht ungerecht sein, ich kenne seinen Hintergrund. Sicher
gibt es auch ein paar besonders experimentierfreudige Köpfe, die
es mit ihren Innovationen zu weit treiben – wenn mir etwa ein Gericht in einer Minibratpfanne auf einem zwischen Ziegelsteinen
schwebenden Brett serviert wird. Aber solche Exaltiertheiten rela-
tivieren nicht die Erkenntnis, dass die Art und Weise, wie Speisen
serviert werden – und natürlich auch, auf welchem Teller –, unsere
Wahrnehmung und unser Verhalten beim Essen beeinflussen. Mich
begeistert besonders, dass die neuesten Trends beim Servieren der
Speisen in der Spitzengastronomie auch zu praxisorientierten Einsichten führen, dank deren zum Beispiel Krankenhäuser ihre Mahlzeiten ansprechender präsentieren können.

VON DER HAND IN DEN MUND:
DAS ESSBESTECK

Mal ehrlich, finden Sie es sexy, sich etwas in den Mund zu stecken,
das schon wer weiß wie viele Menschen vor Ihnen benutzt haben?
Lassen Sie sich die Vorstellung auf der Zunge zergehen – erscheint
Ihnen eine kalte, glatte Edelstahlgabel als die beste aller Möglichkeiten, Nahrung vom Teller in den Mund zu befördern? Warum
nicht stattdessen mit den Fingern essen? Ist es reiner Zufall, dass
die meisten Snacks mit den Fingern gegessen werden? Sollten wir
nicht nach allem, was wir inzwischen über die Wirkungsweise des
menschlichen Mundes, sein Zusammenspiel mit den Sinnen und
die daraus resultierende multisensorische Geschmackswahrneh-

Abb. 3 Eine Auswahl der Essutensilien, die der Silberschmied Andreas Fabian zusammen mit dem frankokolumbianischen Spitzenkoch Charles Michel entwickelt hat, gezeigt in der Ausstellung «Cravings» im Londoner Science Museum.

mung wissen, die Sache anders angehen und einen Schritt in die Zukunft machen? Wie wäre es zum Beispiel, wenn Löffel fortan durch eine Textur eine Streicheleinheit für Zunge und Lippen böten? Immerhin gehören diese beiden zu den sensibelsten Arealen unserer Haut – zumindest jenen, die am Esstisch zu berühren schicklich wäre.

Wir könnten auch die Griffe unseres Bestecks mit Pelz umwickeln – was die italienischen Futuristen in den dreißiger Jahren offenbar bei ihren taktilen Tischgesellschaften gemacht haben. Übrigens haben wir beides in Oxford ausprobiert (siehe Abb. 3). Natürlich brauchen Veränderungen Zeit, aber nachdem sich in den letzten Jahren schon derart radikale Neuerungen bei den Tellern durchgesetzt haben, könnte doch mal das Essbesteck an der Reihe sein. Das gilt natürlich für Menschen mit westlichen Essgewohnheiten ebenso wie für Stäbchenbenutzer. Glücklicherweise denken gerade Gastrophysiker zusammen mit Besteckherstellern, Industriedesignern und Spitzenköchen darüber nach, wie sich unser Essen auf dem Tisch schöner darreichen ließe.

TESTREAKTIONEN

Häufig geht es in der Gastrophysik darum, die unmittelbare Wahrnehmung der Versuchspersonen zu beurteilen. Üblicherweise liefern die Testergebnisse empirische Daten über die relative Bedeutung verschiedener Faktoren, die man schon vorher für potenziell relevant gehalten hat. Aber gelegentlich kann eine Studie auch überraschende Ergebnisse zutage fördern, etwa indem sie eine uralte Küchenweisheit widerlegt. So wird zum Beispiel in vielen Kochschulen gelehrt, dass man möglichst eine ungerade Zahl von Elementen auf den Teller legen soll, also besser drei oder fünf Schweinemedaillons als vier. Als wir diese Vorgehensweise hinterfragten und mehreren tausend Menschen jeweils zwei Teller mit Essen zeigten, spielte bei der Frage, welcher Teller ihnen besser gefällt, die Anzahl der Elemente keine Rolle (siehe Abb. 4). Die Wahl hing einzig und allein von der Menge ab. Je mehr Essen, desto besser! Natürlich kann die gastrophysikalische Forschung, auch wenn sie nur unser intuitives Gefühl bestätigt, Entscheidungsfindungen erleichtern, indem sie den monetären Wert einer Speise beziffert.

Im letzten Teil der Einleitung möchte ich nun gern noch einige Fragen erörtern, mit denen sich die Gastrophysik aktuell beschäftigt.

Abb. 4 Für welche Portion Schweinemedaillons würden Sie sich entscheiden? Die schiere Menge ist für uns attraktiver als eine ungerade Zahl an Elementen.

DIE RICHTIGE ATMOSPHÄRE

Ob wir in einem Dunkelrestaurant oder in einem Sternerestaurant sitzen, unsere Wahrnehmung und unser Verhalten werden auf subtile und vielfältige Weise durch die Atmosphäre, die Einrichtung, die Geräusche und Gerüche, ja sogar durch unser Sitzgefühl beeinflusst, ganz zu schweigen von der Form und Größe des Tisches. Von unserer Wahl über unsere Reaktion, wenn das bestellte Essen kommt, bis hin zum Tempo, in dem wir essen, und der Dauer unseres Aufenthalts hat das Ambiente Auswirkungen auf alles. Natürlich würde jeder behaupten, er hätte ohnehin genau das bestellt, was er bestellt hat, und genau so viel getrunken, wie er trinken wollte. Die aktuellen Forschungsergebnisse der Gastrophysik zeigen allerdings, dass diese Behauptung schlichtweg nicht stimmt.

In unseren Studien für die Nahrungsmittel- und Getränkeindustrie haben wir unter anderem zu quantifizieren versucht, wie groß der Einfluss der Atmosphäre bei der Bewertung von Geschmack und Vorlieben ist. So fanden wir zum Beispiel heraus, dass die Beurteilung desselben Getränks je nach Umgebung um mehr als 20 Prozent variieren kann. Kein Wunder, dass Spitzenköche und

Restaurantbesitzer zunehmend darauf achten, welche Wirkungen dieser Art das Ambiente ihres Lokals hat. Einige versuchen, die Atmosphäre mit den servierten Speisen, dem Bild, das sie kreieren wollen, und den Empfindungen, die sie hervorrufen möchten, in Verbindung zu bringen.

ÜBER DEN TELLERRAND GESCHAUT

Ein Trend, der seit einigen Jahren die führenden Molekularküchen dieser Welt ergriffen hat, ist «off-the-plate dining». Der Begriff beschreibt die theatralischen, magischen, emotionalen und erzählerischen Elemente, die zunehmend Eingang in die zeitgenössische Haute Cuisine finden. Heutzutage scheint sich fast alles um bedeutsame, unvergessliche, stimulierende multisensorische Erlebnisse oder gar Reisen zu drehen. Verkauft wird «das Erlebnis» beziehungsweise «die Erfahrung», das «Gesamtprodukt», wie es in Philip Kotlers Marketingterminologie heißt – und nicht nur das greifbare Produkt. Noch besser ist es natürlich, wenn diese Erfahrungen dann auch noch mit anderen geteilt werden können, zum Beispiel in den sozialen Netzwerken.

Während die Spitzenköche um die Trophäe für die erste multisensorische experimentelle Theatergastronomie wetteifern, haben die italienischen Futuristen schon vor achtzig Jahren passende Klänge zu ihren Menüs abgespielt, ihren Gerichten besondere Gerüche und Texturen verliehen und mit der Einfärbung der Speisen experimentiert.

STEHT NICHT GUTES ESSEN FÜR SICH?

Einige Kritiker, darunter auch Sterneköche, vertreten die Meinung, Gastrophysik sei nur ein Griff in die sinnliche Trickkiste. «Gutes Essen», erklären sie im Brustton der Überzeugung, «muss für sich stehen.» Für sie sind die Voraussetzungen für ein gelungenes Mahl lokale und saisonale Produkte, Detailgenauigkeit und technische Fertigkeiten bei den Vorarbeiten sowie eine exquisite Zubereitung der Speisen. Mit Essen spielt man nicht, es soll schlicht und mit Bedacht gemacht sein. So oder so ähnlich drückte es Michael Caines, Angehöriger des Ordens des Britischen Weltreiches, mir gegenüber aus, als ich den sternegekrönten damaligen Chefkoch des *Gidleigh Park* in Devon 2015 kennenlernte.[2] Er will einem allen Ernstes weismachen, dass der Rest keine Rolle spielt, ja dass es für uns alle besser wäre, wenn es die Gastrophysik gar nicht gäbe – Gott bewahre! Auf der Skala von Slow Food bis Molekularküche wäre er gewiss am Slow-Food-Ende einzuordnen.

Laut Caines und Kollegen lässt der ehrbare Koch seine Gerichte für sich sprechen. Er muss sich nicht den Kopf darüber zerbrechen, wie schwer das Messer sein sollte, damit sein Essen den Gästen mundet. Aber ohne dem Gidleigh Park einen Besuch abstatten zu müssen, weiß ich, dass dort das Besteck schwer ist. Kein Koch, der etwas auf sich hält, würde den Gästen eine Plastikgabel oder ein Aluminiummesser neben den Teller legen. Dadurch würde das ganze kulinarische Erlebnis zerstört. Oder etwa nicht? Und wenn wir schon mal dabei sind, werfen wir doch einen Blick auf die Dekoration und die Umgebung des *Gidleigh Park*. Zufälligerweise handelt es sich um ein wunderschönes altes Herrenhaus, gelegen in einer ländlichen Idylle im County Devonshire. Sie müssen kein Gastrophysiker sein, um zu wissen, dass Ihnen die Gerichte in diesem Hause besser schmecken, als wenn Sie sie in einem dröhnenden Flugzeug oder einer Krankenhauskantine serviert bekämen. Mit anderen Worten, Sie kommen um das Drumherum nicht herum.

Der springende Punkt ist für mich, dass Essen und Trinken immer von einer multisensorischen Atmosphäre begleitet sind, ganz gleich, wo serviert, gekauft oder konsumiert wird. Und die Umgebung hat Einfluss darauf, was wir über das Essen denken und was wir schmecken, mehr noch, in welchem Grad wir das Erlebnis genießen. Es gibt schlicht keine neutrale Kulisse. Ich denke, wir müssen das inzwischen meterhohe Beweismaterial der Gastrophysik zur Kenntnis nehmen und akzeptieren, dass das gesamte Drumherum, die Wahl der Teller und des Bestecks, die Benennung der Gerichte und so weiter, Einfluss auf unser Geschmackserlebnis hat. Habe ich diese Tatsache einmal verstanden, ist es selbstverständlich sinnvoll, nicht nur das Essen, sondern auch das Übrige möglichst optimal zu gestalten. Und zwar unabhängig davon, was ich erreichen will – ein unvergessliches, ein besonders anregendes oder ein möglichst gesundes Mahl. Und sollte nun tatsächlich noch irgendwer die wissenschaftlichen Erkenntnisse der Gastrophysik ignorieren, so rate ich ihm nur: Servieren Sie Ihr Menü in einer angenehmen Atmosphäre, und decken Sie um Himmels willen das schwere Besteck!

1.

SCHMECKEN

Kennen Sie alle Grundgeschmacksrichtungen? Es gibt süß, sauer, salzig und bitter, klar. Aber sind das alle? Seit einiger Zeit spricht die Forschung tatsächlich von einer fünften Geschmacksrichtung, umami, was wörtlich übersetzt «köstlicher Geschmack» heißt. Sie wurde bereits 1908 von dem japanischen Forscher Ikeda Kikunae entdeckt. Ausgelöst wird dieser Geschmack durch Glutaminsäure, eine Aminosäure, beziehungsweise durch das von ihr abgeleitete Mononatriumglutamat. Manche Wissenschaftler zählen noch bis zu fünfzehn weitere Geschmacksrichtungen auf, wie etwa metallisch, Fettsäure oder kokumi – von welchen ich teilweise noch nie gehört habe. Andere wiederum halten «Grundgeschmacksrichtungen» für eine Konstruktion.

Wer über Speisen und Getränke redet, begeht oftmals den Fehler, Eigenschaften wie fruchtig, fleischig, pflanzlich, zitrusartig, rauchig, gebrannt oder erdig als Geschmacksrichtungen anzusehen, was sie aber nicht sind. Genau genommen handelt es sich um Aromen. Aber lassen Sie sich nicht verunsichern, den wenigsten ist diese Unterscheidung geläufig. Doch wie trifft man nun eine solche Unterscheidung? Ganz einfach, Sie müssen sich nur die Nase zuhalten, und was Sie dann noch schmecken, ist der Geschmack (vorausgesetzt, Sie haben sich nicht gerade etwas Scharfes wie Chili oder Menthol reingepfiffen, was den Drillingsnerv aktiviert).

GESCHMACK ODER AROMA

Wenn wir vom Geschmack einer Speise reden, meinen wir in den allermeisten Fällen ihr Aroma. Umgekehrt ist vieles, was wir als Aroma bezeichnen, in Wirklichkeit eine Geschmacksrichtung. Manche Sprachen umgehen das Problem elegant, indem sie dasselbe Wort für beides haben. Eine Herausforderung sind aber auch Reize, die an der Peripherie liegen, zum Beispiel Menthol. Ist das Pfefferminzige beim Kaugummikauen ein Geschmack, ein Geruch oder ein Aroma? Tja, es ist alles drei und sogar noch mehr, weil es darüber hinaus ein kühlendes Gefühl im Mund auslöst. Auch das Metallische, das wir schmecken, wenn wir Blut im Mund haben, hat den Forschern Kopfzerbrechen bereitet, ob sie es als eine Grundgeschmacksrichtung, ein Aroma, ein Gewürz oder eine Mischung daraus bezeichnen sollen.

Vielleicht haben Sie schon einmal von der sogenannten «Zungenkarte» gehört, die seit fünfundzwanzig Jahren in nahezu jedem Lehrbuch erwähnt wird, das sich mit den Sinnen beschäftigt. Mit ihr wird uns erklärt, dass wir Süßes an der Zungenspitze schmecken, Bitteres hinten, Saures an den Seiten und so weiter. Das ist Unfug, so funktioniert unsere Zunge nicht. Der weitverbreitete Irrglaube hat seinen Ursprung in einer fehlerhaften Übersetzung der Doktorarbeit des Deutschen David Hänig, die Edwin Boring 1942 in einem bekannten US-amerikanischen Psychologielehrbuch veröffentlicht hat.[1]

Tatsächlich sind die Geschmacksrezeptoren auf der Zunge ungleich verteilt, jedoch nicht in klaren Segmenten, wie uns die berühmte Zungenkarte glauben machen will. Die Wahrheit liegt wie so oft dazwischen. Jede Geschmacksknospe spricht auf jede der fünf Grundgeschmacksrichtungen an. Hauptsächlich liegen die Knospen im vorderen Teil der Zunge, an den hinteren Seiten und ganz hinten; im mittleren Bereich der Zunge gibt es keine Geschmacksknospen. Interessanterweise sagen aber viele Menschen und sogar Chefköche, dass sie Süßes vor allem auf der Zungenspitze schmecken, Saures eher an den Seiten und Bitteres im hinteren Bereich der Zunge. Für mich persönlich reicht indes an eine reine Umami-Lösung, die meinen gesamten Mundraum wie nichts sonst erfüllt, kein anderer Geschmack heran. Wie können sich nun derart viele Menschen dermaßen irren? Womöglich wurden die «niederen» Sinne von der Forschung allzu lange sträflich vernachlässigt. Unser Gehirn spielt uns eben einfach gerne einen Streich, wenn wir Geschmackswahrnehmungen zu fassen versuchen – ich denke da etwa an die sogenannte «orale Übertragung» oder die «gerochene Süße».

DAS SPIEL MIT DEN ERWARTUNGEN

Warum muss ein Koch – sei es im Sternerestaurant oder bei einem privaten Abendessen mit Freunden – wissen, was sich in den Köpfen seiner Gäste abspielt? Warum kann man sich nicht einfach auf seine Fähigkeiten verlassen, die man in der Kochschule gelernt oder sich bei einer dieser unzähligen Kochshows im Fernsehen angeeignet hat? Reicht es nicht, gutes saisonales Gemüse aus der Region zu besorgen und sich auf die Zubereitung und vielleicht noch das Arrangement der Speisen auf dem Teller zu konzentrieren? Braucht es wirklich mehr? Als Gastrophysiker weiß ich, wie wichtig es ist, in die Köpfe der Gäste zu schauen, um ihre Erwartungen zu kennen. Wer seinen Gästen ein einzigartiges Erlebnis bieten will, muss sich mit beidem beschäftigen: wie man ein gutes Mahl zubereitet und wie man mit Erwartungen umgeht.

Mich freut es außerordentlich, dass sich immer mehr junge Chefköche Gedanken darüber machen, wie sie auch den Geist ihrer Gäste und nicht nur deren Münder füttern können. Sicher haben wir das vor allem einflussreichen Starköchen wie Ferran Adrià oder

Heston Blumenthal zu verdanken, mit denen ich das Glück hatte zusammenzuarbeiten. Sie waren die Pioniere, in deren Fußstapfen nun schon die nächste Generation folgt. Trotzdem bleibt die grundsätzliche Frage, was das Interesse der Spitzenköche dafür geweckt hat, was in den Köpfen ihrer Gäste vor sich geht. In der Kochschule wurden sie damit sicherlich nicht behelligt.

Bei Heston begann alles mit einer Eiscreme. Ende der Neunzigerjahre kreierte er ein Krabbeneis, das er zu seinem Krabbenrisotto servierte. Der Geschmack gefiel dem Spitzenkoch, weshalb er so lange daran feilte, bis das Eis seiner Meinung nach genau die richtige Würze hatte. Doch was sagten seine Gäste?

Neue Gerichte entwickelt Heston immer in seiner Forschungsküche, gegenüber von seinem Restaurant. Hat er ein Gericht schließlich freigegeben – was ein langwieriger, genau festgelegter Prozess ist –, setzt er es Stammgästen vor, um zu erfahren, was sie davon halten. Nur wenn ein Gericht alle diese Hürden überwunden hat, wird es in das Degustationsmenü des Restaurants aufgenommen.

Ich sehe es vor mir, wie Heston erwartungsvoll in seiner Küche steht und darauf wartet, dass die Versuchskaninchen draußen an den Tischen seine neueste Kreation goutieren. Natürlich werden die Gäste sie köstlich finden, allein schon weil sie von ihm stammt. Doch diesmal hatte Heston sich geirrt. «Uaaah! Das schmeckt ja ekelhaft! Total versalzen!» Vielleicht übertreibe ich ein bisschen, aber sinngemäß war das die Reaktion.

Was war passiert? Was war schiefgelaufen? Wie konnte einer der besten Sterneköche der Welt die eigene Kreation perfekt finden, während seine Stammgäste sie für versalzen hielten? Die Antwort auf diese Frage gibt Aufschluss darüber, wie wichtig es ist, sich mit den Erwartungen zu beschäftigen, die der Gast aufgrund seiner Erfahrung hat. Wie uns etwas schmeckt, hängt nämlich ebenso sehr davon ab, was in unserem Kopf vorgeht, wie von dem, was wir im Mund oder auf dem Teller haben. Als die Gäste die rosafarbene Eiscreme sahen, stellte sich bei ihnen innerlich unmittelbar eine

Vermutung ein, was sie vor sich hätten (dasselbe zeigte sich bei einem Experiment im Labor mit einer Eiscreme aus Räucherlachs). Was würden Sie erwarten, wenn Sie ein solches Gericht serviert bekämen?

Die meisten Menschen der westlichen Welt assoziieren mit etwas Rosafarbenem, das nach Speiseeis aussieht, ein süßes, fruchtiges Eis, vermutlich mit Erdbeergeschmack. «Süß, fruchtig, lecker, nur leider nicht gut für meine Figur» – derlei Gedanken schießen dem Gast im Bruchteil einer Sekunde durch den Kopf. Letztlich besteht eine der Hauptaufgaben unseres Gehirns darin, uns zu sagen, ob ein Nahrungsmittel nahrhaft ist und ob es sich lohnt, dafür auf den Baum zu klettern, bzw. ob es schädlich oder gar giftig sein könnte und wir besser einen Bogen darum machten. Liegen wir aber ausnahmsweise mit unserer Vermutung falsch, kann uns die Überraschung – die «Nichtbestätigung der Erwartung» – tatsächlich wie ein Schock treffen. Das ist meistens unangenehm: Hestons Gäste haben Erdbeere erwartet und bekamen gefrorene Krabbensoße.

Martin Yeomans von der Universität Sussex hat mit seinem Team in Zusammenarbeit mit Heston eine Reihe großartiger gastrophysikalischer Experimente durchgeführt, in denen sie zeigen konnten, dass sich die Wahrnehmung der Menschen stark manipulieren lässt. In diesem Fall musste er nur den Namen des Gerichts ändern, damit den Gästen das rosafarbene Eis mundete. Einmal sagte er ihnen, es handele sich um ein köstliches Speiseeis, dann wiederum gab er ihm den mysteriösen Namen «Food 386». Dadurch änderte sich die Erwartung der Probanden im Labor von Grund auf. Hatte man ihnen vor der Kostprobe einen Namen oder eine Beschreibung gesagt, mochten sie das Eis deutlich lieber, als wenn sie es ohne vorherige Erläuterung probieren sollten. Und entscheidend war, es kam ihnen plötzlich gar nicht mehr versalzen vor.

Studien legen nahe, dass der Moment, in dem wir einen Geschmack oder ein Aroma zum ersten Mal erleben, alle weiteren Erfahrungen beeinflusst, selbst wenn wir genau wissen, was wir da gerade schmecken. Ich erinnere mich noch an meine erste Japanreise vor fünfzehn Jahren. Damals kaufte ich bei einem Straßenhändler ein Eis mit hellgrüner Farbe. Es war ein warmer Frühlingstag, und alle Menschen um mich herum liefen mit einem solchen wunderbar erfrischenden Eis in der Hand herum. Ich war felsenfest davon überzeugt, dass es nach Pfefferminz schmecken wird. Doch als ich es probierte, zuckte ich zusammen. Entgegen aller Erwartung hatte das Eis ein Aroma von grünem Tee. Und so köstlich es letzten Endes auch war, muss ich gestehen, dass ich über diese erste Überraschung nie hinweggekommen bin und jedes Mal aufs Neue irritiert bin, wenn ich in Japan eine Kugel Grüntee-Eis schlecke.

Der Name beziehungsweise die Beschreibung eines Gerichts gibt uns unabhängig von seinem Aussehen Hinweise, die unsere Erwartungen bestimmen. Diese Erwartungen nehmen wiederum Einfluss auf unsere Wahrnehmung und unser Urteil. Selbst wenn Sie nur daheim für Freunde kochen, hängt deren Erleben des Essens nicht nur davon ab, was Sie servieren, sondern in kaum geringerem Maße davon, was in deren Köpfen vorgeht. Dabei werden unsere Erwartungen mitnichten nur von der Farbe und anderen optischen Eigenschaften gesteuert.

SIND NAMEN NUR SCHALL UND RAUCH?

Stellen Sie sich vor, Sie sitzen in einem schicken Restaurant und gehen die Karte durch. Sie möchten gern Fisch essen. Und was sehen Sie? Patagonischen Zahnfisch. Würden Sie den nun bestellen? Ich vermute, Sie würden erst einmal zurückzucken. Genauso verhielten sich nämlich jahrelang unzählige Restaurantgäste auf der ganzen Welt. Dieses «Monster der Tiefsee» war ein Ladenhüter. Die Küchenchefs konnten ihn zubereiten, wie sie wollten, die Gäste rümpften die Nase und suchten weiter nach einem etwas verführerischer klingenden Speisefisch. Und wenn Sie nun auf der Karte einen Chilenischen Seebarsch sähen? Klingt der nicht verlockend? Beides bezeichnet aber ein und denselben Fisch. Allein durch die Namensänderung stiegen innerhalb kürzester Zeit die Verkäufe dieser Dorschart, die derzeit nachhaltig gefangen werden kann, in diversen Ländern um tausend Prozent an. Ein beeindruckendes Beispiel von «Nudging durch Benennung», wie Verhaltensökonomen sagen. Tatsächlich stand dieser Fisch urplötzlich auf den Speisekarten der besten Restaurants der Welt, und bislang ist noch keine Kehrtwende des Trends abzusehen. Ein weiteres Beispiel dafür, dass sich Entscheidendes im Kopf des Gastes abspielt, indem durch eine Etikettierung andere Assoziationen geweckt werden.

Die beiden Fälle mit der gefrorenen Krabbensoße und dem Patagonischen Zahnfisch illustrieren, wie wichtig für unsere Wahrnehmung einer Speise deren Benennung ist. Wenn Sie ein wenig überlegen, werden Ihnen sicher ähnliche Beispiele einfallen. Haben Sie sich etwa schon einmal gefragt, warum Regenbogenforelle ungleich beliebter ist als Bachforelle? Ein traditionell ausgebildeter Koch würde natürlich gleich Unterschiede in Geschmack oder Textur erörtern oder Überlegungen über die unterschiedlichen Transportwege anstellen. Aber könnte nicht vielleicht doch mehr dahintersteckten? Oder wann haben Sie das letzte Mal Brechbohnen gegessen? Es ist wahrscheinlich kein Zufall, dass uns dieses Gemüse unter dem Namen «Prinzessbohnen» gleich viel besser mundet. Und was macht Ihnen eher Appetit: Wrackfisch oder Seelachs?

GROSSE ERWARTUNGEN

Es lohnt sich durchaus, darüber nachzudenken, welchen Namen
man einem Gericht gibt oder wie man es beschreibt. Das gilt auch
für Ihre Essenseinladung zu Hause. Wenn Sie einen Nudelsalat als
«Salat mit Nudeln» bezeichnen, also einfach nur die Reihenfolge
der Wörter ändern, werden die Gäste Ihr Gericht gleich für ein kleines bisschen gesünder halten. Und indem Sie eine Beschreibung
hinzufügen, wie es der Gastwirt getan hat, der sein Gericht «Neapo-
litanische Pasta mit knackfrischem Gartensalat aus biologischem
Anbau» nennt, wird das positive Feedback förmlich ins Kraut schießen!

Auch in Supermärkten ist Erwartungsmanagement von großer
Bedeutung. Warum sonst hätte man angefangen, Namen von land-
wirtschaftlichen Betrieben zu erfinden, die nur auf der Verpackung
von Lebensmitteln existieren? In England gibt es zum Beispiel die
Marken *Rosedene* und *Nightingale*, die im Käufer Bilder ländlicher
Idylle erwecken sollen; tatsächlich aber heißt so kein Bauernhof
der Welt. Wozu das Ganze? Weil wir für unsere Brotzeit eben mehr
bezahlen, wenn wir hören, dass dieser Käse vom Landwirt John
Biggs auf der Duxfield Farm in Cumbria stammt. Natürlich haben
weder Sie noch ich eine Ahnung, wie der Käse dieses Bauern tatsächlich schmeckt – ich habe mir den Menschen nämlich gerade
ausgedacht. Trotzdem erhält der Käse durch die zusätzlichen Informationen einen Mehrwert, oder um es in der Marketingsprache
zu sagen, die Zahlungsbereitschaft des Kunden erhöht sich. Und
doch schmeckt der Käse dann vielleicht sogar anders, womöglich
besser. Mit derlei Erwartungen experimentieren Gastrophysiker,
um ebensolche Ergebnisse zu erzielen.

Manchmal dient ein Name aber auch einfach dazu, die Aufmerksamkeit der Gäste auf das Gericht zu lenken. Heston Blumenthal
machte einmal in der Presse Furore, als er ein neues Gericht «Snail

Porridge» nannte, Schneckenbrei. Hätte er ihm einen französischen Namen gegeben, Escargots à la Soundso, hätte niemand auch nur mit der Wimper gezuckt und einfach gesagt, oh, was für eine authentische französische Küche. Im dänischen Bror gaben zwei ehemalige Souschefs des *Noma* einem Gericht den denkbar schlichten Namen «Bällchen». Serviert werden sie paniert, rotbraun gebacken und mit Meersalz bestreut. Köstlich, nicht wahr?

Paul Pairet, Chef de Cuisine im *Ultraviolet*, einem multisensorisch experimentierenden Restaurant in Shanghai, sagt auf der Website des Restaurants: «Was ist ‹Psycho Taste›? Psycho Taste ist alles, was mit Geschmack zu tun hat, außer dem Geschmack selbst: die Erwartung, Erinnerungen, vorher und nachher, was im Kopf vor sich geht. Also alle Faktoren, die unsere Geschmackswahrnehmung beeinflussen.» Ein weiterer Spitzenkoch, der explizit bestätigt, wie wichtig das Drumherum für das bewusstseinserweiternde gastronomische Erlebnis ist, das er seinen Gästen bietet.

Natürlich haben wir nicht nur bestimmte Erwartungen daran, wie und wie gut uns die servierten Speisen und Getränke munden werden, sondern auch daran, was für Speisen uns von bestimmten Köchen oder in bestimmten Restaurants serviert werden. Ein Gericht kann ganz unterschiedlich schmecken, je nachdem ob wir es in einem Spitzenrestaurant mit Molekularküche, bei einem Freund oder über den Wolken im Flugzeug essen. Dabei spielt auch die Vorfreude eine Rolle. Sie gehört ebenfalls zum Vergnügen: Ich habe ein schönes Restaurant ausfindig gemacht, zu meinem großen Glück noch einen Tisch bekommen und manchmal ist schon die Fahrt dorthin ein Ereignis. Ob Sie es glauben oder nicht, manche Spitzenköche denken das gastronomische Erlebnis so umfassend, dass sie sich sogar über den Weg ihrer Gäste zum Restaurant Gedanken machen. Ein schönes Beispiel dafür ist das *Mugaritz* in Spanien, dessen Chefkoch Andoni sagt: «Das *Mugaritz* ist nicht nur das Restaurant selbst, sondern auch die Landstraße, auf der Sie herkommen, die Landschaft, die Sie vom Auto aus sehen und

die mit jeder weiteren Kurve Ihre Vorfreude steigert. Die ganze
Umgebung gehört zum *Mugaritz* dazu.»²
Oder nehmen wir das *Fäviken*, ein Restaurant in der schwedischen
Wildnis. Wem es gelingt, den Weg zu diesem fernab gelegenen Ort
zu finden, der hat seine Feuertaufe als Gastrotourist aber bestan-
den! Beim *El Celler de Can Roca*, das in den Listen der weltweit besten
Restaurants immer auf dem ersten oder zweiten Platz landet, ist die
Lage dazu geeignet, die Gäste erst einmal gründlich zu verwirren:
Das Restaurant liegt irgendwo im hintersten Winkel eines Indust-
riegebiets in Girona. Wenn Sie sich dort mit ortsunkundigen Freun-
den zum Essen verabreden, erwähnen Sie unbedingt die besondere
Umgebung.

«Sage mir, was du isst, und ich sage dir, wer du bist.» So lautet
das berühmte Zitat aus dem Klassiker *Physiologie des Geschmacks*
von Jean Anthelme Brillat-Savarin aus den Zwanzigerjahren des
19. Jahrhunderts. Ich würde es vielleicht ein wenig anders formulie-
ren: Sage mir, was du zu essen erwartest, und ich sage dir, was du
schmecken wirst. Und ich will noch hinzufügen: wie sehr du das
Essen genießen wirst. Erwartungen sind bei diesen Dingen der aus-
schlaggebende Punkt. Denn wir stecken uns höchst selten etwas in
den Mund, ohne vorher darüber informiert worden zu sein oder
zumindest eine Vorhersage getroffen zu haben, was es ist und ob es
uns schmecken wird. Wie wir uns zu unserer Nahrung verhalten –
sowohl die Entscheidung, was wir kaufen, bestellen und essen, als
auch das, was wir darüber denken –, ist letztlich immer von unseren Überzeugungen, und das heißt von unseren Erwartungen, geprägt. Sie verankern in der Folge das Geschmackserlebnis in unserem Gedächtnis, weshalb ihnen eine überproportionale Bedeutung
zukommt.

BEEINFLUSSEN PREIS, ETIKETT, MARKEN- UND PRODUKTNAME DEN GESCHMACK?

In den meisten Fällen kennen wir die Marke und auch den Preis des Nahrungsmittels, das wir gerade verspeisen. Oft gibt es auch noch ein Etikett oder eine nähere Beschreibung. Solche sogenannten produktextrinsischen Merkmale haben tief greifenden Einfluss darauf, wie wir über Geschmack oder Aroma eines Nahrungsmittels sprechen, ganz zu schweigen davon, wie es uns schmeckt. Zwar wissen wir seit Jahren, dass Preisgestaltung, Markenname und andere Arten der Produktbeschreibung Einfluss auf die Meinung des Konsumenten über ein Nahrungsmittel haben, nur hatten wir bis vor Kurzem keinen blassen Schimmer, ob solche Faktoren auch die Art und Weise verändern, wie das Gehirn mit dem Geschmack verfährt.

Laut neuester neurogastronomischer Forschungen kann sich die Gehirnaktivität je nach den gegebenen Informationen dramatisch unterscheiden, sowohl was die aktivierten Hirnareale und ihr Zusammenwirken als auch was die Intensität betrifft. Zudem werden in bestimmten Gegenden der Großhirnrinde, wo die primäre Verarbeitung von Sinneseindrücken stattfindet, gelegentlich Änderungen in der Nervenaktivität beobachtet. In einer viel zitierten Studie zum Branding wurde das Gehirn der Versuchspersonen gescannt, während ihnen regelmäßig eine von zwei bekannten Cola-Marken eingeflößt wurde. Je nachdem, welche Marke den Teilnehmern vorher genannt wurde, ergaben sich verschiedene Muster der Gehirnaktivität.[3] Dass ein Markenname einen derart starken Einfluss auf unsere Geschmackswahrnehmung hat, mag erklären, weshalb in der Industrie so oft Blindverkostungen bei Produkttests durchgeführt werden. Trotzdem bleibt fraglich, was uns solche Tests sagen. Überlegen Sie: Wie oft stecken Sie sich etwas in den Mund, wovon Sie keine Ahnung haben, was es ist? Ein solcher Test mag zugegeben hilfreich sein, um Mängel in Nahrungsmitteln zu erkennen. Würden wir aber die vielen anderen Hinweise und Assoziationen miteinbeziehen, die beim Verzehr von Nahrung eine Rolle spielen, könnten wir womöglich Testbedingungen schaffen, die näher am realen Leben sind.

Schmeckt ein Gericht oder Getränk besser, wenn wir mehr dafür bezahlen? Nicht immer, aber doch häufig. Um diese intuitive Einschätzung wissenschaftlich zu untermauern, haben kalifornische Neurowissenschaftler untersucht, was im Gehirn von Gesellschaftstrinkern (in dem Fall Studenten) vor sich geht, wenn sie unterschiedliche oder irreführende Preisinformationen über den verkosteten Rotwein erhalten. Eine Flasche, die € 5 kostet, haben sie einmal korrekt und einmal mit € 45 etikettiert, eine 90-€-Flasche einmal mit € 10 und einmal mit € 90, und eine dritte Flasche war korrekt mit € 35 bepreist. Wenn dem Probanden ein Schluck Wein in den Mund floss, wurde der Preis eingeblendet. In manchen Tests mussten die Teilnehmer bewerten, wie intensiv der Wein schmeckt, in anderen, wie sehr sie ihn mögen.

Ausnahmslos alle Teilnehmer mochten den teureren Wein lieber als den billigeren. Der Punkt war, die Analyse der Gehirnscans ließ nach Anzeige des Preises eine höhere Durchblutung im Belohnungszentrum des Gehirns erkennen (siehe Abb. 5). Wurde den Versuchspersonen gesagt, dieser Wein sei nun teurer, stieg unabhängig davon, aus welcher Flasche eingeschenkt wurde, die Aktivität im medialen orbitofrontalen Kortex (mOFC), das ist ein kleines Hirnareal direkt hinter den Augen. Im primären gustatorischen Kortex dagegen, jenem Teil des Gehirns, der die sensorisch erkennbaren Eigenschaften eines Geschmacks verarbeitet – zum Beispiel, wenn wir die Süße oder den Säuregehalt beurteilen –, wurden keinerlei Veränderungen in der Durchblutung beobachtet. Als die Probanden die gleichen Weine acht Wochen später erneut vorgesetzt bekamen, diesmal ohne Preishinweis (und ohne die Behinderung durch den Gehirnscanner), gab es interessanterweise plötzlich keine Unterschiede im Genuss mehr. Das Untersuchungsergebnis offenbart

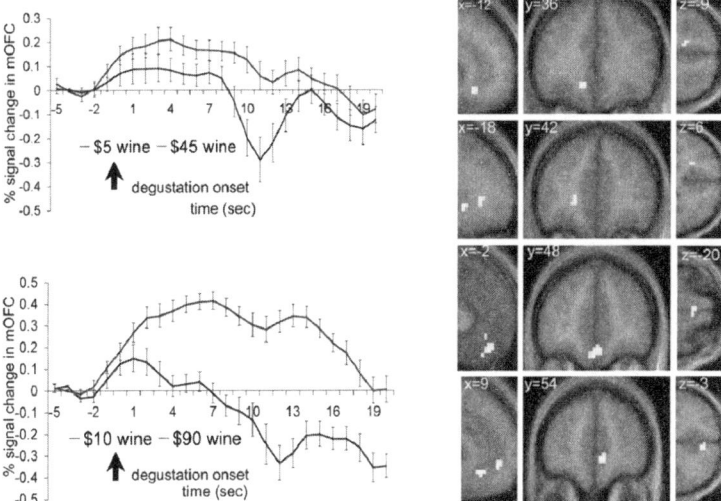

Abb. 5 Die Abbildungen zeigen die prozentuale Signaländerung in der Gehirnaktivität im medialen orbitofrontalen Kortex (mOFC, dem Belohnungszentrum des Gehirns) im Zeitverlauf (auf der horizontalen Achse sind die Sekunden angegeben) in Abhängigkeit vom genannten Preis des Weins, den per Scanner kontrollierte Teilnehmer testeten.

zudem, dass der Effekt bei irreführender Preisangabe im mittleren Preissegment am größten ist. Sie können also Ihren Gästen sagen, was Sie wollen, Sie werden ihnen leider nicht weismachen können, dass die Billigplörre von 2-Euro-Wein, die Sie servieren, ein Premier Cru ist.

Stellen Sie sich vor, man reicht Ihnen eine klare Lösung und erklärt Ihnen, dass das, was Sie jetzt gleich trinken werden, sehr bitter oder gar nicht bitter schmeckt. Lägen Sie nun in einem Gehirnscanner, könnte man vermutlich, nachdem Ihre Sinnesrezeptoren die Geschmacks- und Geruchssignale codiert haben, in einigen der frühesten Hirnareale Veränderungen erkennen. Insbesondere fanden Forscher heraus, dass die Aktivität in der mittleren und hinteren Inselrinde, einem tief in der Großhirnrinde verborgenen Areal, beeinflusst werden kann, indem man die Intensität des zu erwartenden Geschmacks unterschiedlich angibt. Und auch die Reaktion im Belohnungszentrum des Gehirns, dem OFC, hängt von der Erwartung des Probanden ab, wie bitter das Getränk schmecken wird.

Solche Ergebnisse, die uns durch Bildgebungsverfahren des zentralen Nervensystems vor Augen geführt werden, sind zweifelsohne faszinierend, nur dürfen wir dabei nicht vergessen, wie unnatürlich die Testsituation für die Teilnehmer ist. Wie oft gehen Sie freitags abends aus, um sich mit festgeklemmtem Kopf auf dem Rücken liegend in eine schmale Röhre schieben zu lassen, mit einem Röhrchen zwischen den Zähnen, durch das Ihnen regelmäßig milliliterweise Wein eingeflößt wird, dessen Geschmack Sie dann beurteilen sollen, ohne ihn zu schlucken, und nachdem Sie ihn dann doch hinunterschlucken durften, wird Ihnen der Mund mit künstlichem Speichel ausgespült, damit die Prozedur wieder von vorne beginnen kann?!

Wie uns unser Essen schmeckt, wird auch durch die Annahme beeinflusst, woher es kommt. In einer diesbezüglichen Studie wurden kürzlich US-Studenten identische Kostproben Fleisch vorgesetzt, Schinken und Salami, wobei ihnen einmal gesagt wurde, es stamme aus Massentierhaltung, und dann, es handele sich um Fleisch aus artgerechter Haltung. Das angeblich industriell hergestellte Fleisch schmeckte den Teilnehmern weniger gut; sie fanden es salziger und fettiger. Auch aßen sie weniger davon und sagten, sie wären nicht bereit, viel Geld für das Fleisch auszugeben. Drei separate Studien führten zum selben Ergebnis. Übrigens spielt es dabei keine große Rolle, ob von Biofleisch oder von artgerechter Haltung die Rede ist – auch Konsumenten in Blindverkostungen stellen da meist keinen Unterschied fest. In der Praxis heißt das, wenn Sie schon das Geld ausgeben und Biofleisch aus artgerechter Haltung von handgefütterten glücklichen Tieren kaufen, erzählen Sie das unbedingt Ihren Gästen, damit sie den Unterschied in all seinen vielfältigen Facetten zu genießen wissen.

Die Nahrungs- und Getränkeindustrie kämpft noch mit einem anderen Problem. Manche Unternehmen haben zwar hinsichtlich der ungesünderen Zutaten in ihren Markenprodukten einige, auch nachhaltige Fortschritte gemacht, sie sind aber gut beraten, keine Hinweise wie «wenig Fett» oder «weniger Zucker» auf die Verpackung zu drucken. Das könnte den Konsumenten nämlich veranlassen zu meinen, das Produkt schmecke jetzt anders. Bewahren sie über die Änderung dagegen Stillschweigen, bemerkt sie niemand. In dieser Hinsicht unterscheiden sich die Interessen der Nahrungs- und Getränkeindustrie von denen eines Spitzenkochs. Die moderne Küche versucht ungewöhnliche, überraschende und bestenfalls spektakuläre Gerichte zu kreieren. Die meisten Gäste eines Spitzenrestaurants interessieren sich wenig für den Kaloriengehalt oder den Gesundheitsfaktor der Speisen. Sie wollen eher überrascht werden, etwas Neues erleben. Die Unternehmen dagegen wollen, dass ihre erfolgreichen Markenprodukte für die Konsumenten weiterhin so schmecken wie immer, dabei aber Schritt für Schritt weniger ungesund sind.

Wenn man sieht, wie wichtig Benennung und Markenname, Etikett und Preisgestaltung für den Geschmack eines Produktes sind, kann man schon ins Grübeln kommen, welche Rolle dann überhaupt noch unsere Geschmacksknospen spielen. Letztlich hängen unser Geschmackserleben und unser Genuss von beidem ab, von Kopf und Mund – und deren Wechselspiel.

UNTERSCHIEDLICHE GESCHMACKSWELTEN

Wie schmecken Ihnen Korianderblätter? Mögen Sie sie oder verabscheuen Sie sie? Den meisten Menschen gefällt offenbar das frische, wohlriechende, zitrusartige Aroma. Aber es gibt auch die Meinung, sie schmeckten seifig – was man übrigens auch manchmal über Spinat hört. Koriander mutet manchen wie Dreck, Wanzen oder Schimmel an; sie meiden jegliche Speisen, die dieses «schlimm stinkende Kraut» mit den «giftig schmeckenden» Blättern enthalten, wie John Gerard 1597 schrieb.[4] Aber wer hat recht? Wonach schmeckt Koriander?

Tatsächlich haben beide Seiten recht, nur ist die erste Gruppe deutlich größer. Die meisten Menschen mögen Koriander, und die Zahlen bewegen sich je nach der befragten ethnisch-kulturellen Gruppe um 80 Prozent. Ist, wer auf der seifigen Seite steht, einfach unfähig, auch nur eine der vielfältigen Komponenten zu erkennen, die das besondere Aroma des Korianders ausmachen? Oder vielleicht sind ja auch umgekehrt die Zitrusgourmets für irgendeinen Anteil des Korianders geruchsblind. Man weiß es nicht. Ja, wir wissen nicht einmal, ob wir den seifigen Eindruck als einen Geschmack, ein Aroma oder eine ganz andere Qualität charakterisieren sollen. Den allgemein anerkannten Grundgeschmacksrichtungen lässt er sich jedenfalls nicht zuordnen.

Dazu ein interessantes Faktum: Etwa jeder zweite Mensch ist geruchsblind für Androstenon, eigentlich ein geruchsintensives, von Testosteron abgeleitetes Steroid, das zudem ein sehr flüchtiges organisches Molekül ist. 35 Prozent der Bevölkerung dagegen finden, dass es einen sehr ausgeprägten und zutiefst unangenehmen Geruch nach Schweiß und Urin hat – aus diesem Grund werden übrigens männliche Ferkel kastriert, eben um das unangenehme Aroma, das auch «Ebergeruch» genannt wird, zu minimieren. Und es kommt noch schlimmer, die Personen dieser Gruppe reagieren besonders sensibel auf das Molekül und erriechen es teils in einer Konzentration von weniger als 200 Teilchen pro Billion. Die restlichen 15 Prozent sagen indes, es rieche blumig süß, moschusartig oder holzig. Manche Menschen, darunter auch ich, finden den Geruch einfach chemisch. Ein Molekül, vollkommen verschiedene Geruchserlebnisse!

Wie verbreitet solche genetisch bedingten Unterschiede bei der Wahrnehmung von Geschmacksrichtungen und Aromen sind, variiert je nach Region und Kultur. Wenn Sie raten müssten, in welchem Teil der Welt die meisten Menschen die urinöse Note in ihrem unkastrierten Schweinefleisch bemerken, worauf würden Sie tippen? Es soll der Nahe Osten sein, wo ja gerade die Religion Schweinefleisch als Nahrungsquelle verbietet. Kann das Zufall sein?

Koriander und Androstenon sind nur die Spitze des Eisbergs, was genetisch bedingte Unterschiede betrifft. Jeder von uns ist für einige chemische Verbindungen geruchsblind, und davon sind viele in Nahrungsmitteln enthalten. So weist etwa unsere Sensibilität für Isovaleriansäure (eine schweißige Note in Käse), Jonon (ein angenehm floral, ungefähr wie Veilchen riechender Stoff, der vielen Nahrungsmitteln und Getränken beigegeben wird), Isobutanal (Malzgeruch) oder cis-3-Hexenol (Duft nach frisch geschnittenem Gras) signifikante genetische Variationen auf, und etwa 1 Prozent der Bevölkerung kann keine Vanille riechen. Es gibt also große individuelle Unterschiede bei der Wahrnehmung solcher Verbindungen.

Woher wollen wir wissen, wie viele erbitterte Auseinandersetzungen zwischen Weinkennern schlicht und einfach auf dieser genetischen Variabilität beruhen? Bei dem berühmten Streit zwischen Robert M. Parker Jr., dem einflussreichen amerikanischen Weinkritiker, und der Britin Jancis Robinson, ihres Zeichens Master of Wine, über den Château Pavie von 2003 vergötterte Parker diesen Wein, während Robinson dem En Primeur nur 12 von 20 Punkten gab und ihn mit den Worten verriss: «Absolut unappetitliche überreife Aromen. Warum? Süß wie Portwein, und der beste Portwein stammt aus Douro, nicht aus St. Emilion. Ein läppischer Tropfen, der mit seinen abstoßenden grünen Noten eher an einen spät geernteten Primitivo erinnert als an einen echten Bordeaux.» Kann es sein, dass diese beiden international anerkannten Experten ein und denselben Wein einfach nur unterschiedlich wahrnahmen, dass sie dieselben Eigenschaften herausgeschmeckt haben, die aber dem einen gefielen und der anderen nicht? Oder hat der Wein den beiden tatsächlich unterschiedlich geschmeckt?[5]

Ich selbst bin geruchsblind für Trichloranisol (TCA), jene chemische Verbindung, durch die Wein Kork bekommt. Meine Wein-

freunde finden das sehr amüsant. Wenn uns im Restaurant ein ver-
korkter Wein auf den Tisch gestellt wird, bitten sie um eine neue Flasche und stellen mir jeweils ein Glas vor die Nase. Für mich schmecken die beiden Weine meist identisch, während meine Freunde den
verkorkten Wein ungenießbar finden. Auch TCA gehört zu den Substanzen, auf die Menschen unterschiedlich reagieren. In diesem Fall
lache ich aber zuletzt, denn nachdem der Wein ohne Kork ausge-
trunken ist, bleibt noch eine ganze Flasche allein für mich.

Ich will damit sagen, wir alle leben in unterschiedlichen Ge-
schmackswelten. Manche Menschen erkennen in einer Speise oder
einem Getränk einen bitteren Geschmack, wo anderen gar nichts
aufstößt. Diese mit besonders feinen Sinnen ausgestatteten Personen nennt man übrigens *Supertaster* (Superschmecker). Sie haben
im vorderen Zungenbereich bis zu sechzehn Mal mehr Papillen als
Non-Taster (Nichtschmecker). Die unterschiedlich große Sensibilität betrifft übrigens nicht nur den bitteren Geschmack, sondern in
geringerem Maße auch die Geschmacksrichtungen salzig, süß und
sauer sowie die orale Textur. Wer ein Supertaster wird und wer
nicht, ist vererbbar, also genetisch determiniert. In den Dreißigerjahren wollten Wissenschaftler sogar einen Geschmackstest als
Vaterschaftstest einsetzen. Abgesehen von der individuell variablen
Sensibilität gegenüber den Grundgeschmacksrichtungen unterscheiden wir uns auch in unserer Genussfähigkeit. Zum Beispiel
gibt es Naschkatzen, die Süßes lieben, und Menschen wie mich, die
in dieser Hinsicht eher indifferent sind.

Aber warum sind die individuellen Unterschiede ausgerechnet
bei bitteren Nahrungsmitteln so groß und bei Salzigem, Süßem
oder Saurem weniger ausgeprägt? Es könnte daran liegen, dass für
unsere Vorfahren individuelle Unterschiede in der Sensibilität gegenüber Bitterem von besonderer Bedeutung waren. In Zeiten des
Überflusses hatten die Supertaster einen Wettbewerbsvorteil, da sie
das Risiko mieden, bittere und damit potenziell giftige Nahrung
zu sich zu nehmen. In mageren Zeiten dagegen lag der Vorteil bei

den Non-Tastern, da sie mehr bittere Nahrungsmittel aßen, die aber nicht giftig waren, und daher nicht so leicht verhungerten. Zu den anderen Geschmacksrichtungen lässt sich ein solches Argument nicht konstruieren. Wer bitter schmeckende Lebensmittel mag, neigt übrigens eher zu psychopathischem Verhalten. Die Autoren einer aktuellen Studie schreiben: «Allgemeine Geschmackspräferenzen für Bitteres erwiesen sich als aussagekräftige Indikatoren für Machiavellismus, Psychopathie, Narzissmus und alltäglichen Sadismus.»[6] Gleichzeitiges Auftreten verweist allerdings noch nicht auf einen kausalen Zusammenhang. Interessanterweise zeigen aber auch andere Forschungsergebnisse, dass das Verspeisen bitterer Lebensmittel zu feindseligerem Verhalten führen kann. Umgekehrt kann es uns in romantische Stimmung versetzen und unsere Lust auf eine Verabredung steigern, wenn wir etwas Süßes kosten. Noch bemerkenswerter ist, dass für jemanden, der gerade an Liebe denkt, Wasser süßer schmeckt. Fans, deren Hockeymannschaft gerade gewonnen hat, finden das servierte Zitronensorbet süßer als die Fans der Verliererseite. Und das Verrückteste ist, dass sich die Geschmacksschwelle eines Menschen ändern kann, wenn er große Geldmengen bewegt wie Baba Shiv, Professor für Marketing in Stanford, und seine Kollegen herausgefunden haben. Alles Beispiele dafür, dass unser Geschmackssinn sehr viel mehr ist als nur eine Frage des Geschmacks.

Einige globale Lebensmittelhersteller haben sich diesen Unterschied bereits zunutze gemacht, indem sie zwei verschiedene Varianten eines Produktes auf den Markt bringen, einmal für Supertaster, einmal für Non-Taster. Das schreiben sie aber nicht aufs Etikett, sonder überlassen die Sache der Marktsegmentierung. Und vergessen wir nicht, Supertaster und Non-Taster sind familiäre Typen. Meine Mutter, mein Bruder, meine Schwester und meine Nichten sind allesamt Supertaster, nur mein Vater kann im Brokkoli beileibe nichts Bitteres finden.

MEHR ALS GESCHMACK

Unser Geschmackssinn ist für uns überlebenswichtig. In gewisser Weise ist er der wichtigste Sinn überhaupt, da er uns zu unterscheiden hilft, was nahrhaft ist und was giftig sein könnte. Doch wenn man bedenkt, wie viel Platz den einzelnen Sinnen im Gehirn eingeräumt wird, verliert er zumindest bezüglich unserer Wahrnehmung wieder an Bedeutung. Während ungefähr die Hälfte unserer Gehirnzellen verarbeitet, was wir sehen, hat nur etwa 1 Prozent des Kortex mit Geschmackswahrnehmung zu tun. Unser Gehirn zieht statistische Gesetzmäßigkeiten unserer Umgebung heran, um vorherzusagen, wie ein bestimmtes Nahrungsmittel vermutlich schmecken und welchen Nährwert es haben wird. Das geschieht auf der Grundlage anderer Sinnesreize wie Farbe oder Geruch. Zum Beispiel erlernen wir, dass eine rosafarbene Speise sehr wahrscheinlich süß schmeckt. So können wir mit der Zeit für eine breite Palette an Nahrungsmitteln beurteilen, welche Folgen ihr Verzehr für uns haben wird, ohne dass wir sie uns vorher in den Mund stecken müssen.

Wenn ich weiß, welche Erwartungen durch die verschiedenen Sinne in einem Menschen geweckt werden, kann ich seine Geschmackswahrnehmung viel leichter beeinflussen. Diese Erkenntnis könnte all den Eltern, die ihre Sprösslinge verzweifelt dazu bewegen wollen, mehr Gemüse zu essen, von großem Nutzen sein. Wie auch immer Sie Geschmack definieren, die anderen Sinne spielen eine enorme Rolle, wenn wir uns damit beschäftigen, was wir gerade essen und wie gut es uns schmeckt – eine viel größere als gemeinhin angenommen. Zum Schluss dieses Kapitels möchte ich daher noch Eleanor Freeman erwähnen, sie ist leitende Snack-Erfinderin beim Online-Naturkostunternehmen Graze und hat sich ihre Geschmacksknospen für über € 3 Millionen versichern lassen.

Das wichtigste Organ eines Top-Tasters aber ist: seine Nase.

2.

RIECHEN

Versuchen Sie sich einmal daran zu erinnern, wie es war, als Sie das letzte Mal eine Erkältung hatten und Ihre Nase zu war. Viel geschmeckt haben Sie sicher nicht, wenn Sie etwas gegessen oder getrunken haben. Doch in solchen Fällen fehlt nicht der Geschmack – glauben Sie mir, Ihre Geschmacksknospen funktionieren tadellos –, sondern Sie nehmen kein Aroma wahr. Falls Sie gerade gesund sind, halten Sie sich doch bitte einmal die Nase zu und lassen sich von jemandem etwas in den Mund stecken, ohne zu wissen, was es ist. Solange es keinen außergewöhnlich stechenden Geruch hat, werden Sie höchstwahrscheinlich nicht bestimmen können, ob es eine Zwiebel oder ein Apfel ist, Rotwein oder kalter Kaffee. Beide Geschmackspaare lassen sich unter Ausschaltung des Geruchssinns kaum auseinanderhalten.

Man muss zwischen zwei verschiedenen Arten des Riechens unterscheiden, der orthonasalen Aromawahrnehmung, bei der wir Gerüche von außen erschnüffeln, und dem retronasalen Riechen, wenn flüchtige aromatische Verbindungen beim Kauen oder Schlucken aus der Mundhöhle in den Nasenraum gelangen. Die orthonasale Wahrnehmung von Aromen ist von Bedeutung, weil unser Gehirn anhand der Informationen eine vielfältige Erwartung an das Geschmackserlebnis und den voraussichtlichen Genuss erstellen. Aber das eigentliche Geschmackserlebnis in all seiner Vielfalt und Intensität bekommen wir erst durch die retronasale Aromawahrnehmung beim Schlucken. Meist merken wir nicht, wie viele Informationen, die wir über die Zunge zu schmecken meinen, auf dem retronasalen Weg in unser Gehirn gelangen. Das liegt daran, dass wir Aromen von Nahrungsmitteln hauptsächlich über den Mund wahrnehmen, sodass wir meinen, die

Zunge erkenne sie. Dieses merkwürdige Phänomen nennt man
«orale Übertragung».

Stecken Sie sich einmal eine Geleebohne in den Mund und halten Sie sich beim Kauen mit Daumen und Zeigefinger die Nase zu.
Was schmecken Sie? Wahrscheinlich etwas Süßes, ein bisschen
Saures und vielleicht noch etwas leicht Würziges. Wenn Sie ein
paarmal gekaut haben, entlassen Sie bitte Ihre Nase in die Freiheit.
Und plötzlich erleben Sie auch das fruchtige Aroma von Orange
oder Kirsche. Aber Sie haben das Gefühl, das Aroma im Mund
wahrzunehmen, nicht in der Nase. Das ist orale Übertragung par
excellence, die fälschliche Verortung des Aromas im Mund.

RIECHT VANILLE SÜSS?

Die meisten Leute antworten auf diese Frage mit einem klaren Ja.
Dieselbe Reaktion ernten Sie, wenn Sie jemanden nach dem
Aroma von Karamell oder Erdbeeren fragen. Ich wette, jetzt sind
Sie verwirrt. Denn wie kann ein Aroma süß *riechen*? Manche
sagen – ich meine, zu Unrecht –, es handele sich um Synästhesie.
Interessanterweise geben Lebensmittelhersteller ihrer Eiscreme
oft Vanillearoma hinzu, um den süßen Geschmack zu unterstützen. Der Grund ist, dass unsere Geschmacksknospen bei sehr
niedrigen Temperaturen nicht besonders gut funktionieren und
wir Süßes nicht mehr schmecken können – aber eben riechen. Sie
haben sicher schon mal versehentlich ein Glas warm gewordene
Cola getrunken. Schmeckte sie nicht unerträglich süß? Die Zusammensetzung des Getränks ist immer noch dieselbe, aber mit
der Temperatur ändern sich die Signale, die Ihre Geschmacksknospen an das Gehirn senden. Weil das Getränk meistens kalt getrunken wird, hat der Hersteller Süße hinzugefügt, die über die
Nase wahrgenommen wird.

Umgekehrt hat der Geschmack auf die Wahrnehmung von Aromen einen völlig anderen Einfluss. In einer der klassischen Studien hierzu wurden die Teilnehmer gebeten, eine Lösung zu probieren, deren Süße gerade noch unterhalb der Wahrnehmbarkeit lag; mit anderen Worten, sie schmeckte wie Wasser. Wenn die Testpersonen eine kleine Menge dieser subjektiv geschmacklosen Flüssigkeit im Mund behielten, erkannten sie auf einmal mit weit höherer Wahrscheinlichkeit das Kirsch-Mandel-Aroma in einem anderen Getränk, an dem sie rochen. Weiter gehende Studien zeigten, dass der Geschmack mit dem Geruch kongruent sein muss, damit dieser Effekt auftritt. Das legt nahe, dass das Gehirn zwar bei uns allen denselben Regeln zur Verknüpfung der Sinne unterliegt, es aber von der jeweiligen Esskultur abhängt, welche Kombination von Geschmack und Geruch zur Verstärkung oder Unterdrückung eines Aromas führt.

Es ist faszinierend, wie schnell das Lernen in diesem Zusammenhang vor sich geht. Und das zieht sich durch unser gesamtes Leben. In einer australischen Studie mit Erwachsenen wurde ein neuer Geruchsstoff genommen, der Geruch nach Wasserkastanie, der entweder mit einem süßen oder mit einem bitteren Geschmacksträger im Mund kombiniert wurde. Ob Sie es glauben oder nicht, schon nach dreimaliger Durchführung des Experiments nahm der Geruch die Eigenschaften des Geschmacks an, und zwar selbst dann, wenn der Geschmack unterhalb der Wahrnehmungsschwelle lag.

Ist Ihnen aufgefallen, dass frisch gemahlener Kaffee oft wunderbar duftet, sein Aroma aber, wenn Sie den ersten Schluck nehmen, Sie etwas enttäuscht? Woran mag das liegen? An diesen hedonistischen Bewertungen – schlicht gesagt, wie sehr man etwas genießt – lässt sich der Unterschied zwischen den beiden Arten des Riechens illustrieren, orthonasal, wenn wir einatmen, und retronasal, wenn wir durch die Nase ausatmen. Normalerweise sind wir erstaunlich gut darin, das retronasale Aroma eines Nahrungsmittels vorherzusagen, indem wir nur einen orthonasalen Schnüffler tun – und zwar so gut, dass wir uns dieses Vorgangs nicht einmal bewusst sind.

DIE ATMOSPHÄRE ERSCHNÜFFELN

Wenn man sich in den hohen Sphären der Spitzenköche und Molekularbarkeeper umsieht, fällt einem der zunehmende Einsatz atmosphärischer Düfte und stimmungsaufhellender Aromen auf. Sie werden den Gerichten und Getränken, dem Tisch und gelegentlich sogar dem gesamten Raum beigegeben. Letzteres vor allem dann, wenn der Koch den Luxus eines festen Menüs hat, bei dem allen Gästen zur selben Zeit derselbe Gang serviert wird. Meist geht es dabei darum, eine bestimmte Atmosphäre zu schaffen oder im Kopf des Gastes eine Erinnerung wachzurufen, die gar nichts mit dem Gericht zu tun haben muss. Zum Beispiel serviert Heston Blumenthal in der *Fat Duck* ein «Gelee von der Wachtel mit Kaiserhummercreme und Eichenmoos», das nach Moos riecht. Aus einem Kistchen in der Tischmitte, belegt mit einem nach Moos duftenden Teppich, quellen aromatische Schwaden (siehe Abb. 6). Ich vermute, niemandem wird beim Gedanken an einen Bissen von diesem grünlichen Etwas schon das Wasser im Mund zusammenlaufen, aber der inszenierte Einsatz des Geruchs führt die Gäste in eine andere Sphäre und bereichert so das kulinarische Erlebnis. Im *Alinea* in Chicago wird, wenn das Gericht «Wilder Steinbutt, Meeresfrüchte, Wasserkastanien und Hyazinthendampf» serviert wird, heißes Wasser über eine Schale mit Blüten gegossen. Der Chefkoch Grant Achatz ist auch berühmt für seinen Fasan, der mit Schalotten und einem Gelee aus Apfelmost serviert wird, begleitet von brennenden Eichenblättern. Durch den Geruch sollen angenehme Kindheitserinnerungen an einen Herbsttag geweckt werden.

Natürlich darf man es mit atmosphärischen Düften nicht übertreiben. So ist es zum Beispiel vorteilhaft, wenn der Gast die verschiedenen Gerüche zeitversetzt bemerkt, da das Gehirn dann das Hintergrundaroma anderswo lokalisieren kann als in den Speisen

Abb. 6 Ein Gericht mit besonderem Duft in der *Fat Duck*. Moosgeruch zieht sich über den Tisch und dringt in die Nasen der Gäste.

und Getränken. Vermutlich sorgt Achatz genau deshalb dafür, dass seine Eichenblätter und Hyazinthen gut sichtbar sind. Auf diese Weise kann die wahrgenommene Geruchsquelle lokalisiert werden, und wir wissen, dass sie nicht aus dem Essen kommt.

Jetzt stellen Sie sich bitte ein Glas Champagner vor, in dem ein mit einigen Tropfen Rosenöl getränkter Zuckerwürfel liegt. Stellen Sie sich vor, wie von dem prickelnden Getränk, das vor Ihnen auf dem Tisch steht, der Duft eines englischen Rosengartens aufsteigt und Sie einfängt. Ehe Sie sichs versehen, denken Sie an einen vergangenen schönen Sommernachmittag, der Ihnen im Gedächtnis geblieben ist. Genau dieses Gefühl möchte der Spitzenbarkeeper Tony Conigliaro im *69 Colebrooke Row* vermitteln.

Conigliaro nutzt Gerüche, um positive Erinnerungen und Assoziationen hervorzurufen. Ein Vorteil dieses Ansatzes besteht darin, dass Gerüche eine viel direktere Verbindung zu den Schaltkreisen unserer Gefühle und Erinnerungen im Gehirn besitzen als die

Wahrnehmungen über alle anderen Sinne. Tatsächlich sind die Geruchsrezeptoren in unserer Nase eine Art verlängertes Gehirn. Die Synapsen in den Zellen der Riechschleimhaut führen von der Innenseite der Nase direkt ins limbische System, jenen Teil des Gehirns, der für die Verarbeitung von Emotionen zuständig ist. Alle anderen Sinneseindrücke müssen einen längeren Weg durchs Gehirn zurücklegen, bis sie das emotionale Zentrum erreichen, sodass sie leichter ausgefiltert werden können. Bei einem mehrgängigen Degustationsmenü mit Duftbegleitung besteht nun die Herausforderung darin, dass sich das jeweilige Odeur vor dem nächsten Gang verflüchtigt haben muss.

Wenn Gerüche für unser Geschmacksempfinden eine so große Rolle spielen und ein so wirkungsvolles Mittel sind, um in uns Stimmungen, Gefühle und Erinnerungen auszulösen, ergeben die in diesem Kapitel bisher erwähnten innovativen Ansätze aus gastrophysikalischer Sicht auf jeden Fall einen Sinn.

GERUCH VERSTEHEN

Angesichts der Bedeutung des Geruchs für unsere Wahrnehmung von Speisen und Getränken mag es überraschen, dass viele alltägliche Nahrungsmittel und vor allem Getränke nicht auf das bestmögliche orthonasale Aromavergnügen ausgerichtet sind. Das vielleicht beste Beispiel für schlechtes olfaktorisches Verpackungsdesign sind die Plastikdeckel auf unseren Coffee-to-go-Bechern. Gut, sie sind nützlich, weil wir den Kaffee tragen können, ohne dass er überschwappt. Nur verhindern sie auf einzigartig effektive Weise, dass wir das orthonasale Aroma des Kaffees genießen können. Besonders bitter ist das natürlich bei frisch gemahlenem Kaffee, dessen Duft die allermeisten Menschen lieben. Ähnlich fehlgeleitet ist das Trinken direkt aus der Flasche oder Dose (ganz abgesehen vom dämlichen Anblick). Wir können den Inhalt nur

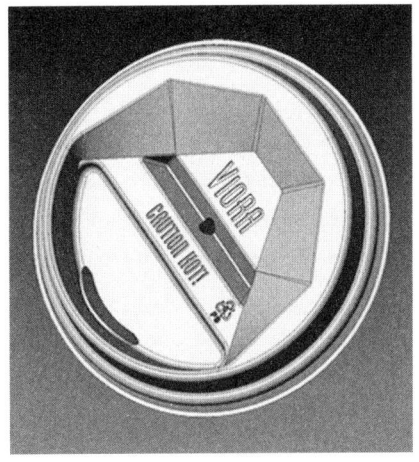

Abb. 7 Zwei Beispiele für verbessertes olfaktorisches Design: der Kaffeedeckel von Viora (links) und die Dose 360End™ von Crown (rechts).

entweder schnuppern oder trinken, aber nicht beides gleichzeitig. Und mit Strohhalm zu trinken ist die größte Sünde. Wie könnte man nun dieses Problem lösen? Es gäbe einige einfache Möglichkeiten. Man könnte zum Beispiel die Form des Deckels verändern oder eine zweite Öffnung schaffen, damit der Kaffeeliebhaber das Aroma während des Trinkens auch riechen kann. Genau diese innovative Lösung entwickelte Viora Ltd. mit seinem ergonomischen Deckel. Dank der neuen Form kann der Kunde den Kaffee riechen, ohne den Deckel abnehmen zu müssen. Sicher, das sagt uns auch der gesunde Menschenverstand. Aber warum ist so lange keiner auf die Idee gekommen, einen solchen Deckel zu entwickeln? Ich vermute, das hat wieder mit oraler Übertragung zu tun. Es ist eben noch nicht im allgemeinen Bewusstsein angekommen, dass auch der retronasale Geruch zum Geschmackserlebnis beiträgt.

Eine verblüffende Lösung kommt von der Firma Crown Packaging. Dort entwarf man eine Dose, deren Deckel beim Öffnen voll-

ständig entfernt wird, sodass der durstige Konsument den Inhalt
leichter sehen und vor allem riechen kann als bei einer handelsüblichen Dose (siehe Abb. 7).

Das andere Extrem zu Deckel, Flasche oder Dose, die uns in
schöner altbewährter Manier den orthonasalen Genuss des Ge-
tränkearomas verwehren, ist unser Pint. Das schaumlose Bier in
dem bis zum Rand gefüllten Glas hat keinerlei Kopfraum, sodass
sich die Aromen des Getränks nirgends verdichten können. Wenn
wir also der Meinung sind, dass ein intensiverer Geruch wünschenswert ist, sollten wir darüber nachdenken, ob sich unsere Bier-
gläser mit dem aromaarm verzapften Bier nicht anders gestalten
ließen.

Sie haben jetzt vielleicht schon an die Welt des Weines gedacht.
Zu Wein wird zehnmal so viel geforscht wie zu jedem anderen
Getränk. Erstens werden Weingläser nie bis zum Rand gefüllt.
Offenbar gibt es ja Menschen, die – zu Recht oder zu Unrecht – der
Überzeugung sind, dass der Kopfraum über dem Getränk wichtig
ist. Er soll dazu dienen, dass der Wein seine Aromen, sein Bouquet,
entfalten kann, auf dass sie die Nase des Trinkenden erfreuen. Tatsächlich ist der Teil des Glases, der nicht befüllt wird, umso größer,
je besser der Wein ist – so erscheint es zumindest.

Natürlich können Sie jetzt erwidern, dass ein randvolles Pint halb
so schlimm ist, weil Sie ja, sobald Sie die ersten durstigen Schlucke
genommen haben, den aromatischen Kopfraum über dem Getränk
geschaffen haben. Also alles kein Problem? Tja, durch das erste
Beschnuppern werden eben bestimmte Erwartungen kreiert. Und
genau diese Erwartungen verankern wie gesagt das Geschmackserlebnis in unserem Gedächtnis. Ist dann nicht der erste Schluck
viel wichtiger und auch genussvoller als etwa der fünfte? Und müssen nicht beide besser sein als der letzte Schluck der warmen, abge-
standenen Neige? Wenn wir also Wert auf Aroma legen – und wir
sind gut beraten, das zu tun –, sollten wir unser Bier vielleicht besser mit ein bisschen Luft nach oben im Glas servieren.

Abb. 8 Maßkrug mit Deckel – ein frühes Beispiel für intelligentes olfaktorisches Design.

Dabei besteht natürlich die Gefahr, dass sich der britische Biertrinker geprellt fühlt, wenn er plötzlich weniger eingeschenkt bekommt, als er gewohnt ist. Eine andere Lösung dieses olfaktorischen Problems könnte sein, dass man die Bierkrüge mit Deckel auf die Insel holt (siehe Abb. 8). Schon in einem Artikel von 1886 wurde übrigens erklärt, dass der Klappdeckel die Gase halten soll, die von der Oberfläche des Bieres aufsteigen.[1] Sie sehen, schon vor 130 Jahren gab es ausgeklügeltes olfaktorisches Design.

WIE MAN AROMEN
BESSER AN DEN MANN BRINGT

Ist Ihnen schon einmal aufgefallen, wie unaromatisch es in den öffentlichen Bereichen von Flughäfen zugeht? Wenn Sie in einen Bahnhof kommen, weht Ihnen mit ziemlicher Sicherheit gleich Kaffeegeruch entgegen. Flughäfen dagegen scheinen olfaktorisch neutrale Orte zu sein. Sollten Sie allerdings demnächst an Terminal 2 des Londoner Heathrow Airport vorbeikommen, essen Sie unbedingt eine Kleinigkeit im *Perfectionist's Café*. Ich empfehle die Fish and Chips, die mit einem Überraschungseffekt serviert werden: Per Zerstäuber wird auf Ihre Mahlzeit Essigaroma versprüht. Sie werden später noch andere Beispiele sehen, wie kreative Köpfe die aromatischen Elemente der Speisen an Ihren Tisch zu bringen versuchen.

In den letzten Jahren hat der Londoner Chefkoch Jozef Youssef mit dem Zerstäuben von Aromen auf verschiedenen Gerichten experimentiert. So wurde beim Dinner «Elements» auf jede Schüssel mit Lauchconsommé, Lauchasche und Ziegenkäsecreme der moosig-erdige Geruch von Geosmin gesprüht. Und bei seinem Publikumsrenner, dem Essenserlebnis «Synaesthesia», wurde der in Butter gedünstete Hummer mit Miso-Velouté mit Safranduft (Safranal) aus dem Zerstäuber verfeinert. Klingt einfach, nicht wahr? Probieren Sie es einmal aus! Das Einzige, was Sie dazu brauchen, ist eine saubere kleine Sprühflasche, in die Sie Ihr Essensparfüm geben können.

Das Verdienst, den ersten Zerstäuber an die Tafel gebracht zu haben, gebührt indes F. T. Marinetti und den italienischen Futuristen, die bereits in den ersten Jahrzehnten des 20. Jahrhunderts auf diese Idee kamen. Wobei sie ihren Gästen wahrscheinlich Parfüm mit Nelkenduft ins Gesicht sprühten, falls diese so unvorsichtig waren, während des Essens die Nase vom Teller zu heben. Den

Abb. 9 Das Smoking Gun,
Freund und Helfer eines
jeden Chefkochs.

Futuristen ging es vor allem um Provokation und weniger um das optimale multisensorische Erlebnis.

Heute benutzen innovative Chefköche und Barkeeper ein sogenanntes Smoking Gun (rauchender Colt), um ihren Speisen und Getränken das gewünschte Aroma beizubringen (siehe Abb. 9). Mit dem auch «Cloud Pourer» (Wolkenausgießer) genannten Gerät, dessen Mechanismus auf Trockeneis basiert, kann der kreative Aromatiker sogar direkt am Tisch oder an der Bar seinen Speisen und Getränken konzentrierte Aromen in Form eines nebligen Dampfes beigeben, dass den Gästen Augen und Mund offen stehen.

Vielleicht sind auch Ihnen schon die seit ein paar Jahren aufgekommenen Aromaschutzverpackungen aufgefallen. Es gibt sie inzwischen für das einfachste Schokoladeneis am Stiel. Wir alle lieben Schokoladengeruch, nur ist das Eis in gefrorenem Zustand von eher drögem Aroma. Daher hat der Hersteller zur Kompensation des Geruchsverlusts synthetisches Schokoladenaroma auf den Klebestreifen der Verpackung gegeben, sodass dem Kunden beim Aufreißen der Verpackung ein Schokoladenhauch entgegenweht, den er natürlich dem Aroma des Eises zuspricht.

Ein ebenfalls neues Phänomen ist die Zugabe aromatischer Substanzen in den frei bleibenden Raum von Kaffeeverpackungen, was inzwischen viele Kaffeefirmen machen. Darum überfällt uns beim Öffnen des Pakets oft ein derart überwältigender Duft, der, wie wir selbstverständlich denken, vom frisch gemahlen verpackten Kaffee stammt. Nur leider ist der Geruch beim erneuten Öffnen des Pakets fast immer eine herbe Enttäuschung.

2013 meldete PepsiCo für die verkapselten Aromen in seinen Getränkeverpackungen ein Patent an.[2] In dem Moment, in dem der Kunde den Deckel von der Flasche schraubt, werden die Geruchskapseln aufgebrochen und beginnen ihr Aroma zu verströmen. Dahinter steht, dass man ein besseres Aromaerlebnis bieten kann, wenn nicht das Produkt, sondern die Verpackung parfümiert ist. Das kanadische Unternehmen Molecule-R hat eine «Aromafork» (Aromagabel) entwickelt. Für etwa € 40 bekommen Sie ein Set mit vier Metallgabeln, dazu einen Beutel mit runden Plättchen aus Löschpapier, die an der Basis der Gabel in eine Mulde eingesetzt werden können, sowie zwanzig kleine Ampullen mit verschiedenen Aromen, die Ihnen die Speise bei jedem Bissen veredeln. Ich habe aber die Erfahrung gemacht, dass man mit dem Aroma sehr vorsichtig sein muss, da es schnell künstlich anmutet. Dasselbe sagten auch die Gäste der Radiosendung «The Kitchen Cabinet» auf BBC 4, die ich die Aromagabel testen ließ. Das bedeutet allerdings nicht, dass wir immer künstliche von natürlichen Aromen unterscheiden könnten – meist können wir es nämlich nicht.

Für mich liegt der größte Vorteil dieser innovativen Gabel darin, dass ich durch sie einige besonders teure Zutaten einsparen kann. Zum Beispiel erzielt man vermutlich mit ein paar Tröpfchen eines hochwertigen Trüffelöls, das man in die Gabelmulde gibt, einen ungleich größeren kulinarischen Genuss, als wenn man dieselbe Menge über das Essen träufelt. Oder ich könnte mir den Geruch von zerstäubtem Safranal zunutze machen, da Safran aufs Gramm gerechnet teurer ist als Gold. Würden Sie das gern einmal ausprobieren? Geben Sie einfach einige Tropfen einer verlockend riechenden Flüssigkeit auf einen Holzlöffel und servieren Sie Ihren Gästen damit die Suppe. Es wird sicher allen als ein besonderes kulinarisches Erlebnis in Erinnerung bleiben.

Mit Slow Food hat das natürlich nichts zu tun. Doch wenn der

Käufer merkt, dass er ein interessanteres Esserlebnis kreieren oder das gleiche Aroma zu einem Bruchteil des Preises bekommen kann – zumindest bei Trüffel, Safran und ähnlich kostspieligen Zutaten –, könnte die Aromagabel oder eine ästhetisch ansprechendere Variante unsere Nahrungsaufnahme in den kommenden Jahren revolutionieren.

Letztlich hängt der langfristige Erfolg solcher gewiss manchmal auch übers Ziel hinausschießenden Ideen davon ab, ob sie qualitativ hochwertige Gerüche zu einem akzeptablen Preis anbieten können. Haben wir erst einmal begriffen, dass der Geruch nicht vom Essen oder Getränk kommt, sondern vom Besteck, dem Glas oder der Verpackung, empfinden wir ihn schnell als künstlich. Ob berechtigt oder nicht, viele Menschen haben Angst vor künstlichen Aromen und Gerüchen, was mit der parfümierten Kerze beginnt und beim industriell hergestellten Lebensmittel endet. Meiner Einschätzung nach wird der Genuss solcher Produkte aufgrund unserer Überzeugung oder Sorge, dass der Geruch künstlich oder «chemisch» ist – obwohl natürlich alle Aromen chemisch sind –, und natürlich auch wegen der offensichtlichen Künstlichkeit auf Dauer keine hohe Bewertung bekommen.

Ist Ihnen aufgefallen, wie oft Spitzenköche explizit oder indirekt betonen, dass die Aromen, die sie jenseits des Tellers verwenden, natürlich sind? Sei es der Geruch der mit heißem Wasser übergossenen Hyazinthen im *Alinea* oder die frischen Kräuter in den verdrehten Griffen des Bestecks im *Moto*, die wir dem kürzlich verstorbenen Homaro Cantu verdanken. Es bleibt abzuwarten, wie der Konsument von morgen auf diese wunderbare neue Welt olfaktorisch aufgepeppter Verpackungen, Gläser und Bestecke reagieren wird. Mit Sicherheit aber wird sich die Lebensmittel- und Getränkeindustrie einige Seiten aus den Lehrbüchern der Chefköche und Barkeeper zu Herzen nehmen und uns zu verklickern versuchen, dass auch ihre neuen Produkte ganz und gar natürlicher Art seien.

DIE OLFAKTORISCHE TISCHGESELLSCHAFT

Kann man mit wohltuenden Gerüchen auch ein gesünderes Essverhalten fördern? In den Dreißigerjahren erklärten die italienischen Futuristen: «Im idealen futuristischen Mahl werden dem Gast Speisen vor der Nase entlanggeführt, um seine Neugier zu wecken oder einen passenden Kontrast zu bilden, wobei diese zusätzlichen Gänge nicht verspeist werden dürfen.»³ Dieselbe Idee findet sich in dem Roman *Lust und Laster* von Evelyn Waugh, der 1930 erschien: «Er legte sich nochmals zurück und dachte über die Gerüche von Essen nach, stellte sich grässlich fettig gebratenen Fisch vor und den bewegenden Gestank, der von ihm ausgeht, den berauschenden Duft frischen Gebäcks und die Eintönigkeit von Sandkuchen ... Er dachte sich ganze Gelage mit verführerischen, aromatischen Speisen aus, die den Gästen unter die Nase gehalten werden, damit sie sie einatmen, ehe man sie den Hunden vorwirft ... Endlose Orgien, bei denen man von morgens bis abends einen Duft nach dem anderen genießt, ohne je satt zu werden, und dazu das Bukett von altem Brandy ...»⁴ Der Geruchssinn ist für unser Geschmackserleben viel wichtiger, als wir meinen. Da könnte man doch auf die Idee komme, einfach nur die Aromen all der köstlichen Speisen zu genießen, ohne sich mit den Kalorien zu beschweren, indem man sie tatsächlich isst. Aber Sie müssen wohl kein Gastrophysiker sein, um zu ahnen, dass sich Ihre Gelüste durch das Schnuppern allein kaum werden befriedigen lassen.

Trotzdem gibt es immer mehr Unternehmen, die Essensaromen als eigenständiges Produkt anbieten. Nehmen Sie nur den Kaffee-Inhalator, mit dem Sie sich eine Prise Koffein verschaffen können, ohne sich auf die Suche nach einem Café machen zu müssen. Auch erhältlich mit Schokoladenaroma. Ein ähnlich hübsches Beispiel ist die «Alcoholic Architecture» der britischen Essenskünstler Sam Bompas und Harry Parr. Die beiden Wackelpuddingarchitekten

entwickelten sogenannte «Wolkenbarinstallationen», in denen die
Gäste eine Viertelstunde lang in einem Nebel aus Gin und Tonic
verweilen dürfen. Dann gibt es noch ein Gerät, Vaportini, das Ihren
Drink behutsam erhitzt und auf diese Weise die Aromen konzentriert, damit Sie sie einatmen können, was vermutlich das Erlebnis
verbessert. All das klingt verlockend, nur kann ich mir nicht vorstellen, dass das olfaktorische Dinner in naher Zukunft an Popula-
rität gewinnen wird. Ich bezweifle, dass sich unser Gehirn allein mit
Dämpfen zufriedenstellen lässt, ohne dass wir tatsächlich irgend-
etwas konsumieren.

Trotzdem ist es durchaus eine gute Idee, unser kulinarisches
Erlebnis durch Essensaromen aufzupeppen – womit ich erweiterte
Aromen meine. Die Teilnehmerinnen einer kürzlich durchgeführten Laborstudie wurden schneller satt, wenn während des Verzehrs
einer Tomatensuppe erweiterte Aromen verströmt wurden. Menschen essen fast 10 Prozent weniger, wenn man die olfaktorische
Komponente ihres Essens intensiviert.[5] Wir würden uns also alle
schneller gesättigt fühlen, wenn wir wüssten, wie wir unsere Sinne
effektiv stimulieren können. Entsprechende Forschungsergebnisse
stützen die These, dass eine Erhöhung der orthonasalen Aromen
von Speisen und Getränken zu mehr Genuss und sogar einer schma-
leren Taille führen könnte.

SINN UND SINNLICHKEIT

Waren Sie in den letzten Jahren einmal in einem *Hilton DoubleTree
Hotel*? Dann kennen Sie den köstlichen Keksduft, mit dem Sie an
der Empfangstheke begrüßt werden. Und ohne dass Sie überhaupt
einen Ton gesagt haben, bekommen Sie von der Person hinter der
Theke einen frisch gebackenen Cookie angeboten. Ein verlockendes Essensaroma wird mit einem unverhofften Geschenk kombiniert – ganz im Sinne des sensorischen Marketings. Ich vermute al-

lerdings, dass mich der süße Geruch der energiereichen Ware dazu verleiten wird, einen Cookie zu essen, den ich mir sonst verkniffen hätte.

Mein Großvater, der in Nordengland einen Lebensmittelladen besaß, verstreute hinter seiner Theke gute Kaffeebohnen (siehe Abb. 10). Wenn ein Kunde kam, zertrat er welche mit dem Fuß, damit das freigesetzte Aroma den Kunden dazu verlockte, mehr zu kaufen.

Wir müssen uns dringend der Konsequenzen der sich anbahnenden Kommerzialisierung von Aromen- und Geruchsmarketing bewusst werden. Wer einem Essensaroma ausgesetzt ist, entwickelt nicht nur einen gesteigerten Appetit für Nahrungsmittel mit diesem Aroma, sondern auch für andere Lebensmittel und Getränke, die ähnliche Makronährstoffe enthalten. Das heißt, wenn wir etwas Süßes gegessen haben, steigt unser Appetit für Nahrungsmittel mit ähnlichem Aroma. Vielleicht ist Ihnen ja auch schon aufgefallen, dass Lebensmittelketten ihre Läden in Einkaufszentren möglichst so platzieren, dass sich ihr Vintage-Duft optimal verbreiten kann.[6]

Lassen Sie mich dieses Kapitel mit einem noch etwas grusligeren Gedanken abschließen. Haben Sie sich schon einmal überlegt, was passiert, wenn uns die Nahrung aufgrund globaler Erwärmung, Überfischung und Missernten ausgehen sollte? Die Künstlerinnen Miriam Simun und Miriam Songster haben sich ausgemalt, auf welche Weise wir uns drei aktuell bedrohte Nahrungsmittel, Schokolade, Kabeljau und Erdnussbutter, in Zukunft zu Gemüte führen könnten. Ihre Zukunftsvision präsentierten sie 2013 in ihrem «Ghost Food Truck», mit dem sie von Philadelphia nach New York fuhren. Die Besucher dieser ungewöhnlichen Aktion bekamen eine Maske aufgesetzt, mit der sie riechen konnten, was sie anschließend essen würden, wie ein Teilnehmer erläutert: «Man bekommt eine Essensprobe zusammen mit einem Atemschlauch, der wie eine medizinische Sauerstoffmaske aussieht und den man sich aufs Ge-

Abb. 10 In seinem Lebensmittelladen in Idle, Bradford, betrieb mein Großvater schon vor einem halben Jahrhundert intuitiv olfaktorisches sensorisches Marketing.

sicht setzt. Unter der Nase sitzt eine Art Knolle, getränkt mit synthetischem Geruch von Schokolade, Kabeljau oder Erdnussbutter. Sobald man aufgegessen hat [pflanzliches Eiweiß und Algen], wird einem das Ganze abgenommen und die Gerätschaft für den nächsten Gast gereinigt.»[7] Kurz gesagt ist es also wirklich unabdingbar, die Funktionsweise unserer Nase zu kennen, um die Beziehung zwischen uns und unserem Teller zu begreifen.

3.

SEHEN

Das Gehirn ist das blutdurstigste Organ unseres Körpers. Es benötigt etwa 25 Prozent des Blutflusses – der Energie –, obwohl es nur 2 Prozent der Körpermasse beträgt. Angesichts der Tatsache, dass sich das Gehirn herausgebildet hat, um uns bei der Nahrungssuche zu helfen, verwundert es nicht, dass der zerebrale Blutfluss besonders stark zunimmt, wenn uns in hungrigem Zustand Bilder von appetitlichem Essen gezeigt werden. Verstärken lässt sich der Effekt noch durch angenehme Essensaromen. In Sekundenbruchteilen fällt unser Gehirn ein Urteil darüber, wie gut uns das gezeigte Essen schmecken und wie nahrhaft es sein würde. Damit haben Sie vielleicht schon eine vage Ahnung, was hinter dem Begriff «Essenspornografie» steckt.

Sicher hat uns allen schon einmal der Magen geknurrt, während wir vor einem verführerischen Mahl saßen. Essenspornografie (englisch *food porn*) kann den Speichelfluss und sogar die Verdauungssäfte anregen, da sich der Magen auf das vorbereitet, was ihm da gleich zugeführt würde. Selbst wenn man nur über köstliches Essen liest, kann das eine ähnliche Wirkung haben. Zur Reaktion des Gehirns auf Bilder von schmackhaften Speisen – *food porn* – hat die Forschung herausgefunden, dass dabei ein ganzes Netzwerk an Hirnarealen aktiviert wird, darunter das Geschmacksareal (die Inselrinde) und das Belohnungsareal (das Operculum und der orbitofrontale Kortex). Wie stark die neuronale Aktivität steigt und vor allem wie stark die verschiedenen Gehirnareale miteinander verknüpft werden, hängt davon ab, wie hungrig der Betrachter ist, ob er übergewichtig ist oder ob er gerade eine Diät macht, das heißt ein gezügeltes Essverhalten an den Tag legt. Die Hirnreaktion ist bei Übergewichtigen tendenziell stärker, selbst wenn sie satt sind.

Dem römischen Feinschmecker und Autor Apicius (1. Jahrhundert n. Chr.) wird der Satz zugesprochen: Das Auge isst zuerst. Heutzutage ist die Optik eines Gerichts mindestens genauso wichtig, wenn nicht wichtiger als Geschmack und Aroma. Wir werden förmlich mit Bildern von Essen bombardiert, in der Werbung, den sozialen Medien, in Kochsendungen im Fernsehen. Nur ist leider die Nahrung, die am besten aussieht – die unser Gehirn am attraktivsten findet –, nicht unbedingt die gesündeste, im Gegenteil. Übrigens war «Essen» 2014 und 2015 gleich hinter «Pornografie» die zweithäufigste Suchkategorie im Internet. Insofern liegt die Schuld nicht einfach bei Marketingstrategen, Nahrungsmittelindustrie und Gourmetköchen. Die Zahl derer, die im Internet nach Bildern von Essen suchen, steigt stetig – eine digitale Nahrungssuche, wenn Sie so wollen. Ich warte auf den Tag, an dem diese Kategorie den ersten Rang übernimmt.

KANN MAN FARBEN SCHMECKEN?

Was wir schmecken, wird in hohem Maße davon beeinflusst, was wir sehen. Und auch für unsere Wahrnehmung von Aromen spielen der Farbton (Rot, Gelb, Grün) und die Farbintensität der Speisen und Getränke eine Rolle. Allein wenn ich die Farbe des Weines ändere, kann ich andere Erwartungen wecken, was wiederum das Geschmackserlebnis beeinflusst. Sogar Experten ließen sich schon aufs Glatteis führen, als man ihnen eingefärbten Weißwein von dunkelroter Farbe vorsetzte – die Versuchspersonen meinten tatsächlich, das Aroma des Rotweins riechen zu können.

Im Laufe der Geschichte waren Wissenschaftler immer wieder überzeugt, keinerlei Verbindung zwischen Farbe und Geschmack feststellen zu können. Künstler wiederum laden ihr Publikum ein, Farben zu schmecken.[1] Ich glaube, dass beide sich täuschen. Selbstverständlich stehen Farben und Geschmack miteinander in Verbindung, allerdings kann ich einen Geschmack nicht aus dem Nichts erkennen, wenn ich einfach nur die zugehörige Farbe sehe.

Ich möchte auf das Amuse-Gueule des Londoner Küchenchefs Jozef Youssef zurückkommen, das zum Dining-Event «Synaesthesia» der *Kitchen Theory* gehört. Das Menü wurde auf der Grundlage neuester Ergebnisse aus meinem Crossmodal Research Laboratory entwickelt. Wir haben in den letzten Jahren viel darüber geforscht, welche Geschmacksrichtungen die Menschen weltweit mit welchen Farben assoziieren. Und wir haben uns diejenigen Farben angesehen, die unsere Probanden spontan den vier am häufigsten genannten Grundgeschmacksrichtungen zugeordnet haben. Die Ergebnisse flossen in die Kreation des Menüs ein. Wären Sie damals in dem Restaurant zu Gast gewesen, hätte man Ihnen in zufälliger Reihenfolge vier Löffel mit sphärifizierter Flüssigkeit in verschiedenen Farben vorgesetzt – Rot, Weiß, Grün und Schwarzbraun. Nachdem alle Gäste vier Löffel bekommen haben, bittet der Küchenchef sie, mit dem salzigen Löffel zu beginnen, dann den bitteren, den sauren und zuletzt den süßen Löffel zu nehmen – worauf Sie und Ihre Mitprobanden erst einmal die Stirn runzeln. Welche Reihenfolge soll denn das nun sein? Im Restaurant wie auch in Online-Tests haben ca. 75 Prozent die von Koch und Gastrophysiker beabsichtigte Reihenfolge gewählt: Weiß, Braun, Grün, Rot. Angesichts eines solchen Ergebnisses kann man also mit Fug und Recht behaupten, dass jeder Geschmack mit einer bestimmten Farbe in Verbindung steht.

Mit Farbe lässt sich sogar die Wahrnehmung eines Geschmacks, den Sie bereits im Mund haben, variieren. Zum Beispiel kann ich Speisen und Getränke süßer erscheinen lassen, indem ich ihnen eine rosarote Tönung gebe – wobei mir leider noch keine Methode untergekommen ist, wie das mit Wasser gelingen könnte. Wasser in Wein zu verwandeln ist wohl doch etwas viel verlangt. Aber Lebensmittel- und Getränkeunternehmen können allein durch die richtige Farbe des Produkts oder auch nur der Verpackung die wahrgenommene Süße um bis zu 10 Prozent steigern. Side-by-Side-Tests haben gezeigt, dass wir ein Getränk mit der entsprechenden Farbe, etwa Rosarot, als süßer empfinden als ein Getränk mit unpassender Farbe, etwa Grün. Zum selben Ergebnis kommt man, wenn dem grünen Getränk sogar 10 Prozent mehr Zucker beigemischt wurde. Das heißt mit anderen Worten, dass sich ein mithilfe von psychologisch herbeigeführter Geschmacksverbesserung entwickeltes Getränk in der Wahrnehmung mitunter nicht vom ursprünglichen unterscheidet.

Wie wir auf Farben in Speisen und Getränken reagieren, ist nicht festgeschrieben, sondern wandelt sich im Lauf der Zeit. So haben uns vor nicht allzu langer Zeit noch alle Marketingfachleute und Kulturwissenschaftler erzählt, blaues Essen würde niemals in Mode kommen.[2] Heute gibt es das coole blaue Gatorade, Slush Puppy und die London Gin Company, die höchst erfolgreich blaue Getränke verkauft. 2016 hat ein spanisches Unternehmen sogar blauen Wein auf den Markt gebracht. Da diese Farbe in der Natur nur selten vorkommt, werden derlei Produkte jedoch meist als Marketinggag lanciert, um die Aufmerksamkeit des Kunden vorm Supermarktregal zu erregen. Probleme gibt es erst danach.

Sie wären sicher überrascht, wie viele Unternehmen mich über die Jahre um Hilfe gebeten haben, weil es in ihren Verbraucherforen und Zielgruppen hieß, eines ihrer Produkte würde auf einmal anders schmecken, obwohl sich nur die Farbe des Produkts oder der Verpackung geändert hatte. Das kann man nur verstehen, wenn man die multisensorischen Verknüpfungsregeln kennt, nach denen das Gehirn die Sinne miteinander in Verbindung bringt. Hier geht es um «sensorische Dominanz», wobei das Gehirn sich über einen Sinn die Wahrnehmung der anderen Sinne erschließt.

Die Wirkung der Farbe hängt von der Speise ab. Bei Fleisch oder Fisch löst Blau ein deutlich ablehnendes Verhalten aus. In einem jener fiesen Experimente, die mir besonders gut gefallen und die sicher inzwischen von irgendeiner Ethikkommission verboten wurden, hat ein Mister Wheatley, seines Zeichens Marketingexperte, seinen Freunden Steak, Pommes und Erbsen serviert. Was die Gäste etwas verwunderte, war die schummrige Beleuchtung, die dazu diente, die Farbe der Speisen zu verschleiern. Als mitten im Mahl plötzlich das Licht aufgedreht wurde, sahen sie entsetzt, dass ihr Steak blau, die Pommes grün und die Erbsen knallrot waren. Sofort wurde mehreren übel, und manche rannten sogar zur Toilette.[3]

KANN MAN FORMEN SCHMECKEN?

Noch so eine Frage, auf die die intuitive Antwort «Natürlich nicht!» lauten wird. Ich kann Ihnen allerdings erzählen, was für einen Spaß ich in den letzten zehn Jahren auf Festivals zum Thema Gastronomie und Wissenschaft hatte, als ich die Teilnehmer bei den gekosteten Speisen zu sagen bat, ob das Geschmackserlebnis für sie eher «bouba» oder eher «kiki» sei. Sehen Sie sich die beiden Formen an den Enden der Linie in Abb. 11 an und überlegen Sie, welcher Form Sie welchen der zwei ausgedachten Begriffe zuordnen würden. Die meisten sagen, kiki müsse die zackige Form sein und bouba sei offensichtlich der rundliche Klecks.

Nun stellen Sie sich bitte den Geschmack von dunkler Schokolade, Roquefort und Mineralwasser vor. Setzen Sie in Gedanken jeweils eine Markierung auf der Linie zwischen bouba und kiki, wo Sie die sensorischen Eigenschaften dieser drei Nahrungsmittel sehen. Dann machen Sie dasselbe für Milchschokolade, Brie und stilles Wasser. Wenn ich mit meinen gastrophysikalischen Studien richtig liege, haben Sie die letzten drei Produkte eher auf der linken Seite der Skala platziert (bouba) und die ersten drei auf der rechten (kiki).

Das Faszinierende an solchen Studien ist, wie sehr sich die Antworten der Teilnehmer entsprechen, bedenkt man, dass es auf solche Fragen keine objektiv richtigen Antworten gibt. Die meisten Menschen geben kohlensäurehaltigen, bitteren, salzigen und sauren

Nahrungsmitteln einen Platz am zackigen Ende der Skala, süße und sahnige Eindrücke werden dagegen eher mit rundlichen Formen in Verbindung gebracht. Offenbar scheinen wir alle dazu zu neigen, bestimmte Formen oder Konturen mit bestimmten Geschmacksrichtungen, Aromen oder Texturen in Zusammenhang zu bringen. Aber warum stellen wir diese Verbindung zwischen Form und Geschmack überhaupt her? Evolutionär ließe sich das damit erklären, dass eckige Formen, Bitterkeit und Kohlensäurehaltigkeit Gefahr oder Bedrohung signalisieren. Ein spitzer Gegenstand könnte eine Waffe, ein bitteres Nahrungsmittel giftig und der Geschmack von Säure ein Warnhinweis für verdorbenes Essen sein.

Schauen Sie sich doch bei Ihrem nächsten Supermarktbesuch einmal das Bier- oder Wasserregal an. Die meisten Logos der Bier- und Mineralwassermarken sind nicht rund, sondern eckig. Natürlich gibt es auch Ausnahmen, aber erstaunlich oft werden Sie einen roten Stern oder ein Dreieck auf der Flasche oder Dose entdecken – denken Sie nur an die vielen roten Sterne auf den Mineralwasserflaschen von San Pellegrino oder den markanten roten Stern auf dem Heineken-Etikett. Sehen Sie, auf welch unterschwellige Weise die Getränkeindustrie mit Ihnen kommuniziert? Aber wie wichtig ist es, vom Marketingaspekt einmal abgesehen, etwas über Formsymbolismus zu wissen? Mich hat es immer sehr interessiert, was mit dem Geschmack einer Speise passiert, wenn man deren Form verändert. 2013 beschloss Cadbury, die Form seines erfolgreichen Schokoriegels *Dairy Milk* zu modernisieren und die Ecken abzurunden, wonach der Riegel ein paar Gramm leichter war. Massenweise beschwerten sich die Kunden. Sie waren überzeugt, dass das Unternehmen die Rezeptur verändert hatte und ihre geliebte Schokolade süßer und cremiger schmeckte.[4] Die Vorgehensweise könnte also eine Möglichkeit für Unternehmen sein, den Zuckergehalt ihrer Lebensmittel zu reduzieren: Sie müssen einfach die Ecken abrunden. Das Produkt wäre nicht mehr ganz so ungesund, und der Geschmack würde sich für das Empfinden der Kunden nicht ändern. Unternehmen sind allerdings äußerst zögerlich, wenn es darum geht, die Rezepturen ihrer Produkte zu ändern.

Was für Schokolade gilt, lässt sich auch auf andere Nahrungsmittel anwenden. Ob die veränderte Erwartung allerdings ausreicht, um den wahrgenommenen Geschmack zu beeinflussen, hängt vor allem davon ab, wie genau der Geschmack des Getränks mit der Vorhersage des Konsumenten übereinstimmt. Wenn der Geschmack ähnlich ist wie erwartet, hat die Form eher Einfluss auf die Bewertung des Geschmacks. Ist die Abweichung zu groß, scheint das Gehirn die Form nicht mehr als Hinweis auf den Geschmack in Betracht zu ziehen. So lautet die derzeitige Hypothese unseres Labors. Süße wird im Allgemeinen sehr geschätzt, doch zeigte sich bei einer Studie in einem schottischen Hotelrestaurant, dass die Gäste ein sehr süßes Dessert weniger mochten, wenn es auf einem besonders «süß» wirkenden Teller serviert wurde.[5]

KANN MAN TELLER SCHMECKEN?

Die meisten Menschen würden den Kopf schütteln, wenn man sie fragte, ob sich durch eine andere Tellerfarbe der Geschmack ihres Essens ändert. Aber in einer Studie, die ich mit der Fundació Alícia in Spanien durchgeführt habe, wurde dasselbe Erdbeereismousse als 10 Prozent süßer und 15 Prozent aromatischer eingestuft - insgesamt also deutlich besser bewertet -, wenn es auf einem weißen

Abb. 12 Ein weißer und ein schwarzer Teller mit demselben roten Erdbeereis. Auf dem weißen Teller serviert, empfanden die Testesser das Dessert als deutlich süßer und aromatischer.

statt auf einem schwarzen Teller serviert wurde (siehe Abb. 12). Bemerkenswerterweise erzielte eine Follow-up-Studie in Grönland noch deutlichere Unterschiede, indem sowohl die Farbe als auch die Form des Tellers variiert wurden. Es mag seltsam klingen, aber runde Teller sind «süßer» als eckige Teller.

In anderen Studien konnten wir allein durch Änderung der Tassenfarbe den Geschmack verschiedenster Getränke manipulieren, von heißer Schokolade bis zum Caffè Latte. Heiße Schokolade schmeckt mehr nach Schokolade und besser, wenn sie nicht in einem weißen, sondern in einem orangenen Plastikbecher serviert wird. Caffè Latte schmeckt intensiver und scheint seine Süße zu verlieren, wenn man ihn statt aus einem durchsichtigen Glas aus weißem Porzellan trinkt.

Interessanterweise konnten gastrophysikalische Studien zeigen, dass ein größerer Kontrast auf dem Teller Patienten im fortgeschrittenen Stadium der Alzheimerkrankheit dazu bringt, mehr zu essen und zu trinken. In einer Langzeitpflegeeinrichtung in den USA etwa bewirkte der Wechsel zu Tellern und Gläsern mit starken Farbkontrasten einen Anstieg der Nahrungsaufnahme um 25 Prozent und der Flüssigkeitsaufnahme um sage und schreibe bis zu 84 Prozent.

Wie kann es sein, dass blaue Teller den Leuten in den Zwanzigerjahren den Geschmack verdarben und heute dafür sorgen, dass die Patienten ordentlich zuschlagen? Eine Erklärung könnte sein, dass das in Krankenhäusern servierte Essen sowohl geschmacklich als auch farblich meist ziemlich fad ist. Aber – tataa! – auf einem blauen Teller sehen wir plötzlich viel besser, was wir essen. Aus genau diesem Grund serviere ich mein Parademahl, ein grünes Thai-Curry mit Huhn – das einen grünlich weißen Farbton hat – und weißem Reis auf einem schwarzen Teller, ein betörender optischer Kontrast.

Selbst wenn Sie kein Gastrophysiker sind, wird es Ihnen intuitiv falsch vorkommen, das Essen in einem Krankenhaus auf einem roten Teller oder Tablett zu servieren. Die Farbe Rot motiviert zu Vermeidung. Praktisch heißt das, Menschen verzehren deutlich weniger, wenn ihnen das Essen auf einem roten Tablett serviert wird. In einer Laborstudie aßen die Teilnehmer fast doppelt so viele Brezeln, wenn diese auf einem weißen statt auf einem roten Teller lagen. Rote Teller und Tabletts sind also höchst empfehlenswert, wenn Sie abnehmen möchten, in einem Krankenhaus dagegen sind sie eindeutig fehl am Platz.

Natürlich können Sie den Teller, von dem Sie essen, nicht schmecken, aber seine Farbe – und Größe – kann Sie zu einem anderen Essverhalten bewegen; Sie essen mehr beziehungsweise weniger als von Ihrem gewohnten Teller. Und auch Ihr Geschmackserleben kann auf diese Weise beeinflusst werden, sodass Ihnen Ihr Essen schmackhafter, süßer oder aromatischer erscheint.

Die Wirkung der Hintergrundfarbe auf Geschmack und Aroma sorgt in der Lebensmittel- und Getränkeindustrie für jede Menge Probleme, wie einige Unternehmen zu ihrem Leidwesen erfahren

Abb. 13 Ein grandios geformter Teller, der in den Restaurants *Mont Bar* und *Tickets* in Barcelona verwendet wird. Aus einer solchen Schale schmeckt zum Beispiel Eis süßer als von einem rechteckigen schwarzen Teller.

mussten. Eine leichte Farbänderung – etwas mehr Gelb auf der 7Up-Dose in den Fünfzigerjahren oder eine weiße Coca-Cola-Dose zu Weihnachten 2011 –, und die Kunden meinen plötzlich, der Geschmack des Produkts habe sich verändert. Bei einer Marke, die wir seit Ewigkeiten kennen, sollte doch eine andere Verpackungsfarbe keinen Einfluss auf den Geschmack des Inhalts haben. Aber Fakt ist, sie hat.

Schauen Sie sich bitte einmal den Teller auf Abb. 13 an. Inwiefern wird sich Ihrer Einschätzung nach das kulinarische Erlebnis ändern, wenn die Speisen auf einem seltsamen Teller serviert werden? Angesichts der neuesten gastrophysikalischen Forschungsergebnisse sollten niemanden mehr die unzähligen Versuche überraschen, das Essvergnügen durch die Abkehr von der rigiden Tyrannei des großen runden weißen Tellers zu steigern. Ob Koch oder Gast, wir alle würden davon profitieren, wenn wir dem Teller mehr Aufmerksamkeit schenkten und nicht nur betrachteten, was auf ihm thront.

Früher servierten nur die Toprestaurants jeden Gang ihres Degustationsmenüs auf einem entsprechend ausgewählten Teller. Doch langsam beginnt sich ein Trend bis in die Restaurantketten und zu den probierfreudigen Privatköchen durchzusetzen. Sind wir etwa bald so weit, dass für den Erfolg eines Gerichts eine optisch ansprechende Präsentation wichtiger ist als der Geschmack? Der steile

Aufstieg der Essenspornografie wurde sogar schon von dem kanadischen Chefkoch Carolyn Flynn alias Jacques La Merde parodiert. Er hat eine Instagram-Seite mit über einhunderttausend Followern, auf der er Gerichte aus Fast-Food-Restaurants oder Produkte aus dem Supermarkt – zerbröselte Kekse oder Tortillachips – so präsentiert, als kämen sie aus einem Sternerestaurant.[6]

Natürlich möchten wir alle am liebsten beides – unser Essen soll gut aussehen *und* gut schmecken. Allerdings stehen aussagekräftige Tests, welche Auswirkungen unterschiedliche Teller auf die Wahrnehmung der Gäste haben und was diese für bessere Teller zu zahlen bereit wären, noch aus. Nun können Gastrophysiker aber auch theoretische Einblicke in die Ästhetik der Tellerwahl geben. Beides zusammen wird hoffentlich all jenen Kreateuren genussvoller Speisen helfen, entsprechende Tellerarrangements von möglichst großem optischen Reiz zu finden. Ein Chefkoch wird jedenfalls davon profitieren, wenn er seine Kochkünste mit den neuesten gastrophysikalischen Testmethoden und Erkenntnissen abgleicht.

ÜBER DIE ANFÄNGE UND ZUKUNFT VON FOOD PORN

Seit Jahrhunderten bereiten Menschen schön aussehende Speisen für Feste und Feierlichkeiten zu. Und über Hunderte von Jahren haben Künstler sie in Stillleben portraitiert. Aber abgesehen vom besonderen Festmahl wurden Gerichte wohl zuallermeist serviert, ohne dass man sich viele Gedanken über ihre Optik machte. Sie sollten schmecken, zuweilen dienten sie einfach nur der Nahrungsaufnahme. Das galt vor dem Aufkommen der Nouvelle Cuisine auch für berühmte französische Chefköche, wie das Zitat des Küchenleiters Sebastien Lepinoy im *L'Atelier* von Joël Robuchon bezeugt: «Es gab in Frankreich im Grunde keine besondere Präsentation der Gerichte. Wer im Restaurant einen Coq au Vin bestellte, bekam ihn genauso serviert, als hätte er ihn sich selbst zu Hause zubereitet. Die Gerichte waren, was sie waren. Die Präsentation war äußerst schlicht.»[7]

Doch als in den Sechzigerjahren in den französischen Kochschulen östliche und westliche Kultur aufeinandertrafen, änderte sich alles. Diese Begegnung grundverschiedener kulinarischer Schulen führte zur Nouvelle Cuisine und im Zuge dessen zur Gastro-Pornografie. Der Begriff geht auf eine witzige Kritik von 1977 zurück, die das Kochbuch *French Cooking* von Paul Bocuse als «teure ($ 20,00) Übung in Gastro-Porn» beschrieb.[8] Inzwischen steht er im *Collins English Dictionary*, das ihn als «besonders sinnliche Darstellung von Speisen» definiert.

Heutzutage machen sich immer mehr Spitzenköche Gedanken darüber, wie ihre Gerichte auf Fotos wirken, und zwar nicht nur auf den prachtvollen ganzseitigen Hochglanzbildern ihres nächsten Kochbuchs. Denn jeder Koch, der ein optisch betörendes Gericht auf einem schönen Teller – oder einem Ziegelstein, einer Kelle, einer flachen Tasse – arrangiert, kann ihm auf diese Weise optischen Sex-Appeal verleihen und damit seine digitale Präsenz erhöhen.

So einige Chefköche hadern mit dem grassierenden Trend, dass die Gäste ihr Essen fotografieren und die Bilder dann in den sozialen Netzwerken verbreiten. Ihre viel zitierten Reaktionen sind höchst unterschiedlich; es wurde die Möglichkeit beschränkt, die Speisen während des Mahls zu fotografieren, oder das Fotografieren wurde überhaupt verboten – was mit Sicherheit zum Scheitern verurteilt ist. Ebenso gut könnte man versuchen, den Wandel der Zeit aufzuhalten. Die beste Lösung scheint mir zu sein, das Speiseangebot an die wachsende Zahl erlebnishungriger Millennials, die jeden einzelnen wachen Moment ihres Lebens in den sozialen Medien teilen wollen, anzupassen. Die meisten Küchenchefs haben sich auch offenbar mit diesem Trend arrangiert. Für sie ist er inzwischen ein Teil des Erlebnisses.

Einen konstruktiveren Umgang mit der sich durch Technologie

Abb. 14 Gastrofotografie – auf der Suche nach der perfekten Perspektive.

anbahnenden Krise der Spitzenküche haben einige Vorreiter gewählt. Sie achten auf eine besondere Formgebung der Teller, um den Gästen einen möglichst idealen Hintergrund für ihre Fotos zu bieten. Das Foodography im *Catit*, einem Restaurant in Tel Aviv, hält für die Gäste sogar Kameraständer am Tisch bereit. Wieder andere Gastronomen servieren die Speisen auf Tellern, die sich drehen lassen, sodass die Gäste selbst den idealen Winkel bestimmen können (siehe Abb. 14).

Vielleicht mögen Ihnen drehende Teller übertrieben vorkommen. Aber hat nicht jeder von uns schon einmal seinen Teller wie beiläufig in die eine oder andere Richtung gedreht, nachdem der Kellner ihn vor ihm abgestellt hat? Welcher der beiden Teller in Abb. 15 gefällt Ihnen besser? Der linke? Tja, auch der Blickwinkel ist entscheidend. In einer aktuellen Online-Studie haben wir herausgefunden, dass Menschen einem Teller mit dem gleichen Essen je

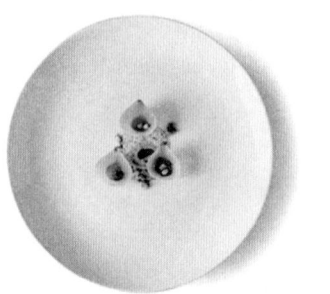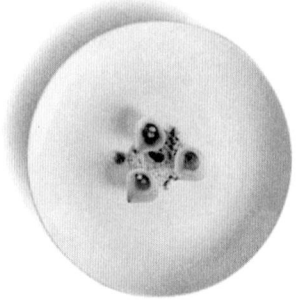

Abb. 15 Dasselbe Essen, zwei verschiedene Blickwinkel. Mehrere Tausend Personen haben diesen Teller mit dem Paradegericht des brasilianischen Chefkochs Albert Landgraf so lange gedreht, bis er die beste Ausrichtung hatte (in einem groß angelegten Bürgerwissenschaftsexperiment im Internet). Den meisten Menschen gefällt der linke Teller besser. Idealerweise wären die Zwiebeln so ausgerichtet, dass die Spitzen wenige Sekunden nach 12 Uhr anzeigen. Der Küchenchef hatte eine Ausrichtung auf Punkt 12 Uhr gewählt.

nach Ausrichtung unterschiedlich zusprechen. Unsere Experimente haben gezeigt, dass viele Menschen deutlich mehr für ein Gericht zu bezahlen bereit sind, wenn es ihnen aus einem bestimmten Blickwinkel präsentiert wird. Ich würde mich wundern, wenn Sie mit diesem Wissen nicht ab sofort jeden Teller, auf dem Sie Speisen servieren, genau ausrichten. Wenn sich mit einem Handgriff der wahrgenommene Wert und die Freude an einem Gericht so leicht steigern lassen, wären Sie ja verrückt, es nicht zu tun.

Seit einigen Jahren beobachten Wissenschaftler und Lebensmittelunternehmen, welche Tricks und Techniken sich am besten eignen, um den optischen Reiz eines Gerichts zu erhöhen. Dazu gehört, Essen und vor allem Proteine in Bewegung zu zeigen, um so die Aufmerksamkeit des Betrachters zu erregen und den Eindruck von Frische zu erwecken – wichtig für den Gastrophysiker. Gleichzeitig fürchten ich und viele meiner in der Gastronomie tätigen

Kollegen, dass die Optimierung des Augenanreizes womöglich auf
Kosten der Verbesserung des eigentlichen Aromas geht.[9]

HABEN SIE SCHON VON
«DOTTERPORNO» GEHÖRT?

Was kommt dabei heraus, wenn man Proteine in Bewegung zeigt,
zum Beispiel fließendes Eigelb? Tja, das ist dann Dotterporno (englisch *yolk-porn*), der neueste Trend in der gastrofotografischen Ver-
führungskunst (siehe Abb. 16). Mir ist letztens ein Beispiel in der
Londoner U-Bahn untergekommen. An einer Wand hing eine ganze
Armada an Bildschirmen mit Werbung. Aus dem Augenwinkel sah
ich ein dampfendes Stück Lasagne, das langsam angehoben wurde,
sodass der geschmolzene Käse hinunterlief – auf einem Bildschirm
nach dem anderen. Wie Marketingexperten nur zu genau wissen,
sind solche Aufnahmen von bewegten Proteinen bestens geeignet,
unsere Aufmerksamkeit zu erregen. Unsere Augen, genauer gesagt
unser Gehirn, findet sie unwiderstehlich. Fotografien von Essen,
noch mehr von energiereichen Speisen nehmen unseren Blick gefangen, ebenso alles, was sich bewegt. So sind bewegte Proteine der
Reiz par excellence, den unser Gehirn zu erkennen, zu verfolgen
und zu fokussieren gelernt hat.

Der britische Einzelhändler Marks & Spencer ist für seinen Food
Porn bekannt. In den Werbeanzeigen sieht man jede Menge bewegte
Proteine, implizit wie explizit. Die berühmteste Werbung stammt
von 2005 und zeigt einen Schokoladenkuchen mit einem zart
schmelzenden Kern. Im Off sagt eine sinnliche Stimme den Satz,
der Kult geworden und unzählige Male parodiert worden ist: «Es
ist nicht einfach ein Schokoladenkuchen. Es ist ein Schokoladenkuchen von Marks & Spencer.» Haben Sie eine Ahnung, welche Auswirkungen dieser eine Spot auf den Umsatz des Produkts hatte? Er
stieg um annähernd 3500 Prozent.

Abb. 16 Nur ein Toaststreifen, der in Eigelb getunkt wird? Oder ist die Sache doch nicht ganz so harmlos, wie wir glauben?

Das Besondere an Marks & Spencers Werbekampagne von 2014 für einen handelsüblichen pampigen Kuchen war, dass alle dargestellten Lebensmittel in Bewegung gezeigt wurden. Das Unternehmen ist beileibe nicht das einzige, das das probiert. Eine informelle Analyse der Essenswerbung in den besonders begehrten Werbe-Slots des US Super Bowl hat ergeben, dass von 2012 bis 2014 zwei Drittel der beworbenen Lebensmittel in Bewegung gezeigt wurden. Die Anziehungskraft solcher Bilder könnte auch erklären, warum ein Video mit einem schmelzenden Schokoladendessert – von mehreren Journalisten als «hypnotisch» bezeichnet – virale Verbreitung fand.

Ein weiterer Vorteil von bewegten Essensbildern besteht darin, dass die Speisen attraktiver aussehen, weil sie frischer wirken. So zeigt eine Studie, die Brian Wansink, Wissenschaftler für Essenspsychologie und -marketing an der Cornell University, mit seinen Kollegen durchgeführt hat, dass wir das Foto eines Glases Orangensaft viel reizvoller finden, wenn darauf zu sehen ist, wie der Saft eingeschenkt wird. Das allein genügt, um die Attraktivität des Produkts deutlich zu erhöhen.

MUKBANG

Nun möchte ich Ihnen, werte Leserin, werter Leser, einen der seltsamsten Trends vorstellen, der mir in Bezug auf Food Porn in den letzten Jahren begegnet ist. Er nennt sich *Mukbang*[10] und ist 2011 aufgekommen. In Südkorea gibt es eine zunehmende Zahl von Menschen, die ihre Handys und Laptops dazu benutzen, um sich von anderen beim Essen zusehen zu lassen und online über das Verzehren von Nahrung zu sprechen. Millionen von Zuschauern gehen Tag für Tag diesem voyeuristischen Tun nach. Interessant daran ist, dass diese «Pornostars» oder *Broadcast Jockeys* (BJs), wie sie sich selbst nennen, keine Spitzenköche, Fernsehstars oder Gastronomen sind, sondern ganz normale, wenngleich meist fotogene Menschen – Online-Esser (siehe Abb. 17). Man könnte das im Grunde als eine erweiterte Form von Essen in Bewegung ansehen; nur ist dabei die Person, die mit dem Essen interagiert, sehr viel zentraler im Blick als in der westlichen dynamischen Essenswerbung.

Es wäre interessant zu untersuchen, ob eine essende Person, die dabei einem BJ zusieht, mehr zu sich nimmt, als wenn sie allein äße, ohne das virtuelle Gegenüber[11]. Ebenso stellt sich die Frage, ob wir durch Mukbang ähnlich abgelenkt werden wie durch Fernsehen – denn wer beim Essen fernsieht, isst nachweislich mehr. Sollte dem so sein, wäre zu vermuten, dass nicht nur die unmittelbare Nahrungsaufnahme des Zuschauers zu-, sondern auch die Zeitspanne abnimmt, bis er wieder Hunger verspürt.

Bei Mukbang kann sich der Zuschauer vorstellen, wie er mit der Person auf dem Bildschirm gemeinsam eine Mahlzeit einnimmt. Studien haben gezeigt, dass uns Bilder von Essen am attraktivsten erscheinen, wenn das Gehirn den Akt der Nahrungsaufnahme möglichst leicht simulieren kann, wenn das Essen also aus der Ichperspektive gezeigt wird; die Bewertung ist dann deutlich höher als bei der bei Mukbang üblichen Dritte-Person-Perspektive. Zumindest

Abb. 17 Mukbang. Das Livestreaming essender Menschen begann 2011 in Südkorea und hat mittlerweile Millionen von Zuschauern.

die gewiefteren Marketingfachleute wissen das nur zu gut. Stellen Sie sich zum Beispiel eine Tütensuppe vor. Vor der Verpackung steht ein Teller Suppe. Wenn sich nun von rechts ein Löffel dem Teller nähert, ist die Wahrscheinlichkeit, dass der Betrachter die Suppe kauft, um 15 Prozent höher als bei einem von links kommenden Löffel – weil die meisten Menschen Rechtshänder sind.

MUSS UNS DER TREND DER ESSENSPORNOGRAFIE BEUNRUHIGEN?

Die Gastrophysik hat eine Reihe von Problemen erkannt, die Food Porn mit sich bringt. Und man sollte sich meiner Ansicht nach ihrer gewahr sein:

1. *Food Porn vergrößert den Hunger.* Bilder von attraktiven Speisen steigern den Appetit. In einer Studie stieg bei den Teilnehmern das Hungergefühl um 10 bis 15 Prozent, wenn ihnen ein siebenminütiges Video mit einer Restaurantkritik gezeigt wurde, in der

unter anderem Pfannkuchen, Waffeln, Hamburger und Eier zu sehen waren, und zwar unabhängig davon, ob sie zuvor länger nichts gegessen oder gerade erst eine Mahlzeit zu sich genommen hatten.[12]

Food Porn fördert ungesundes Essen. Viele Rezepte, die Spitzenköche in ihren Kochshows im Fernsehen präsentieren, sind extrem kalorienreich und ungesund. Eine systematische Analyse hat ergeben, dass sie deutlich mehr Fett, gesättigte Fettsäuren und Natrium enthalten als in den Ernährungsrichtlinien der Weltgesundheitsorganisation empfohlen.[13] Das ist nicht nur für diejenigen Zuschauer problematisch, die das Essen ihrer Idole nachkochen – was übrigens überraschend wenige Menschen tun. Das viel größere Problem besteht darin, dass die im Fernsehen servierten Speisen und Portionen implizite Normen setzen für das, was uns angemessen erscheint, ob nun zu Hause oder im Restaurant.

2. *Je mehr Food Porn Sie sehen, umso höher ist Ihr Body-Mass-Index (BMI).* Den Begriff «Couch-Potato» gibt es schon seit Langem. Die zentrale Frage aus gastrophysikalischer Sicht ist jedoch, ob Menschen, die häufiger Kochsendungen im Fernsehen anschauen, einen höheren BMI haben als Menschen, die während dieser Zeit Sendungen verfolgen, die nicht in Zusammenhang mit Essen stehen. Das scheint der Fall zu sein. Jedenfalls gibt es Hinweise, dass Essenswerbung vor allem bei Kindern dazu führt, dass sie anschließend etwas essen.

3. *Food Porn frisst geistige Ressourcen.* Wenn wir Bilder von Essen sehen – auf einer Verpackung, in Kochbüchern oder immer häufiger in Fernsehsendungen oder den sozialen Netzwerken wie Instagram («Art of Plating») –, führt unser Gehirn unwillkürlich eine mentale Simulation durch. Das heißt, es simuliert, wie es wäre, dieses Essen zu verzehren. Unser Gehirn kann also gewissermaßen nicht zwischen Bildern von Essen und echten Mahlzeiten unterscheiden. So blöd es klingt, wir benötigen

geistige Ressourcen, um diesen virtuellen Verlockungen zu widerstehen. Was geschieht nun, wenn wir nach dem Betrachten der Bilder echtes Essen sehen? Stellen Sie sich vor, Sie haben gerade eine Kochsendung verfolgt und betreten einen Bahnhof, in dem es nach Kaffee duftet. Am nächsten Kiosk sehen Sie in der Auslage die zuckrig-süßen Schokoriegel und eine Schale mit Obst. In einer Laborstudie trafen die Teilnehmer, die zuvor ansprechende Bilder von Essen gesehen hatten, die schlechtere – das heißt impulsivere – Wahl, wenn ihnen echte Nahrungsmittel vorgesetzt wurden, verglichen mit Teilnehmern, denen weniger Bilder von Essen gezeigt worden waren. Dass wir zunehmend Bildern von attraktivem Essen ausgesetzt sind, führt immer häufiger zu unwillkürlichen mentalen Simulationen. Das heißt, unser Gehirn stellt sich jedes Mal vor, wie es wäre, das Essen tatsächlich zu verzehren, selbst wenn dieses nur auf einem Bildschirm oder auf unserem Smartphone existiert, worauf wir dem Verlangen zu essen widerstehen müssen.

In einer aktuellen Studie an drei Bahnhofskiosken wurde untersucht, ob man Menschen dazu bringen kann, gesünderes Essen zu wählen, indem man die Obstschale näher an die Theke rückt als die Schokoriegel – normalerweise wird es umgekehrt gehandhabt. Das Nudging funktionierte insofern, als die Kunden tatsächlich mit höherer Wahrscheinlichkeit Obst oder einen Müsliriegel wählten. Nur kauften sie leider weiterhin dazu noch andere Snacks wie Chips, Kekse oder Schokolade.

OPTISCHE GASTROTRICKS FÜR DAHEIM

Jeder kann lernen, gesünderes Essen zu kochen. Und jeder kann das Essen, das er gekocht hat, verschönern, indem er es für das Auge ansehnlich arrangiert. In einer unserer in Oxford durchgeführten Studien haben wir zum Beispiel in einem Speiseraum im College hundertsechzig Gästen einen Salat serviert, den wir einmal als normalen gemischten Salat arrangierten und einmal so, dass er einem Gemälde von Kandinsky ähnelte. Ergebnis: Für das optisch ansprechendere Arrangement – es war genau der gleiche Salat – waren die Teilnehmer mehr als das Doppelte zu bezahlen bereit (siehe Abb. 18). Und selbst ein gewöhnliches Mittagessen daheim mit nur drei Zutaten, Steak, Kartoffeln und Salat, kann deutlich schöner aussehen, wenn wir uns ein bisschen genauer überlegen, wie wir es auf dem Teller anrichten.[14]

Ein Trick dabei ist, dass man die optische Erscheinung einer Mahlzeit nutzen kann, um letzten Endes weniger zu essen. Man kann sie auf einem kleineren Teller servieren, sodass man das Gefühl hat, eine größere Portion vor sich zu haben. Wichtig ist, darauf zu achten, dass der Teller keinen breiten Rand hat. Schon der Blick auf die Schale, die auf der Müslipackung abgebildet ist, kann uns in der Entscheidung beeinflussen, wie viel wir uns auf den Teller packen; das heißt, die Abbildung setzt eine Verbrauchsnorm. Hat die Schale einen Rand, kommt uns die Portion kleiner vor als in einer Schale ohne Rand. In einer unserer neuesten Studien konnten wir zeigen, dass es tatsächlich einen Unterschied macht, ob man dieselbe Menge Müsli in einer Schale mit oder ohne Rand serviert. Forscher in Oxford und Cambridge fanden heraus, dass die durchschnittliche Kalorienaufnahme um ca. 10 Prozent reduziert werden kann, wenn das Essen auf einem kleineren Teller oder in einer kleineren Schale serviert wird.[15]

IMAGINIERTER KONSUM

Stellen Sie sich bitte vor, Sie würden ganz viele M&M's essen. Und jetzt stellen Sie sich vor, dass Ihnen tatsächlich eine Schale dieser leuchtenden Süßigkeit vorgesetzt wird. Würde sich etwas daran ändern, wie viele M&M's Sie verzehren, nachdem Sie sich das Ganze

Abb. 18 Dasselbe Gericht auf zwei Arten arrangiert. Für das links abgebildete Essen waren die Teilnehmer mehr als das Doppelte zu zahlen bereit, obwohl es dieselben Zutaten enthielt wie der weniger kunstvoll präsentierte Salat rechts.

vorgestellt haben? Studien haben gezeigt, dass wir in diesem Fall tatsächlich deutlich weniger essen. Das heißt, der imaginierte Konsum kann zu einer Reduzierung des realen Konsums führen.[16] Sollten Sie gerade auf Diät sein, denken Sie daran! Stellen Sie sich einfach des Öfteren vor, wie Sie etwas essen, und Sie werden anschließend tatsächlich weniger essen. Dieser Gewöhnungseffekt funktioniert aber nur, wenn Sie sich genau das Lebensmittel vorstellen, das Sie auch essen werden. Möchten Sie weniger Schokolade essen, wird es Ihnen leider kaum helfen, sich vorher den Genuss eines Stücks Käse vorzustellen.

ANGEDETSCHTES OBST

Wenn Sie gerade verzweifelt versuchen, ein paar Pfunde loszuwerden, ist es nicht der schlechteste Rat, Ihr Essen möglichst hässlich aussehen zu lassen. Demgegenüber stehen eben die Food-Blogs mit hochaufgelösten Virtual-Reality-Bildern in 3-D, deren Ziel darin besteht, das Essen möglichst verführerisch aussehen zu lassen. Nun kann man fragen, ob es bislang auf dieses ganze Zurschaustellen schönen Essens auch Gegenreaktionen gibt. Noch sind sie verhalten, würde ich sagen, aber es gibt sie. Vielleicht haben Sie schon gesehen, dass Supermärkte inzwischen optisch nicht ganz einwandfreies Obst extra anbieten. Das ist ohne Zweifel eine gute Idee – zum einen, um weniger Lebensmittel zu verschwenden, aber auch, weil im Allgemeinen besonders gut aussehende Lebensmittel weniger Aroma haben. Auf diesen Zug sind übrigens schon Starköche wie Jamie Oliver aufgesprungen. Aber natürlich lehnen die meisten Kunden angedetschtes Obst und merkwürdig geformtes Gemüse ab, was noch einmal bestätigt, wie wichtig der Augenanreiz bei Nahrungsmitteln ist.

Als Sohn eines Obst- und Gemüsehändlers weiß ich sehr gut, dass Bananenkuchen am besten schmeckt, wenn man die hässlichen, schwarzen Bananen nimmt. In unserer Familie führte das sogar dazu, dass wir Kinder glaubten, Bananen wären schwarz, weil mein Vater immer nur die übrig gebliebenen Früchte mit nach Hause brachte, die keiner mehr kaufen wollte. Dabei sind gerade die schwarzen Bananen die aromatischsten.

DER SEHSINN

Unser Gehirn hat sich evolutionär so entwickelt, dass es auch in einer Gegend mit wenig Nahrung mögliche Nahrungsquellen findet. Heutzutage werden wir aber leider mit Bildern energie- und fettreicher Lebensmittel regelrecht überflutet. Zweifelsohne gibt es ein steigendes Interesse daran, sich Bilder von Essen anzusehen und vor allem selbst Bilder von Essen zu machen. Da wir mehr als je zuvor darüber wissen, was das Verlockende daran ist, sollten wir uns dringend Gedanken machen, welche Konsequenzen diese Bilderflut hat. Mich besorgt in zunehmendem Maße, dass dieses digitale

Einverleiben von Bildern ungesunder, energiereicher Nahrung dazu animiert, mehr zu essen, als wir zu essen meinen, und langfristig zu einer ungesünderen Ernährung führt.

Verführerische Bilder von Essen als Gastro-Porn oder Food Porn zu bezeichnen, ist zugegebenermaßen eine Abwertung. Aber es gibt, wie ich meine, viel mehr Parallelen zwischen Food Porn und echter Pornografie, als wir denken. Angesichts der vielen besorgten Diskussionen über Pornografie sollten wir dringend darüber nachdenken, ob die Zeitungshändler die Essenszeitschriften mit den üppigen Bildern ungesunder, kalorienreicher Nahrung nicht besser unter der Ladentheke verkaufen und Kochsendungen im Fernsehen erst nach Mitternacht gezeigt werden sollten. Ich sage das mit einem Augenzwinkern, aber das Problem ist da. Zudem werden wir durch die Allgegenwart mobiler Technologien mit mehr Gastrobildern denn je konfrontiert, vor allem mit solchen, auf denen das Essen gut aussieht oder gut fotografiert ist, der Geschmack oder eine ausgewogene Ernährung jedoch zu kurz kommen.

Gastrophysiker werden in den nächsten Jahren sicher genauer erforschen, welche Rolle die Bilder, denen wir ausgesetzt sind, für unsere Wahrnehmung von Essen und für unser Essverhalten spielen. Dass diese Entwicklung in nächster Zeit eine Umkehr erführe, ist nicht abzusehen. Seien wir ehrlich, wir sind doch alle viel zu sehr in unser Mobilgerät und unseren Computerbildschirm verliebt. Insofern werden sich unsere Wahrnehmung und unser Erleben beim Essen hoffentlich dadurch wandeln, dass unser Wissen um die Bedeutung zunimmt, die das Betrachten von Speisen und Getränken für unsere Wahrnehmung und unser Verhalten hat.

4.

HÖREN

Was ist für Sie bei der Wahrnehmung von Speisen und Getränken der wichtigste Sinn? Die meisten von uns werden als Erstes den Geschmackssinn nennen. Ebenfalls weit oben auf der Liste wird der Geruchssinn stehen. Dann gibt es noch Menschen, die es wichtig finden, wie ihr Essen aussieht, und einige, die sich auch für das Mundgefühl und die orale Textur interessieren. Aber so gut wie niemand – ob Wissenschaftler der Sinne, Küchenchef oder Konsument – redet über das Hören. In diesem Kapitel werden Sie erfahren, dass alles, was wir beim Essen und Trinken hören – selbst die Geräusche bei der Zubereitung, das Rascheln der Verpackung oder die laute Hintergrundmusik –, eine Rolle spielt. Man könnte auch sagen, der Hörsinn ist der vergessene Aromasinn.

DIE GERÄUSCHE BEI DER ZUBEREITUNG

Was ginge Ihnen durch den Kopf, wenn Sie in einem schicken Restaurant plötzlich das unverkennbare «Pling» der Mikrowelle hörten? Ich vermute, Sie wären ziemlich irritiert. Meiner Ansicht nach sind die Geräusche bei der Zubereitung von Speisen und Getränken von Bedeutung, weil sie in uns Erwartungen wecken. Es ist kaum verwunderlich, dass viele das lästige Mikrowellengeräusch abzuschalten versuchen, da es negative Gefühle auslöst – besonders in einem Restaurant. Ja, selbstverständlich ziehen die Geräusche bei der Zubereitung des Essens unsere Aufmerksamkeit auf sich. Denken Sie nur an die gurgelnden, prustenden, zischenden Geräusche einer Kaffee- oder Espressomaschine. Das sind diagnostische, das heißt aussagekräftige Geräusche, die uns vielfältige

Hinweise auf das bevorstehende Geschmackserlebnis geben. Selbst das Sprotzen des Milchschäumers, der seine heißen Luftbläschen herauspustet, übermittelt uns Informationen. Der versierte Barista, der diese Geräusche zu interpretieren weiß, erkennt allein an der sich verändernden Tonhöhe, dass die Milch in seinem Krug die richtige Temperatur hat.

Klemens Knöferle hat als Doktorand in meinem Labor in Oxford eine Studie durchgeführt, in der er die Aussagen der Teilnehmer über eine Tasse Nespresso-Kaffee systematisch beeinflusste. Dazu manipulierte er die Geräusche der Maschine, während diese aus den farbenfrohen Pads das beliebte Heißgetränk zubereitete. Verstärkte er die grellen, hohen Töne, sagten die Probanden, ihnen schmecke der Kaffee nicht so gut. Filterte er die Töne dagegen heraus, schnellte die Geschmacksbewertung in die Höhe. So ist es natürlich nachvollziehbar, dass die Hersteller versuchen, ihren Geräten die entsprechenden Geräusche einzurichten.

Einige innovative Chefköche arbeiten inzwischen auf sehr kreative Weise mit den Geräuschen bei der Zubereitung. Zum Beispiel hätten Sie, wenn Sie 2015 einen Tisch im *Mugaritz* in San Sebastián ergattert hätten, Folgendes erlebt. Zu einem bestimmten Zeitpunkt im Laufe des Abends hätte die Küche Ihnen Mörser und Stößel gebracht und Sie gebeten, Ihre Gewürze selbst zu zerstoßen. Daraufhin wäre eine heiße Brühe in alle Mörser gefüllt worden. Stellen Sie sich vor, wie in einem ausgebuchten Zweisternerestaurant alle Gäste gleichsam im Gleichklang ihre Gewürze mahlen und das Geräusch den gesamten Raum erfüllt. In diesem wundersamen Moment sind durch den spielerischen Klang der Essenszubereitung die Gäste, die an getrennten Tischen sitzen, zu einer Gemeinschaft geworden.

Der schwedische Komponist Per Samuelsson hat mit Kompositionen aus solchen Geräuschen Karriere gemacht.[1] Er will damit der oftmals unbemerkt bleibenden Arbeit hinter der Kreation von Speisen Geltung verschaffen und zugleich eine immersive multisensorische Umgebung kreieren, die uns das Mahl verschönert. Der 2016 zum besten Koch der Welt gekürte Massimo Bottura wiederum ließ sich kürzlich in einen schalltoten Raum stecken, um all die Geräusche herauszufiltern, die er beim Zubereiten von Lasagne, dem Lieblingsessen seiner Kindheit, macht.[2]

ALLES FING MIT EINEM KNUSPER AN

Im Jahr 2008 bekamen Max Zampini und ich für unsere bahnbrechende Entwicklung des «akustischen Chips» den Ig-Nobelpreis für Ernährung (siehe Abb. 19). Ich kann mir vorstellen, was Sie denken: Als ob es nichts Wichtigeres auf der Welt gäbe! Jedes Jahr werden zehn solcher Preise an ausgewählte Wissenschaftlerinnen und Wissenschaftler weltweit verliehen, um Studien auszuzeichnen, die auf den ersten Blick lächerlich oder verrückt erscheinen – im besten Falle beides. Aber all diese Arbeiten, über die Sie hoffentlich erst einmal lachen, haben einen ernsthaften Hintergrund. Wer diesen Preis gewinnt, dem ist die Aufmerksamkeit der Öffentlichkeit gewiss. Regelmäßig stehen bei uns Filmcrews aus aller Welt vor der Tür und wollen den magischen Moment erleben, wenn wir die Wahrnehmung der Probanden über die Frische und Knusprigkeit der getesteten Chips beeinflussten, indem wir einfach nur den Klang manipulierten, den die Kartoffelchips beim Reinbeißen machten.

Als wir unsere Ergebnisse erstmals in einem für akademische Maßstäbe ziemlich obskuren Blatt publizierten, hielten wir sie zwar für eine wichtige, aber doch nicht besonders außergewöhnliche Erkenntnis. Natürlich waren sie für das Unternehmen Unilever, das die Studie finanziert hatte, interessant, aber dass sie sonst noch jemanden vom Hocker reißen könnten, hätten wir nicht gedacht. Und wenn Sie sich fragen, warum Unilever ein Forschungsprojekt mit dem Konkurrenzprodukt *Pringles* finanziert, lautet die

Abb. 19 Max Zampini beim
Experiment zum «akustischen
Chip» auf dem Cover der
Annals of Improbable Research
(Annalen der unmöglichen
Forschung).

Antwort ganz einfach: weil sich die Chips ideal für gastrophysikalische Studien eignen, da alle exakt dieselbe Größe und Form haben. Das heißt, wenn die Versuchspersonen auf einen Testchip plötzlich anders reagieren, wissen wir, dass es auf den manipulierten Klang zurückzuführen ist und nicht auf Unterschiede zwischen den einzelnen Chips. So konnten wir den jeweiligen Beitrag von Luftschall und Knochenschall zum multisensorischen Geschmackserlebnis intensivieren.

Kurz gesagt fanden wir Folgendes heraus: Verstärkt man die hochfrequenten Töne, die beim Biss auf einen Chip entstehen, wirkt er um 15 Prozent knuspriger und frischer, als wenn man diese Töne kappt. Nun werden Sie mit einigem Recht vermuten, dass sich professionelle Köche wohl kaum von solch oberflächlichen Klangmodulationen beeinflussen lassen, wenn sie ein Gericht probieren. Lassen sie sich aber doch. Zumindest war das bei den Auszubildenden der Londoner Kochschule Leith der Fall. Als wir sie vor Jahren in einer Fernsehsendung der BBC auf die Probe stellten, waren sie so sehr auf die Textur der Chips konzentriert, dass sie sich ebenso leicht in die Irre führen ließen wie die Studie-

renden der Oxforder Universität, denen wir die Idee zu der Studie
verdankten.

Derselbe akustische Trick lässt sich auf Äpfel, Sellerie, Möhren
und jedes andere Nahrungsmittel anwenden, in das man geräusch-
voll hineinbeißen kann, von Trockenfutter wie Chips oder Crackern
bis hin zu saftigeren Lebensmitteln wie Obst oder Gemüse. Diese
kreuzmodale Illusion ist aus verschiedenen Gründen von Bedeutung. Zum einen liefert sie den handfesten Beweis, dass alles, was
wir hören, Einfluss auf das hat, was wir schmecken. Zum anderen
wirkt sie selbst dann, wenn wir genau wissen, wie sie zustande
kommt. Es spielt keine Rolle, wie viele akustisch aufgepeppte Chips
Sie schon gegessen haben – der Effekt tritt auch beim x-ten Chip
wieder ein. Ich, der ich im Namen der Wissenschaft in mehr Chips
gebissen habe als vermutlich jeder andere Mensch auf der Welt,
sollte es wissen. Um es mit den Worten meiner Kollegen aus der
kognitiven Neurowissenschaft zu sagen: Die akustische Chipsillu-
sion ist ein automatischer multisensorischer Effekt.

PRODUKTINNOVATIONEN NACH ART
DES AKUSTISCHEN CHIPS

Unsere «bahnbrechende» Forschung hatte zur Folge, dass inzwischen viele große Nahrungsmittelunternehmen weltweit unser neu-
rowissenschaftlich fundiertes Testprotokoll übernommen haben.
Dank der von uns in Oxford entwickelten Herangehensweise mit
virtuellen Prototypen – wir verwenden für unsere Studien keine echten Produktprototypen, sondern Produkte der erweiterten Realität – können Unternehmen schnell herausfinden, wie Menschen
auf ihre Produkte reagieren, wenn diese zum Beispiel stärker knacken oder krachen. Üblicherweise ist der Entwicklungsprozess langsamer und aufwendiger, vor allem wenn die Probanden nach der
Verkostung das Feedback geben, dass ihnen keine der neuen Vari-

anten geschmeckt hat – was nicht selten der Fall ist. Dann müssen die Forscher mit leeren Köpfen und hängenden Schultern zurück in die Küche, um neue Kostproben zu erstellen. Tja, in diesem Fall kann man dann wohl berechtigter Weise von Produktneuheiten sprechen.

Lassen Sie aber die Versuchspersonen zunächst virtuelle Produktklänge bewerten, können Sie eine größere Zahl und Bandbreite an Prototypen testen, um festzustellen, welche Aspekte zu relevanten Verbesserungen führen. Die Vorgehensweise wird also umgekehrt. Sie versuchen zuerst herauszufinden, welche Geräusche ein Produkt machen muss, damit es den Leuten gefällt, und anschließend gehen Sie in die Küche, damit die Köche und gastronomischen Wissenschaftler Nahrungsmittel mit den erforderlichen akustischen Eigenschaften kreieren. Gut, manchmal ernten Sie dort nur ein mitleidiges Lächeln oder Kopfschütteln und müssen sich belehren lassen, dass Ihr Wunsch physikalisch gar nicht umsetzbar ist. Aber bisweilen weiß der Koch auch sofort, was zu tun ist. Gleichviel jedenfalls wissen Sie von Anfang an, in welche akustische Richtung es gehen soll, sodass sich das neue Produkt deutlich schneller entwickeln lässt.

DER KLANG DES ESSENS

Viele Eigenschaften von Lebensmitteln, die uns besonders attraktiv erscheinen – knusprig, knackig, kross, kohlensäurehaltig, cremig oder schmatzend, um nur ein paar zu nennen –, haben zumindest teilweise damit zu tun, was wir akustisch wahrnehmen. Wenn die meisten von uns überzeugt sind, das Knuspern des Chips zu «spüren», ist das falsch. In unserer Selbstwahrnehmung lassen wir uns allzu gern in die Irre führen. Schaut man sich die Ergebnisse der gastrophysikalischen Forschung an, trifft das auf die Welt der Aromen in besonderem Maße zu. Nehmen wir das Beispiel der

Karbonisierung. Die meisten Menschen würden Stein und Bein schwören, wie angenehm das «Gefühl» ist, wenn die Kohlensäurebläschen in ihrem Mund zerplatzen. Die Forschung hat indes gezeigt, dass diese Empfindung vor allem durch die sauren Rezeptoren auf der Zunge ausgelöst wird, also nicht durch den Tastsinn, sondern durch den Geschmackssinn.

Da wir keine Berührungsrezeptoren auf den Zähnen haben, wird das Empfinden beim Beißen oder Kauen eines Nahrungsmittels von den Sensoren in Kiefer und Mundhöhle vermittelt. Die sind aber vom eigentlichen Geschehen ziemlich weit weg und liefern nur unspezifische Informationen über die Textur des Essens. Dagegen vermitteln uns die Geräusche beim Zermalmen des Essens einen viel präziseren Eindruck davon, was gerade in unserem Mund vor sich geht. Insofern ist es nur folgerichtig, dass wir uns vor allem auf diese reiche Palette akustischer Hinweise stützen, wenn wir die Textur unseres Essens beurteilen.

Manche Geräusche werden über die Kieferknochen ins Innenohr geleitet, während andere durch die Luft übertragen werden. Unser Gehirn koppelt all diese Klänge mit dem, was wir gerade im Mund spüren; im Fall des akustischen Chips geschieht das unmittelbar und automatisch. Ändert sich der Klang des Essens, meinen wir, die Änderung der Textur geschehe direkt im Mund und nicht im Ohr. Das heißt, die meisten von uns merken gar nicht, wie wichtig das knusprige Geräusch dafür ist, dass wir unser Essen genießen. Dasselbe gilt übrigens auch für die Eigenschaften knackig, kross, cremig, kohlensäurehaltig, wobei die Bedeutung akustischer Hinweise für unsere Wahrnehmung von Textur und Mundgefühl bei jedem dieser Aspekte ganz anders ist. Ich vermute, dass die Geräusche bei knusprigen, krossen und knackigen Speisen dominanter sind und daher auch größeren Einfluss auf unsere Wahrnehmung haben als bei Säure oder Cremigkeit. Letztlich aber legen die Forschungsergebnisse nahe, dass alles, was wir hören, eine mehr oder weniger wichtige Rolle bei diesen und anderen oralen Empfindungen spielt.

KNUSPRIG UND KNACKIG

Knusprig und knackig sind klar voneinander zu unterscheiden. Zugegeben, es gibt gewisse Überschneidungen, wenn wir beurteilen sollen, wie knusprig, knackig oder kross ein Lebensmittel ist, weshalb uns alle drei Eigenschaften verwandt erscheinen. Manche Sprachen differenzieren da übrigens kleinteilig, andere wiederum haben gar keine Wörter für diese texturalen Unterschiede. Im Französischen wird zum Beispiel die Textur von Salat als *craquant* oder *croquant* bezeichnet, was sich beides mit knackig übersetzen ließe. Man sagt aber nicht *croustillant*, also knusprig. Die Italiener dagegen haben nur ein einziges Wort für knusprig oder knackig, nämlich *croccante*. Im Spanischen wird es dann richtig kompliziert, weil es weder ein Wort für knusprig noch ein Wort für knackig gibt. In Kolumbien wird die Qualität von Salat daher an seiner Frische gemessen (*frescura*).

Hinzu kommt, dass in einer Studie 17 Prozent der Teilnehmer knusprig und knackig für austauschbare Beschreibungen hielten. Bedenken wir, wie wichtig geräuschvolle Nahrungsmittel für unsere Freude am Essen sind, mag uns das einigermaßen bizarr vorkommen. Dass wir uns im Sprachgebrauch noch nicht auf Definitionen und Unterschiede zwischen verschiedenen texturalen Eigenschaften von Lebensmitteln geeinigt haben, wäre zumindest eine Erklärung, warum die Forschung zum Klang von Essen noch in den Kinderschuhen steckt. Das ist bedauerlich, wie auch der Spitzenkoch Mario Batali meint: «Allein mit dem Wort ‹knusprig› lassen sich mehr Lebensmittel verkaufen als mit einer ganzen Armada an Adjektiven zur Beschreibung der Zutaten oder Kochtechniken.»[3]

Warum ist ein feuchter Kartoffelchip unappetitlich? Der Nährstoffgehalt ändert sich nicht, wenn der Chip fad wird, aber aus irgendeinem Grund mundet uns die pappige Variante nicht. Allerdings wird niemand, wie ich vermute, mit einer Vorliebe für laute Nahrungsmittel geboren. Insofern möchte ich Mario Batali widersprechen, wenn er sagt: «Knusprige Lebensmittel haben etwas von Natur aus Verlockendes.»[4] Nein, haben sie nicht. Tatsächlich ist das, was wir als naturgegeben ansehen, in den meisten Fällen erlernt. Wir *lernen*, bestimmte sensorische Hinweise in unserem Essen zu mögen. Dabei geht es darum, was diese Hinweise unserem Gehirn über das Essen sagen und welche physiologischen Belohnungen wir zu erwarten haben. Knusprig und knackig signalisieren uns, dass wir etwas Frisches, Neues und vielleicht auch Saisonales essen.

Interessanter ist vielleicht die grundlegende Frage, wie und weshalb knusprig, knackig und kross zu universell geschätzten Eigenschaften wurden. Denn diese Geräusche sagen uns ja nicht direkt etwas über die alimentären Eigenschaften des Essens. Sehen wir uns einmal an, was es mit der Knackigkeit auf sich hat, die uns ziemlich gute – eben zuverlässige – Hinweise auf die Frische der meisten Obst- und Gemüsesorten liefert. Für unsere Vorfahren war diese Information sicher von großer Bedeutung, da frischere Nahrung mehr Nährstoffe enthält und daher älteren Lebensmitteln vorzuziehen ist.

Beim Kochen kommt es zur sogenannten Maillard-Reaktion, einer nichtenzymatischen Bräunungsreaktion, die durch starke Hitze bei Stickstoff und Kohlenhydrate enthaltenden Verbindungen auftritt. In seinem Buch *The Omnivorous Mind* (Der alles fressende Geist) weist John S. Allen darauf hin, dass Speisen durch das Erhitzen zugleich nahrhafter, genauer gesagt leichter verdaulich, und knuspriger werden. Denken Sie daran, wie köstlich frisch gebackenes knuspriges Brot schmeckt. Das könnte aus evolutionärer Sicht der Grund für die besondere Bedeutung knuspriger, knackiger und krosser Geräusche sein. Dass uns feuchte Nahrungsmittel so unattraktiv erscheinen, könnte neuester Forschung zufolge aber auch daran liegen, dass sich der wahrgenommene Geschmack eines

Lebensmittels mit seiner Knusprigkeit intensiviert. Kein Wunder, dass wir alle mehr knuspern wollen und alle Kunden rund um den Globus danach verlangen.

Eine Rolle könnte aber auch unsere Vorliebe für Fett spielen, eine äußerst nahrhafte Substanz. Vermutlich besitzen wir deshalb in unserer Mundhöhle Geschmacksrezeptoren, die auf Fettsäuren ansprechen. Unserem Gehirn wiederum fällt es schwer, Fett in Speisen und Getränken zu bemerken. Das liegt daran, dass das Fett von anderen Geschmacksträgern wie Süße oder Salz überlagert wird. Während Sahne, Öl, Butter und Käse mit einem angenehmen, erwünschten Mundgefühl einhergehen, hat unser Gehirn vermutlich zumindest bei trockenen Snacks erst durch Erfahrung gelernt, dass diese akustischen Hinweise auf Fett hindeuten. Das heißt, je lauter das Knuspern und Knacken, umso mehr Fett enthält ein Lebensmittel aller Wahrscheinlichkeit nach. Jetzt wissen Sie endlich, warum Sie Chips nicht widerstehen können.

KÖNNEN SIE SICH VORSTELLEN, INSEKTEN ZU ESSEN?

Nachdem wir nun so viel über Essen und Klang gelernt haben, könnten wir zu dem Schluss kommen, dass wir knusprige Nahrungsmittel viel mehr mögen müssten, als es tatsächlich der Fall ist. Zum Beispiel sind so manche Insekten, die eine harte Schale oder einen Panzer haben, wunderbar knusprig (siehe Abb. 20) – und darüber hinaus eine hervorragende Fett- und Eiweißquelle. Unser Planet würde sich ebenfalls freuen, wenn wir alle mehr von diesen kleinen Viechern und dafür weniger rotes Fleisch verspeisten. Aber ich kann reden, was ich will – die meisten Menschen in unserem Kulturkreis werden sich kaum überzeugen lassen. Eine der größten Herausforderungen der Gastrophysik der kommenden Jahre besteht in meinen Augen darin, eine geeignete Marketingstrategie zu

Abb. 20 Ein knuspriger, eiweißreicher Snack. Frittierte Grillen erfüllen im Grunde alle Kriterien für einen appetitlichen, verlockenden Imbiss.

entwickeln, die den Menschen des Abendlandes Insekten schmackhaft macht. Wie können wir mithilfe all unseres angesammelten Wissens über die Prozesse im Kopf des Konsumenten das Image einer bislang unwillkommenen Nahrungsquelle verbessern? Oder zumindest erreichen, dass Insekten einen größeren Teil unserer Nahrung bilden? Die knusprigen Geräusche beim Kauen könnten da durchaus ein Ansatzpunkt für die Popularisierung der Entomophagie sein – das ist das beeindruckende Wort für das Essen von Insekten.

Welche gastrophysikalischen Erkenntnisse könnten uns hier von Nutzen sein? Wir könnten zum Beispiel die Menge der Insekten, die weltweit verzehrt werden, klammheimlich erhöhen. (Falls Sie gern Erdnussbutter essen, möchte ich Ihnen raten, den nächsten Absatz eventuell zu überspringen ...) Ich wette, Sie wussten nicht, dass in einem Glas Erdnussbutter bis zu hundert Insektenteile enthalten sein dürfen, ohne dass der Hersteller diese unter den Zutaten angeben muss. Ähnlich verhält es sich vermutlich mit Marmelade. Und wer weiß schon so genau, was sich alles in unserem gemahlenen Kaffee tummelt? Es wäre einfach, diese Menge langsam zu erhöhen. In Zukunft werden insektenbasierte Stoffe mit ziemlicher Sicherheit einen größeren Teil unserer Nahrung ausmachen, ohne dass der Konsument etwas davon merkt. Das Vorgehen ähnelt der erfolgreichen «Health-by-Stealth»-Strategie der Müslihersteller, die nach und nach – für den Konsumenten unmerklich – die Salzmenge in ihren Frühstückszerealien reduziert haben. Und zwar um 25 Prozent, sodass hier also die Zusammensetzung deutlich gesünder wurde.

Wir könnten auch zwischen mehr und weniger unappetitlichen Kleintieren differenzieren. Zum Beispiel essen wir viele Produkte, die wir Bienen verdanken, vom Honig bis zur Propolis. Womöglich aber setzt die langfristig erfolgreichste sensorische Strategie auf den Knuspereffekt – der den allermeisten Menschen behagt, wie wir wissen. Dann müssten die Gastrophysiker nur noch herausfinden, welche Insekten bei welcher Zubereitungsmethode am intensivsten knuspern, und der Weg wäre frei in eine knackigere, knusprigere, nachhaltigere Zukunft.

WARUM KNISTERN CHIPSTÜTEN?

Wie die Geräusche bei der Zubereitung und dem Verzehr von Speisen und Getränken haben auch die Geräusche der Produktverpackungen Auswirkungen auf unser Geschmackserlebnis. Halten Sie es für Zufall, dass Chips in dermaßen geräuschvollen Tüten verkauft werden? Ist es natürlich nicht. Die Marketingfachleute wussten schon immer intuitiv, dass man den Klang der Verpackung auf die sensorischen Eigenschaften des Lebensmittels abstimmen sollte. Selbst bei den Pringles, deren Verpackung deutlich geräusch-

loser ist als bei anderen Chips, wurde der Klang der Versiegelungs-
folie aufgebessert. Fahren Sie doch einmal beim nächsten Pringles-
Rohr, das Ihnen unterkommt, mit dem Finger über die Folie; Sie
werden den Unterschied mit eigenen Ohren erleben.

Doch wie groß ist der Einfluss, den der Klang der Verpackung
auf unser Urteil über das Produkt hat? In einer Studie, die wir zusammen mit der Oxforder Studentin Amanda Wong durchgeführt
haben, kamen den Probanden die getesteten Chips umso knuspriger vor, je lauter die Verpackung beim Hineingreifen raschelte.
Zwar war der Effekt geringer als bei der Änderung des Chipsgeräu-
sches selbst, aber er war eindeutig. Mit anderen Worten hat unser
Gehirn Schwierigkeiten, Produkt und Verpackung voneinander zu
unterscheiden.

Frito-Lay hat diese Erkenntnis offenbar zu ernst genommen, als
es mit der neuen, biologisch abbaubaren Verpackung seiner Sun-
Chips herauskam. Das ist die vermutlich lauteste Verpackung, die
jemals produziert wurde (siehe Abb. 21). Als mir meine Kollegin
Barb Stuckey einige Packungen aus Kalifornien schickte, holten wir
im Labor gleich das Schallmessgerät heraus, um die Lautstärke zu
messen, wenn man die Tüte leicht in der Hand bewegt. Sie werden
es nicht glauben, es waren über 100 dB. Das entspricht dem Laut-
stärkepegel eines voll besetzten Restaurants.

Die Verpackung war dermaßen laut, dass sich die Kunden sogar
darüber beschwerten. Und als die Produktrücksendungen über-
handnahmen, legte das Unternehmen den Tüten Ohrstöpsel bei.
Der Kunde sollte sich wohl, nachdem er seine SunChips gekauft
hatte, die Stöpsel in die Ohren stecken, um dann die Chips in aller
Seelenruhe zu knabbern. Wer danebensaß, hat Pech gehabt. Und
wer noch dazu an Misophonie litt und deshalb die Kaugeräusche
anderer Menschen unerträglich findet, hatte eben noch mehr Pech.
Am Ende nahm das Unternehmen seine klangintensiven Verpackungen auf Nimmerwiederhören vom Markt.

Wir haben im Crossmodal Research Laboratory herausgefunden,

Abb. 21 Die vermutlich lauteste
Verpackung der Welt.

dass geräuschvolle Verpackungen den Knuspereffekt von Chips
verstärken, sodass es durchaus Sinn ergibt, ein geräuschvolles Produkt in einer noch geräuschvolleren Verpackung feilzubieten. Vor-
aussetzung ist natürlich, dass der Käufer die Chips direkt aus der
Tüte isst und nicht erst in eine Schale füllt. Das dürfen wir aber ge-
trost als gegeben annehmen, da sage und schreibe ein Drittel aller
Lebensmittel direkt aus der Verpackung gegessen werden und der
Anteil bei Chips mit Sicherheit noch um einiges höher liegt. Zudem hat eine geräuschvolle Verpackung den Vorteil, dass sie die
Aufmerksamkeit der Kunden auf sich lenkt. Wenn Sie im Supermarkt eine Chipstüte aus dem Regal nehmen, werden sich garantiert einige Köpfe umdrehen. Und obwohl die SunChips wahrscheinlich den absoluten Höhepunkt des Freizeitsnacklärmpegels
darstellen, haben andere Unternehmen bereits Möglichkeiten gefunden, um den Klang ihrer Verpackungen aufzubessern. Die Mo-
ral der Geschichte lautet: alles im richtigen Maß.

«KNUSPERN UND KNISPERN»

Produktgeräusche können unsere Erwartungen hinsichtlich der Produktkategorie und sogar der Marke selbst lenken. Vor einigen Jahren wollte sich Kellogg's den Klang seiner Cornflakes patentieren lassen. Der spezielle Klang, den die Frühstückszerealien beim Übergießen mit Milch machten, das «Knuspern und Knispern», sollte markenrechtlich geschützt werden. Das Unternehmen hatte für diesen Sound ein dänisches Musiklabor engagiert, um «exklusiv für Kellogg's ein leicht identifizierbares Knuspergeräusch zu entwickeln, das sich von der üblichen Musik in der Werbung nur in einem Punkt unterscheidet. Der besondere Klang und das Knuspergefühl sollen eindeutig mit Kellogg's in Verbindung gebracht werden können, sodass jeder, der sich am Frühstücksbuffet Cornflakes in die Schale füllt, die namenlose Zutat sofort als ein Produkt von Kellogg's erkennt.»[5]

Verpackungsgeräusche können Erwartungen auch wecken. Dem Getränkeunternehmen Snapple zufolge, das zur Dr. Pepper Snapple Group, Inc. gehört, lässt uns der Sound beim Aufschrauben einer Flasche dieser Marke sofort an etwas Frisches denken: «Das Unternehmen nennt das den ‹Snapple Pop›. Er wecke beim Kunden Vorfreude und sorge für ein Gefühl der Sicherheit, weil er zeige, dass die Flasche vorher noch nicht geöffnet oder manipuliert worden ist.»

In Anbetracht der Tatsache, wie viel Geld die Lebensmittel- und Getränkeindustrie für die Entwicklung und den Schutz des optischen Erscheinungsbilds ihrer Produkte ausgibt, mag es überraschen, wie wenig sie sich mit ihrem akustischen Image beschäftigt. Interessant ist aber, dass sich Snapple seinen «Pop» offenbar nicht hat schützen lassen – vielleicht weil man auf bestimmte Produktgeräusche nur schwerlich ein Markenrecht erlangen kann.

In der Werbung wurde bereits viel mit Klang experimentiert. Den

Ohren der Marketingstrategen entgeht nichts. Dabei dreht es sich darum, welche Geräusche die Produkte auf der Leinwand oder dem Bildschirm machen, wenn sie geöffnet, eingeschenkt oder verzehrt werden. Denken Sie an das laute Knacken des Eises in der Magnum-Werbung!

WIE KLINGEN IHRE SPEISEN ZU HAUSE?

Sie können die neuesten Erkenntnisse der Gastrophysik zu Klängen und Geräuschen auch im heimischen Speisezimmer nutzen. Wenn Sie zum Beispiel das nächste Mal Ihre Freunde zum Abendessen einladen, überlegen Sie sich doch einmal, welchen besonderen Klang Sie den Speisen geben könnten. Sind diese nicht von sich aus knackig, kross, knusprig oder cremig, versuchen Sie, die Sinne Ihrer Gäste auf andere Weise zu stimulieren. Die Lösung kann einfach sein: Streuen Sie ein paar geröstete Kerne über den Salat, oder geben Sie kurz vor dem Servieren knusprige Croutons in die Suppe.

Sollte Sie jetzt die Abenteuerlust gepackt haben, können Sie auch Knisterzucker über Ihre Mousse au Chocolat oder, ganz gewagt, auf den Kartoffelbrei streuen. Beide Ideen haben Spitzenköche schon in Gerichten umgesetzt. Und wenn Sie einen denkwürdigen Geräuscheffekt erzielen möchten, tun Sie es heimlich. Ihre Gäste werden verdutzt sein, wenn sie nach ein paar Löffeln ihres cremigen Nachtischs plötzlich eine Klangexplosion im Mund verspüren. Ein Erlebnis, das sie mit Sicherheit nicht so schnell vergessen werden.

Haben Sie sich schon mal gefragt, warum die Kombination von Toast mit Pâté so gut funktioniert? Ist das nicht ein klassisches Beispiel für eine köstliche geräuschlose Zutat (das Pâté), der ein Klanggeräusch untergejubelt wird (der Biss in den knusprigen Toast)? Natürlich spielt auch der Kontrast der Texturen eine nicht zu vernachlässigende Rolle. Aber der Clou scheint doch die plötzliche akustische Verlockung zu sein. In seinem Buch *The Omnivorous Mind* vermutet J. S. Allen, dass laute Speisen resistenter gegen Gewöhnung sind als leise, und zwar wegen ihres universellen Reizes. Also, wenn Sie das nächste Mal Gäste haben, denken Sie daran, Ihren Speisen akustische Spannung zu verleihen – nur sollten Sie vorher abklären, dass keine Misophoniker darunter sind.

«WIE BITTE?» – PLÄDOYER FÜR EIN LEISERES SPEISEN

Wann waren Sie zuletzt in einem Restaurant und hatten Probleme, dem Tischgespräch zu folgen? Ich vermute, es ist nicht lange her. Dass Restaurants so laut sind und man sein eigenes Wort nicht mehr versteht – von Bars ganz zu schweigen –, hat sich in den letzten Jahren zu einem flächendeckenden Phänomen entwickelt. Öffentliche Orte sind zu Horten der Ruhestörung geworden, an denen Sie keinen klaren Gedanken mehr fassen, ja nicht einmal in Ruhe Ihre Bestellung aufgeben können. Tatsächlich ist Lärm mittlerweile unter Restaurantbesuchern der zweitgrößte Beschwerdegrund, direkt nach schlechtem Service. In den letzten zehn, zwanzig Jahren hat sich das Problem sogar derart verschärft, dass Restaurantkritiker inzwischen auch den Geräuschpegel bewerten.

Manche sehen die Schuld für die zunehmende Kakofonie bei den New Yorker Küchenchefs, die während der Zubereitung der Speisen gerne laut Musik hören. Wann das Ganze angefangen hat, ist unklar, aber irgendwann kam offenbar jemand auf die Idee, diese Unart könnte den Gästen gefallen. Blödsinn!

Zumindest eine Mitschuld tragen aber die Designberater, die den Restaurantchefs empfahlen, ihre kuscheligen Möbel zu entsorgen, wodurch widerhallende blanke Oberflächen freigelegt wurden. Der neue nordische Look – rohes Holz, soweit man blickt, Hausverbot für Teppiche, Polsterstühle, Tischdecken – hat akustisch gesehen größten Schaden angerichtet. Schallabsorption? Fehlanzeige. Doch auch die Köche sind nicht unschuldig an der Situation. Grant Achatz entfernte zum Beispiel die Tischdecken aus seinem Sternerestaurant *Alinea* in Chicago, weil er den Reiz der Gerichte durch das Abstellen der Teller auf dem Tisch akustisch erhöhen wollte. Indessen wächst beim Publikum der Widerwille gegen all die überlauten Restaurants und Bars. «Eine Gruppe von Sterneköchen hat eine Kampagne gestartet, um den Geräuschpegel in spanischen Restaurants zu reduzieren, da sie die Befürchtung hegt, der Lärm könne manchen Gästen die Freude am Essen verderben.» Ramón Freixa, Zweisterneküchenchef im Hotel Único in Madrid, sagt: «Gastronomie ist ein sinnliches Erlebnis, und durch Lärm wird dieses Vergnügen geschmälert. Ein gutes Gespräch mit den Menschen, mit denen Sie gemeinsam essen, sollte das einzige Geräusch im Restaurant sein und bleiben.»[6] Während ein erfolgreiches, stets gut besuchtes Restaurant problemlos auf Musik verzichten kann, ist es für weniger gefragte Lokale natürlich ungleich schwieriger, ohne diesen kleinen Trick Gäste anzulocken. Außerdem schützt die Hintergrundmusik unser Tischgespräch vor ungebetenen Ohren. Insofern wäre vielleicht ein wünschenswertes Ziel, die Lautstärke so einzustellen, dass die Musik zwar «präsent, aber nicht dominant ist».[7]

Natürlich haben Küchenchefs und Essenskünstler auch hier schon eine Marktlücke entdeckt und das schweigende Speisen zum Event gemacht. Wer isst, ohne zu sprechen, kann sich voll und ganz auf das Essen konzentrieren – und bevor Sie fragen: Ja, auch SMS sind verboten. Das sinnliche Vergnügen wird dadurch enorm gesteigert. Eine ähnliche Logik steht hinter der neuen Mode der Dunkelrestaurants, in denen Sie essen, ohne das Essen zu sehen. Das achtsame Speisen kann sogar dazu führen, dass Sie kleinere Portionen verzehren. Doch trotz alledem ist diesen Events nicht der ganz große kommerzielle Erfolg beschieden, vermutlich weil zwar die Geräusche bei der Zubereitung in der Küche bei geschicktem Einsatz die Vorfreude steigern können, das Redeverbot uns aber unserer Haupttätigkeit beim Essen und Trinken beraubt und damit des sozialen Aspekts, der Kommunikation mit den Mitspeisenden.

Wie einige andere Wissenschaftler haben wir in mehreren Studien gezeigt, dass alles, was wir hören, und wie sehr wir das mögen, was wir hören, Einfluss auf Geschmack, Textur und Aroma einer ganzen Reihe von Speisen hat. Oft gefällt uns der Geschmack einer Speise oder eines Getränks umso besser, je mehr wir die Hintergrundmusik mögen. Interessanterweise ist das aber nicht immer der Fall. So ergab eine kürzlich mit einer Gruppe geschulter Teilnehmer durchgeführte Studie, dass durch angenehme Musik die Süße eines Eises hervorgehoben wird, während störende Musik das Bittere betont. Es gibt Stimmen, die das als Partytrick diskreditieren. Ich würde dagegenhalten, dass solche Forschungsergebnisse einen tiefen Einblick in die Art und Weise geben, wie wir über die Sinne und über Essen denken. Und sie werden mit Sicherheit auch Auswirkungen auf die künftige Herangehensweise an multisensorische Geschmackserlebnisse haben. Halten Sie also die Ohren auf, Sie werden in den nächsten Jahren noch einiges über das akustische Würzen von Speisen hören.

AKUSTISCH AUFGEMOTZTE SPEISEN UND GETRÄNKE

Bei vielen Eigenschaften von Nahrungsmitteln, die wir besonders angenehm finden – noch einmal: knusprig, kross, knackig, cremig und kohlensäurehaltig –, spielen die Geräusche beim Verzehr eine mehr oder weniger große Rolle. Zudem nimmt die Zahl der Menschen über siebzig derzeit rasant zu, ein Alter, in dem Geschmacks- und Geruchssinn drastisch schlechter werden – wenngleich meine Eltern, die beide über achtzig sind, das vehement bestreiten! Den Wissenschaftlern der Sinne zufolge beginnt der Verfall schon mit Anfang zwanzig. Studien haben gezeigt, dass die meisten älteren Erwachsenen bereits ziemlich geruchsblind sind, das heißt, sie riechen so gut wie nichts mehr. Leider gibt es im Gegensatz zum Seh- oder Hörsinn, wo wir mit Brillen oder Hörgeräten nachhelfen können, derzeit kein Gegenmittel, um das Nachlassen des Geschmacks- oder Geruchssinns aufzuhalten. Was wir aber tun können, ist, den Alten knusprige, knisternde Speisen zu servieren, die einen besonderen akustischen Reiz haben. Das stimuliert Geist und Gaumen.

Wie sieht nun aber die Zukunft für all die jungen Menschen aus, deren Geschmacksknospen und vor allem Nasen noch funktionstüchtig sind? In Japan haben Forscher ein lustiges Headset entwickelt, das sie «Mund-Jockey» getauft haben (siehe Abb. 22). Es erkennt die Kieferbewegungen während des Essens und spielt daraufhin die entsprechenden Geräusche ab. Stellen Sie sich vor, Sie beißen in ein Gummibärchen und hören plötzlich laute, gequälte Schreie. Mit der Sound-App «EverCrisp» wiederum kann man fade Chips «auffrischen», indem man ihnen per Handy Knuspergeräusche hinzufügt.

Zum Abschluss dieses Kapitels möchte ich Ihnen noch die Krug Shell vorstellen, ein Gerät, das uns vor Ohren führt, was in diesem Bereich noch alles möglich ist (siehe Abb. 23). Das Hörrohr aus Limoges-Porzellan von Bernardaud, 2014 in einer limitierten Edition auf den Markt gebracht, sitzt anschmiegsam auf einem maßgefertigten Champagnerglas von Joseph Riedel und verstärkt auf angenehmste Weise das Geräusch der platzenden Sektbläschen. Sollten Sie einmal ein solches Gerät in die Hand bekommen, müssen Sie es unbedingt ausprobieren. Lehnen Sie sich zurück, genießen Sie den Klang und sinnieren Sie, ob der Hörsinn wirklich weiterhin «der vergessene Aromasinn» bleiben soll!

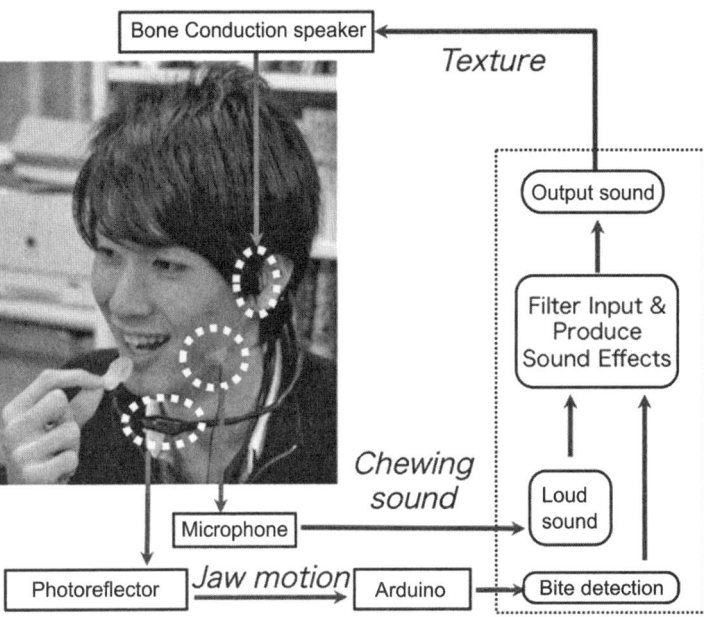

Abb. 22 Der Mund-Jockey erkennt die Kieferbewegungen und spielt dann bestimmte Geräusche ab.

Abb. 23 Die von der französischen Künstlerin Ionna Vautrin entworfene *Krug Shell* verstärkt das Geräusch der Bläschen im Champagnerglas.

5.

TASTEN

In einigen der besten Sternerestaurants der Welt werden inzwischen die ersten drei, vier oder sogar fünf Gänge mit den Fingern gegessen. Dazu gehören das *Noma* in Kopenhagen, das *Mugaritz* in San Sebastián und die *Fat Duck* in Bray. Lassen Sie sich das einmal zwischen den Fingern zerrinnen! Noch vor wenigen Jahren wäre so etwas in Restaurants mit zwei oder drei Michelin-Sternen undenkbar gewesen. Gut, wahrscheinlich schnabulieren wir alle dann und wann mit den Händen, wenn wir zum Beispiel gerade im Auto sitzen oder auch im Restaurant, wo wir selbstverständlich mit den Fingern nach Brot und Meeresfrüchten greifen. Aber andere Gerichte? Nein, das ist neu. 2016 ging das *Mugaritz* noch einen Schritt weiter und verkündete, es werde in Zukunft gar kein traditionelles Besteck mehr verwenden.

Ich möchte Ihnen zeigen, wie wichtig alles, was wir fühlen, für unser Erleben und unser Vergnügen an Speisen und Getränken ist. Und zwar nicht nur, was wir im Mund empfinden, sondern auch, was wir mit den Händen spüren. Lassen Sie es sich gesagt sein, Essen und Trinken werden immer mehr zu taktilen Tätigkeiten. Damit meine ich unsere gesamte taktile Interaktion mit Speisen und Getränken. Immerhin ist der Tastsinn der Sinn mit der größten Oberfläche – der Anteil der Haut an unserer Körpermasse beträgt 16 bis 18 Prozent – und hat sich zugleich auch am frühesten entwickelt.

HAT DIE TEXTUR EINFLUSS AUF GESCHMACK UND AROMA?

Die Antwort lautet definitiv Ja – wenngleich wir uns auf einem empirisch schwer zu erforschenden Gebiet befinden, weil sich die verschiedenen Sinneseindrücke kaum getrennt voneinander ansprechen lassen. Wenn ich zum Beispiel eine Flüssigkeit dickflüssiger mache, nimmt dadurch die Zahl der flüchtigen Aromamoleküle, die von der Oberfläche aufsteigen, ab. Zwar können wir sicher sein, dass die oral-somatosensorischen Eigenschaften einer Speise oder eines Getränks – das Mundgefühl – Einfluss auf Geschmack und Aroma haben, den Grund für diese Wirkung zu bestimmen ist dagegen nicht so leicht.

Vor einiger Zeit fanden Wissenschaftler der Sinne allerdings eine Möglichkeit, Textur und Aroma unabhängig voneinander zu variieren. Das gelang ihnen, indem sie das Aroma über ein Röhrchen in den Mund der bedauernswerten Probanden gaben. Auf diese Weise konnten die Forscher zeigen, dass sich durch die Zugabe bestimmter fettiger Aromen das Mundgefühl und die Wahrnehmung der Dickflüssigkeit eines Getränks ändern lassen. Umgekehrt konnten sie die Wahrnehmung des Geschmacks beziehungsweise Aromas beeinflussen, indem sie das Getränk im Mund zähflüssiger machten – ein Unterschied beim Mundgefühl wie zwischen Wasser und Sahne. Das war so, obwohl das Aroma per Röhrchen zugegeben wurde; man kann also sicher sein, dass die Steigerung des Aromas nichts mit der veränderten Zähflüssigkeit zu tun hat.

Essen Sie doch mal ein Stück Apfel oder einen Keks – was Sie gerade greifbar haben – und fragen sich, woher der Geschmack und das Aroma stammen. Vermutlich lautet die Antwort, dass sie aus der Nahrung kommen, die Sie gerade in Ihrem Mund in Bewegung spüren. Aber während die Nahrung durch das Kauen in kleine Teile immer weiter zermalmt wird und mit dem Speichel durch den Mundraum wandert, schmecken Sie wahrscheinlich mit dem ganzen Mund – und bei jedem Schlucken auch mit der Nase, und zwar retronasal. Ihr Gehirn verrichtet einen grandiosen Job, indem es all diese verschiedenen Sinneseindrücke zusammenführt und in Ihrem Kopf der vermutlichen Quelle zuschreibt, dem Essen, das Sie in Ihrem Mund spüren.

Wenn Sie im Kino einen Film ansehen, bauchredet Ihr Gehirn und ordnet die Stimmen, die aus den Lautsprechern rundum im Saal kommen, den Lippenbewegungen auf der Leinwand zu, sodass Sie denken, die Geräusche kämen tatsächlich aus den Mündern der Schauspieler. Etwas Ähnliches geschieht, wenn wir essen oder trinken. Am einfachsten lässt sich dieses Phänomen illustrieren, indem man einen Teelöffel Wasser mit einer Prise Zucker oder Salz in den Mund nimmt und sich dann mit einem geschmacksneutralen Ohrenstäbchen über die Zunge fährt. Merken Sie, dass der Geschmack durch den taktilen Reiz auf der Zunge ausgelöst zu werden scheint, obwohl das Stäbchen selbst gar keinen Geschmack hat? Sie sehen, die taktile Stimulation im Mund bestimmt, wo wir den Ursprung des Geschmacks vermuten. Übrigens konnten wir dank dieses Hintergrundwissens über das Gehirn in einem herrlich bizarren Experiment sogar den Geschmack aus dem Mund auf eine Gummizunge auslagern, nämlich auf das Plastikimitat einer menschlichen Zunge. Die Versuchspersonen waren wirklich und tatsächlich davon überzeugt, dass sie den Tropfen Zitronensaft schmeckten, der auf eine Gummizunge vor ihren Augen gegeben wurde, während man ihnen Wasser auf die Zunge träufelte.

Das ist wieder die orale Übertragung, bei der Eigenschaften von Nahrungsmitteln wie fruchtig, fleischig oder rauchig nicht in der Nase, wo sie uns zuerst erreichen, sondern im Mund wahrgenommen werden. Über hundert Jahre lang dachte man, die orale Übertragung von Gerüchen in den Mund ließe sich durch die taktile Stimulation erklären, die beim Essen und Trinken im Mund entsteht. Das ist aber nicht der Fall. Dass die multisensorische Zusammenführung von Geschmackshinweisen im Gehirn so mühelos und automatisch vonstattengeht, sollte uns jedoch nicht darüber hinwegtäuschen, wie komplex sie ist. Insofern muss ich die Frage, ob man Geschmack spüren kann, mit einem klaren Nein beantworten. Und trotzdem hat alles, was wir in- oder außerhalb des Mundes fühlen, Einfluss auf den Geschmack und das Aroma unserer Speisen und Getränke.

MARINETTIS TAKTILE TISCHGESELLSCHAFT

F. T. Marinetti, der Gründer der italienischen Futuristen, interessierte sich sehr für den Tastsinn. 1921 schrieb er das Taktilismusmanifest *Il tattilismo*, und in den Dreißigerjahren veranstaltete er die ersten taktilen Tischgesellschaften. Doch leider konnten die Futuristen nicht kochen. Die italienische Presse verspottete sie als «Furz aus der Küche».[1] Folgerichtig war ihr gastronomischer Ehrgeiz nicht von langer Dauer, wobei ihnen ihre fragwürdigen politischen Ansichten auch nicht gerade zum Vorteil gereichten. Und so waren sie schon in den Vierzigerjahren wieder von der Bildfläche verschwunden. Wie wir später in diesem Kapitel noch sehen werden, lassen heute wiederum einige Küchenchefs und Essenskünstler Marinettis wunderbar verrückte Ideen für kulinarische Erlebnisse – die mit Essen allerdings nur wenig zu tun haben – mit erstaunlichen Resultaten wiederaufleben.

Der Tatsache zum Trotz, dass sie nicht kochen konnten, veranstalteten die Futuristen höchst einflussreiche Tischgesellschaften. In einer Beschreibung eines solchen Mahls wird berichtet, dass die Gäste als Begleitung zu den Gerichten mit Parfüm besprüht wurden. Sie führten die Gabel mit ihrer bevorzugten Hand und befingerten mit der anderen einen zur Speise passenden Stoff oder Gegenstand – Samt, Seide oder Schmirgelpapier. Wenn Sie Ihren

Gästen also ein echtes Marinetti-Erlebnis bieten möchten, lassen Sie sie zum Beispiel in Anzügen aus Samt oder Seide erscheinen. Beim Servieren der Speisen geben Sie ihnen einen wie auch immer texturierten Spieß in die eine Hand und fordern sie auf, mit der anderen den Rockzipfel ihres Nachbarn zu befühlen.

Sie können sich auch von Jozef Youssef, dem Chefkoch der *Kitchen Theory*, inspirieren lassen, zu dessen Dining Event «Synaesthesia» von 2015 unter anderem das Gericht «Marinetti's Vegetable Patch» (Marinettis Gemüsebeet) gehörte. Auf dem Teller waren nicht nur mehrere höchst unterschiedliche Texturen versammelt, sondern auf dem Tisch lagen auch noch schwarze Würfel, deren jeweils gegenüberliegende Seiten mit einem bestimmten Material beklebt waren, Klettband, Samt, Sandpapier. Nun wurden die Gäste aufgefordert, die einzelnen Elemente des Gerichts zu probieren und dabei die Würfelflächen zu befühlen. Sie sollten versuchen, eine Übereinstimmung zwischen dem Gefühl an den Fingerspitzen und der Textur im Mund zu entdecken. Sicher kein Experiment, das die Gäste ausnahmslos begeisterte – aber immerhin ein Drittel von ihnen sagte, dass sich ihre Wahrnehmung des Essens durch die Berührung der Oberflächen verändert habe. Verrückt – man könnte sagen synästhetisch. Vielleicht waren die Futuristen ja doch zu etwas gut!

Bei unseren multisensorischen experimentellen Weinverkostungen, die wir zusammen mit Professor Barry Smith von der Universität London veranstalten, machen wir etwas Ähnliches. Wir geben den Teilnehmern Muster verschiedener Materialien. Dann sollen sie bewerten, wie gut die verschiedenen Texturen zu einer Reihe von Rotweinen passen. Ein denkbar einfacher Versuch, der immer für große Faszination sorgt. Probieren Sie es selbst einmal aus, wenn Sie das nächste Mal Freunde zum Wein einladen. Sie werden zumindest erreichen, dass Ihre Gäste dem Geschmackserlebnis mehr Aufmerksamkeit schenken. Übrigens hilft es auch zu erklären, weshalb in der Weinwerbung oft texturale Metaphern wie samtig oder seidig verwendet werden.

MIT DEN HÄNDEN SCHMECKEN WIR ZUERST

In vielen Teilen der Welt – in Afrika, im Nahen Osten, in Indien – essen die meisten Menschen mit den Händen. In verwestlichten Ländern wird im Restaurant fast immer mit Besteck gespeist. Im Westen benutzt man in der Regel das kalte, glatte Messer und eine ebensolche Gabel, im Osten Stäbchen. Und wenn wir trinken, erheben wir das Glas, die Tasse oder Flasche. Insofern schmecken wir in einem ganz basalen Sinn zuerst mit den Händen. Nach Meinung immer noch der meisten Sinneswissenschaftler und Aromachemiker sollte das Gefühl von Besteck und Trinkgefäß in der Hand indes keinerlei Einfluss auf den Geschmack unserer Speisen und Getränke haben oder darauf, wie sehr wir unser Geschmackserlebnis genießen. Aber Sie irren.

Inzwischen weisen zahlreiche gastrophysikalische Studien darauf hin, dass alles, was wir fühlen, Einfluss auf unser Geschmackserleben haben kann. Rund um den Globus richten Spitzenköche, Molekularbarkeeper, Essenskünstler und sogar Verpackungs- und Besteckdesigner ihre Aufmerksamkeit darauf, was wir während des Essens und Trinkens durch Berührung empfinden. Sie spielen mit allen Aspekten von der Textur über das Gewicht bis hin zu Temperatur und Festigkeit der wie auch immer gearteten Gegenstände, die wir beim Essen in Händen halten. Und die kreativsten Entwickler kulinarischer Erlebnisse überlegen sogar, wie sie Lippen und Zunge wirkungsvoller stimulieren könnten.

DAS GEFÜHL VON KALTEM,
GLATTEM METALL IM MUND

Wir haben uns evolutionsbiologisch noch nicht so weit entwickelt, dass wir die Berührung von Besteck aus kaltem, glattem Edelstahl oder Silber anregend fänden. Der Mensch soll mit den Händen essen. Basta. Es ist doch wirklich seltsam. Da vollbringen so viele Spitzenköche so erstaunliche Dinge, auf dass wir ihre Augenweiden auf unseren Tellern bewundern, und betören uns mit ihrem kulinarischen Genie und einer Kreativität, die wir uns noch in den Siebzigerjahren nicht einmal hätten vorstellen können. Und dann lassen ebendiese Spitzenköche ihre Gäste mit der traditionellen Besteckkombination aus Messer, Gabel, Löffel dinieren. Nicht gerade einfallsreich, oder?

Wie viele Dinge fallen Ihnen ein, die Sie sich in den Mund stecken würden, nachdem sie schon in wer weiß wie vielen Hälsen gesteckt haben? Was würden Sie zum Beispiel sagen, wenn ich Ihnen vorschlüge, eines fremden Menschen Zahnbürste zu benutzen? Tja, warum sollte das bei Besteck grundsätzlich anders sein?

Wenn Sie mich fragen, werden wir in den nächsten Jahren radikale Neuerungen erleben, was das Werkzeug zum Transport des Essens vom Teller in den Mund betrifft. Ich hoffe, zumindest einige Besteckhersteller werden so vorurteilsfrei sein, dass sie sich die wissenschaftlichen Erkenntnisse zum Rezeptorprofil des menschlichen Mundes wie auch die aktuelle gastrophysikalische Forschung zunutze machen werden, um ästhetisch ansprechendes Besteck, das unser Geschmackserlebnis verbessert, zu entwerfen. Höchstwahrscheinlich werden ihre ersten Ergebnisse im Bannkreis der Spitzenrestaurants zu begutachten sein. Von dort aus wird das neue Besteck dann langsam seinen Weg auf den Massenmarkt finden, womöglich unter dem Markennamen eines berühmten Chefkochs.

WÜRDEN SIE GERN VON EINEM TEXTURIERTEN LÖFFEL ESSEN?

Um unsere taktile Abenteuerreise zu beginnen, schauen Sie sich einmal die Abbildung 24 an. Was glauben Sie, wie es wäre, wenn Sie mit diesem spektakulären Utensil äßen? Ich bin mir sicher, Sie würden sich noch lange an dieses stimulierende Erlebnis erinnern. Bedauerlicherweise ist der Löffel in Abbildung 24 ein Unikat. Aber immerhin hat ein großer Besteckhersteller eine Kollektion sensorischer Löffel mit texturalen Besonderheiten auf den Markt gebracht (siehe Abb. 25). Diese vier texturierten Löffel geben Ihrer Zunge ungewohnte Streicheleinheiten. Allerdings erforschen wir derzeit noch mit dem Chefkoch Jozef Youssef und dem Besteckdesigner William Welch die Frage, ob einer der Löffel tatsächlich einen bestimmten Geschmack, ein Aroma oder eine Konsistenz im Essen hervorhebt.[2]

Übrigens gibt es ein paar einfache Möglichkeiten, die Zunge Ihrer Gäste zu stimulieren, ohne gleich ein sündhaft teures Löffelset anschaffen zu müssen. Wenn Sie das nächste Mal ein Abendessen ausrichten, warten Sie mit einer Überraschung auf: Tunken Sie die Löffel in Zitronensaft, wenden Sie sie in einer Schüssel mit einer kristallenen oder grobkörnigen Substanz wie Zucker oder gemahlenem Kaffee und lassen Sie das Ganze trocknen. Kurz bevor Sie die Speise servieren, geben Sie einen Klacks einer Köstlichkeit darauf und reichen die Löffel Ihren Gästen. Diese Technik wenden mehrere mit mir befreundete Essenskünstler wie etwa Caroline Hobkinson an, um der Zunge ihrer Gäste zu schmeicheln. In jedem Falle wird die ungewöhnliche Textur Ihre Gäste so sehr überraschen, dass sie das Menü mit größerer Aufmerksamkeit verfolgen werden.

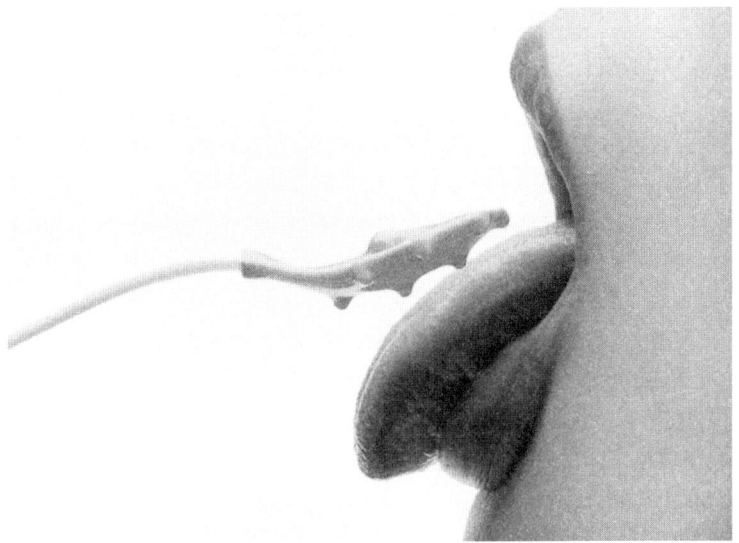

Abb. 24 «Die Sinne stimulierendes Besteck» der großartigen Designerin Jinhyun Jeon.

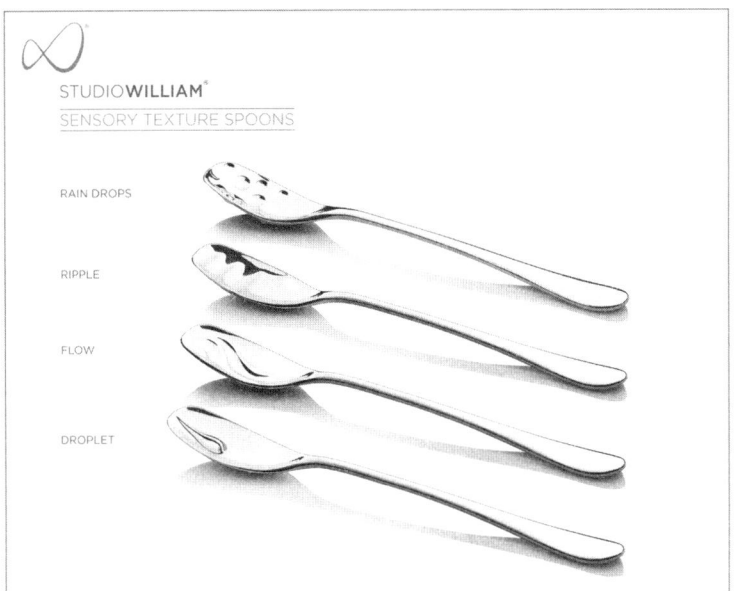

Abb. 25 Ein Set mit vier texturierten Löffeln von Studio William.

WOZU DAS GEWICHT?

Ich kann gar nicht oft genug betonen, wie wichtig beim Besteck das Gewicht ist. Messer und Gabel sollten zum einen gut in der Hand liegen, zum anderen sollte das Gewicht möglichst gleichmäßig verteilt sein. Zu den ersten Dingen, die mir in Heston Blumenthals *Fat Duck* auffielen, gehörte das schwere Besteck. Der erwähnte Besteckmacher William Welch wusste intuitiv, dass sich Besteck gut anfühlen muss. Für die meisten Menschen, sagte er mir, sei das mindestens so wichtig wie die Optik.

Angesichts der Prioritätensetzung in der Gastronomie war es höchste Zeit für eine entsprechende gastrophysikalische Studie. Zuerst haben wir selbstverständlich die wissenschaftlichen Zeitschriften danach durchforstet, was es bislang zu diesem Thema gab. Und waren sehr überrascht, dass in der Literatur das große Schweigen herrscht. Wie konnte ein so grundlegender Aspekt so lange unbeachtet bleiben? Umgehend machten wir uns daran, endlich und endgültig herauszufinden, welche Rolle das Gewicht des Bestecks für das Erleben in unserem Mund und Kopf spielt. Mehrere Studien in unserem Crossmodal Research Laboratory hatten bereits gezeigt, dass Versuchspersonen wohlwollender über das getestete Essen sprechen, wenn sie es mit einem schwereren Löffel essen. Aber die Bewertung eines Supermarktjoghurts auf einem schweren Plastiklöffel unter Laborbedingungen ist einfach etwas völlig anderes als das Speisen in einem Spitzenrestaurant.

In vielen unserer Laborexperimente, die wir unter strenger Aufsicht führen, geben wir ein und denselben Testpersonen vorgeblich unterschiedliche Speisen, die wir ihnen auf Löffeln mit variierendem Gewicht reichen. Wenn die Testgruppe dieselbe bleibt, ist damit gesichert, dass die Ergebnisse aus der Manipulation des Forschers resultieren und nicht aus individuellen Unterschieden zwischen den Personen. Der Nachteil ist, dass wir durch das Format die

Aufmerksamkeit der Teilnehmer womöglich zu sehr auf das Gewicht lenken.

So habe ich nach einer Möglichkeit gesucht, den Bestecktest in freier Wildbahn durchzuführen. Natürlich hätte ich liebend gern einmal die Gäste der *Fat Duck* mit ihrem schwergewichtigen Besteck behelligt, aber das war illusorisch. Ein Zufall schenkte mir dann die passende Gelegenheit. Die International Egg Commission hatte mich eingeladen, auf einer Konferenz einen Vortrag zu halten. Die Organisatoren baten mich, mit den Teilnehmern ein experimentelles Mittagessen mit drei Gängen durchzuführen, um ihnen einmal konkret vorzuführen, womit sich gastrophysikalische Forschung beschäftigt. Ich konnte mein Glück kaum fassen – das war die Gelegenheit, meine Theorie zu überprüfen, dass das Gewicht des Bestecks Einfluss auf unser orales Vergnügen hat.

Stellen Sie sich einhundertundfünfzig internationale Konferenzteilnehmer in einem mondänen Hotelrestaurant in Edinburgh vor. Ich ließ sie per Zufallsprinzip an die Tische verteilen. An jedem Platz lagen Wertungsbogen und Bleistift bereit, damit die einzelnen Personen ihre Eindrücke notieren konnten. Sie wurden gefragt, wie gut ihnen das Essen schmeckt, wie kunstvoll es auf dem Teller arrangiert ist und wie viel sie dafür zu zahlen bereit wären, wenn sie es in einem Restaurant serviert bekämen. Zwar war ihnen bewusst, dass sie an einem Experiment teilnahmen, unsere spezifische Forschungsfrage kannten sie jedoch nicht. So hatte das Personal für den Hauptgang, Lachs aus dem Loch Etive, die Hälfte der Tische mit leichtem Kantinenbesteck gedeckt und die andere mit teurem, schwerem Besteck. Aber wir fragten die Teilnehmer nicht nach der Beschaffenheit der Messer und Gabeln, sondern nur nach dem Essen.

Das Ergebnis war eindeutig. Wer mit schwererem Besteck gegessen hatte, fand, dass sein Gericht besonders künstlerisch arrangiert war. Und er war auch bereit, mehr dafür zu bezahlen als die anderen Gäste, die am selben Tag und im selben Raum dasselbe

Gericht verspeisten, aber rein zufällig das leichtere Besteck erwischt hatten. Sie müssen Ihren Gästen also nur schweres Besteck in die Hände geben, und schon werden Sie für einen besseren Koch gehalten. Probieren Sie es aus, stöbern Sie in Ihrem Besteckfach und lassen Sie das Gefühl verschieden schwerer Messer oder Löffel auf sich wirken!

BESTECK IM PELZMANTEL

Ich lade regelmäßig zu experimentellen Abendessen zu mir nach Hause in Oxford ein. Einmal besorgte unser derzeitiger Laborkoch in Residence Charles Michel auf dem Markt Hasen, um einen Eintopf zu kredenzen. Am lebendigsten ist mir von diesem Abend in Erinnerung, was dieser Schüler von Paul Bocuse mit dem Besteck meiner Frau anstellte. Er hatte den genialen Einfall, sich vom Metzger das gereinigte Hasenfell mitgeben zu lassen und es um die Griffe der Löffel zu legen (siehe Abb. 26 links). Plötzlich war das Besteck zu einem multisensorischen kulinarischen Element geworden – F. T. Marinetti wäre stolz gewesen. Wir saßen um den Tisch herum, hielten leicht irritiert die weiche, pelzige Haut in unseren «Klauen», während ein dezentes Tieraroma von unseren Händen aufstieg. Kein Zweifel, alle hatten sofort ein viel tieferes Bewusstsein dafür, woher unsere Mahlzeit stammte (siehe Abb. 26 links, rechts ein weiteres, berühmtes Beispiel).

Jetzt stellen Sie sich meine Überraschung vor, als ich nur wenige Monate später zum letzten Gang des überarbeiteten Degustationsmenüs in der *Fat Duck* einen übergewichtigen weißen Löffel mit Pelzgriff gereicht bekam (siehe Abb. 27). Ganz sicher bin ich mir nicht, ob dieser Löffel wirklich die beste Wahl darstellte. Das Gericht selbst war weiß, leicht und luftig, sodass womöglich ein überraschend leichterer Löffel einen noch größeren Effekt gehabt hätte. Sie bekommen aber einen Löffel, der deutlich schwerer ist, als Sie

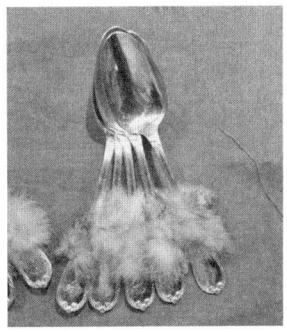

Abb. 26 *Links*: Pelzbesetztes Besteck à la Charles Michel. *Rechts*: Meret Oppenheims *Object* von 1936, pelzüberzogene Gegenstände, Tasse, Untertasse und Löffel. Wie fühlt es sich wohl an, die Tasse an die Lippen zu setzen, um daraus zu trinken?

vermutet hätten (und der nebenbei bemerkt das allbekannte Aroma von Babypuder in Form von Heliotropin verströmt). Aber vielleicht ist ja genau das der springende Punkt.

Nun möchten Sie vielleicht nicht unbedingt das Besteck, das den Geschmack Ihrer Speisen verbessern soll, in den Mittelpunkt des Abends rücken und damit die Aufmerksamkeit der Gäste vom eigentlichen Essen ablenken. Bei dem Gericht «Counting Sheep» besteht meiner Meinung nach genau diese Gefahr – beziehungsweise bestünde sie, bekäme man nicht das Dessert auf einem drehenden Kissen serviert, das wie durch Zauberhand in der Luft zu schweben scheint. Wahrhaftig, ein Magnetschwebeteller, wie ihn vermutlich noch niemand gesehen hat. Das sind die Erfindungen, die mein Labor mit seinen Forschungen anstoßen möchte. Hier werden die neuesten Erkenntnisse der Gastrophysik genutzt, um bessere Geschmackserlebnisse zu kreieren, die uns möglichst lange in Erinnerung bleiben.

Abb. 27 «Counting Sheep» (Schäfchen zählen), der letzte Gang des Degustationsmenüs in der *Fat Duck*. Wenn Sie im Restaurant einen solchen Löffel vor sich sähen, was würden Sie vermuten, wie viel er wiegt?

MIT DEN HÄNDEN ESSEN

Haben Sie schon einmal darüber nachgedacht, wieso ein Hamburger – eine der beliebtesten Speisen der Welt – für gewöhnlich mit den Händen gegessen wird? Ich würde sagen, er schmeckt einfach besser, wenn wir ihn zwischen Daumen und Fingern halten, anstatt ihn zartfühlend mit Messer und Gabel auf dem Teller oder Brettchen zurechtzufiletieren. Dasselbe gilt für Fish and Chips, die ich im Urlaub an der Küste unbedingt direkt aus der Zeitung essen muss – beziehungsweise musste, denn leider hat irgendjemand Zeitungspapier als unhygienisch geächtet. Sicher, ich bin der Erste, der zugibt, dass bei diesem Beispiel noch viel mehr Aspekte in das kulinarische Vergnügen hineinspielen, aber wenn Sie es sich genau überlegen, erscheint es doch überraschend, wie viele Speisen uns offenbar besser schmecken, wenn wir sie händisch essen. Kein

Wunder, dass der bekannte US-amerikanische Chefkoch Zakary Pelaccio ein Kochbuch mit dem Titel *Eat With Your Hands* (Mit den Händen essen) herausgebracht hat.

Immer mehr Sternerestaurants haben inzwischen Gerichte auf der Speisekarte, die ohne Besteck oder mit neuartigen Formen von Besteck gegessen werden. Interessant daran ist – und ich bin noch auf der Suche nach den Gründen –, dass Fingerfood meist zu Beginn und nur selten im späteren Verlauf des Abends serviert wird.

Viele Leute schreiben mir, dass ihnen ihr Essen besser schmeckt, wenn sie es mit den Händen essen. Indien ist in dieser Hinsicht weit vorn, weil die Menschen dort von klein auf am Tisch ihre Finger benutzen. Die Anekdote des indischen Erzählers in *Tiger mit Schiffbruch* von Yann Martel illustriert dieses Phänomen sehr schön: «Als ich zum ersten Mal in Kanada in ein indisches Restaurant ging, aß ich mit den Fingern. Der Kellner sah mich kritisch an, dann sagte er: ‹Na, frisch vom Boot, was?› Ich erbleichte. Meine Finger, noch in der Sekunde zuvor Geschmacksknospen, die das Essen ein paar Augenblicke früher genossen als die Zunge, wurden schmutzig unter seinen Augen. Sie erstarrten wie Gauner, auf frischer Tat ertappt. Ich wagte nicht sie abzulecken. Verstohlen wischte ich sie an meiner Serviette ab. Er wusste nicht, wie tief diese Worte mich verletzten. Wie Nägel, die mir ins Fleisch getrieben wurden. Ich griff zu Messer und Gabel. Ich hatte solche Werkzeuge kaum je benutzt. Mir zitterten die Hände. Mein Sambar schmeckte nach gar nichts mehr.»[3]

Schon längst will ich vergleichend untersuchen, was Menschen jeweils sagen, wenn sie Speisen einmal mit den Fingern und einmal mit Messer und Gabel oder auch Stäbchen essen. Natürlich hängt ihre Reaktion von den servierten Gerichten und vom Kontext ab, ganz zu schweigen vom individuellen Geschmack und den jeweiligen Essgewohnheiten. Es gibt schon einige Versuchsergebnisse, die eine deutliche Sprache sprechen: Wenn wir das Essen mit den Fingern spüren, verändert sich unsere Wahrnehmung im Mund. Zum Beispiel führte mein Kollege Michael Barnett-Cowan in Kanada eine Studie durch, in der es ihm gelang, zwei halbe Brezeln zusammenzukleben, wobei die Hälften manchmal in demselben Zustand waren – beide knusprig und frisch oder beide trocken – und manchmal sich darin unterschieden. Es konnte also sein, dass man eine hart gewordene Brezel in der Hand hielt, aber in ein frisches Stück biss, und umgekehrt. Das Ergebnis zeigte, dass der Eindruck in der Hand tatsächlich Einfluss darauf hatte, was die Probanden über das Mundgefühl sagten.

Eine gute Nachricht ist, dass in der Ausgabe des *Debrett* von 2012 endlich auch Fingerfood als salonfähig erklärt wird, zumindest für bestimmte Speisen wie Pizza, Calzone oder Eiswaffeln. Sie dürfen sich aber auf keinen Fall danach die Finger ablecken!

Übrigens ist es offenbar auch empfehlenswert, beim ersten Date mit den Fingern zu essen, zumindest wenn man einer Umfrage unter zweitausend Personen trauen kann. Demnach törnt es Männer extrem an, wenn sich Frauen mit den Händen essend bekleckern. Nur dass Sie's wissen! Und noch ein Tipp: Falls Sie ein Mann sind und einen guten Eindruck bei den Frauen hinterlassen möchten, sollten Sie als Hauptgang auf keinen Fall einen Salat bestellen.

WENN SICH DAS ESSEN
IM MUND BEWEGT

Mein Kollege Sam Bompas hat mir einmal von einem Abendessen in Korea erzählt, bei dem einem lebenden Tintenfisch die Tentakeln direkt auf seinem Teller abgeschnitten wurden. Sodann empfahlen ihm die Gastgeber mit ernster Miene, die Leckerei gründlich zu kauen, damit ihm die immer noch krabbeligen Kraken nicht im Halse stecken blieben! Es scheint paradox, aber während wir bewegte Bilder von Speisen sehr attraktiv finden (siehe Kapitel «Sehen»), hat unser Essen, sobald es in die Mundhöhle gelangt, unverzüglich jede Bewegung zu unterlassen.

Aus evolutionärer Sicht ist diese Abscheu vor Bewegungen im eigenen Mund womöglich ein überkommener Schutzmechanismus, der unsere Vorfahren davor bewahrte zu ersticken. Sehen Sie sich andererseits einmal an, wie sehr die Sprache der Speisekarten den Eindruck erwecken möchte, es stecke noch Leben in den Gerichten. «Tot» scheint das letzte Wort zu sein, das dort stehen darf.

Grundsätzlich scheint die Textur der Speisen im Mund großen Einfluss darauf zu haben, was wir mögen und was wir nicht mögen. Zum Beispiel finden viele Asiaten die Textur von Milchreis unangenehmer als dessen Geschmack oder Aroma. Umgekehrt wird für einen Menschen aus unserem Kulturkreis ein japanisches Frühstück mit Natto, einem Brei aus vergorenen Sojabohnen, dank dessen Textur und Konsistenz ein auf alle Zeiten unvergessliches Erlebnis bleiben. Und denken Sie an Austern – was die meisten Menschen daran so abstoßend finden, sind nicht der Geschmack oder das Aroma, sondern die schleimige Textur dieser Meeresfrüchte.

Natürlich können die texturalen – oral-somatosensorischen – Eigenschaften einer Speise gerade das sein, was uns besonders gut daran gefällt. So sind zum Beispiel mehrere Forscher der Ansicht, der Reiz von Schokolade bestehe darin, dass sie bei Mundtemperatur schmilzt. Probieren Sie einmal ein sehr kaltes und dann ein warmes Stück Schokolade – der Unterschied wird Ihnen nicht entgehen. Die Textur spielt auch eine entscheidende Rolle bei der Bewertung der Qualität und Essbarkeit eines Lebensmittels sowie bei unseren Vorlieben für bestimmte Speisen und Getränke. Wenn es uns schlecht geht, freuen wir uns über Nahrung mit weicher Textur – Apfelmus, Pudding oder Kartoffelbrei. Lebensmitteln mit einer solchen Textur wird etwas zugleich Tröstliches und Nährendes zugesprochen. Snacks dagegen, wie Chips oder Brezeln, sind meistens knusprig. Viele Küchenchefs und Lebensmittelentwickler arbeiten mit texturalen Unterschieden, was übrigens allgemein von den Konsumenten geschätzt wird.

WAS IST DAS BESONDERE
AM ESSEN AUS SCHALEN?

Kaum zu glauben, aber wahr – allein 2016 wurden sage und schreibe fünf Bücher über Essen aus Schalen veröffentlicht. Aber warum, fragen Sie sich, sollte man sein Essen in Schalen servieren? Der Hauptgrund scheint zu sein, dass es dann besser schmeckt. Sogar Gwyneth Paltrow meint das, und dann muss es ja wohl stimmen. Natürlich geht es nicht nur darum, altes Essen neu anzurichten. Ein Punkt bei diesem Trend ist, dass man die Schalen mit gesundem, nahrhaftem und sättigendem Essen füllt.

Wenn Sie ein heißes Gericht in einer Schale servieren, wird der Gast dazu verlockt, das dampfende Mahl zu beschnuppern. Auf den Gedanken kämen die meisten von uns wohl nicht, wenn dasselbe Essen auf einem normalen Teller serviert wird. Und wie wir schon gesehen haben, führt alles, was die mit einem Gericht verbundene olfaktorische Wirkung verstärkt, zu einer intensiveren Geschmackswahrnehmung und sättigt wahrscheinlich auch eher. Wenn Sie die Schale in den Händen halten, spüren Sie zudem ihr Gewicht. Und je schwerer sie ist, umso satter werden Sie sich Ihrer Erwartung nach fühlen, wenn Sie das Mahl beendet haben. Für die Lebensmittel- und Getränkeindustrie, die von der Politik angehalten wird, möglichst leichte Verpackungen zu entwickeln, ist das durchaus ein Problem, etwa wenn eine sättigende Zwischenmahlzeit, sagen wir ein Joghurt, angepriesen werden soll.

Die Schale in den Händen haltend, spüren Sie die Wärme des Inhalts und auch die beruhigende Rundung und Textur des Porzellans. Dazu sei gesagt, dass auch die Textur des Tellers Einfluss auf das kulinarische Erleben hat. In einer unserer letzten Studien haben wir zum Beispiel herausgefunden, dass die Probanden Ingwerkekse als deutlich würziger empfanden, wenn sie sie auf einem rauen Teller serviert bekamen und nicht auf einem üblichen glatten. Mit einer warmen Tasse oder Schale in den Händen empfinden Sie übrigens auch Ihre Mitmenschen als angenehmer. Als reichte das noch nicht, können wir mit einer randlosen Schale unser Gehirn austricksen, das dann nämlich denkt, dass wir mehr verspeisen, als wenn dasselbe Essen auf einem Teller mit breitem Rand serviert worden wäre. Und fotogener ist die Schale obendrein.

ANGEREGTE BAUCHREDNEREI

Aber warum genau haben unsere Empfindungen beim Essen einen so großen Einfluss auf unser Geschmackserleben, obwohl es dabei gar nicht um die Speisen selbst geht? Eine mögliche Antwort liegt in dem, was man «affektive Bauchrednerei» nennen könnte. Vor ein paar Jahren fiel meinem Kollegen Alberto Gallace und mir auf, dass Menschen ihre affektive Reaktion auf die haptische Wahrnehmung auf die Bewertung der Speisen und Getränke übertragen. Das heißt, es fällt uns schwer, Speisen und Getränke einerseits und Besteck, Teller und Gläser andererseits wahrzunehmen. Stattdessen kann unser Empfinden des einen unser Urteil über das andere nur allzu leicht beeinflussen.

Bedenkt man, dass wir ein Drittel unserer Speisen und Getränke direkt aus der Verpackung konsumieren, überrascht es nicht, dass die Produktdesigner und Marketingfachleute die Haptik ihrer Produktverpackungen zu optimieren versuchen. Zum Beispiel kann man durch die Veränderung der Oberfläche einen Eindruck von Fruchtigkeit vermitteln. Ein Klassiker ist die gute alte Plastikzitrone von Jif; das Produkt imitiert Größe, Farbe und Textur einer Zitrone (siehe Abb. 28).

Mein absoluter Liebling kommt aber von dem grandiosen japanischen Designer Naoto Fukasawa, der eine Reihe hyperrealistischer Verpackungsprototypen entwickelt hat, darunter Getränkebehälter, die auf nahezu perfekte Weise das Gefühl vermitteln, man be-

Abb. 28 Von links nach rechts: Glasflasche von Granini, hyper-
realistische Fruchtsaftverpackung von Naoto Fukasawa und
Behälter für Zitronensaft von Jif.

rühre wirklich die entsprechende Frucht. Dagegen erscheint einem
das Zitronenimitat von Jif geradezu als billig. Wie der Designer die
Oberflächenstruktur einer Banane oder Erdbeere nachempfunden
hat, ist höchst erstaunlich, am allerbeeindruckendsten ist aber die
Nachbildung der haarigen Haut einer Kiwi.

Vor mittlerweile über fünfzehn Jahren haben wir mit Unilever an
genau diesem Thema zu arbeiten begonnen. Damals wollten wir
die fruchtigen Noten im Pfirsich-Eistee von Lipton verstärken, indem wir der Verpackung eine pfirsichhaft pelzige Oberfläche gaben.
Unsere Lösung war leider zu teuer, aber inzwischen – eine gute
Nachricht für Lebensmittel- und Getränkeunternehmen – lassen
sich Verpackungen mit einer besonderen, haptisch realistischen
Oberfläche weitaus günstiger herstellen. Angesichts der Forschungsergebnisse der letzten fünfzehn Jahre bin ich mehr denn je davon
überzeugt, dass das richtige Gefühl in den Händen und Fingern
ein wichtiger Aspekt ist, um das Erleben von Speisen und Getränken
zu verbessern. Ob Besteck, Gläser, Teller oder Schalen, der gastrophysikalische Ansatz bietet uns alle Grundlagen und Erkenntnisse,
um kreative taktile Designs zu entwickeln, die unseren Esstisch be-
reichern können.

6.

DAS STIMMUNGSVOLLE MAHL

Wenn wir uns eine Mahlzeit vorstellen, können wir uns das Ambiente nur schwerlich wegdenken. Sie sind in einer fremden Stadt und überlegen, wo Sie essen gehen sollen. Suchen Sie sich nicht möglichst ein Restaurant, das eine gute Atmosphäre hat? Und meiden Lokale, in denen gähnende Leere herrscht, ganz gleich wie nachdrücklich sie Ihnen empfohlen wurden?

Nun stellt sich die Frage, ob die Atmosphäre eines Restaurants Einfluss darauf hat, wie viel wir essen – und wie viel wir ausgeben. Viele Gastronomen würden das gewiss bejahen. Schon 1965 sagte zum Beispiel der Besitzer des *Pier Four* in Boston, damals eines der erfolgreichsten Restaurants in ganz Nordamerika: «Ohne die Atmosphäre würde ich nicht annähernd so viel Umsatz machen.»[1] Aber abgesehen davon, wie viel das Ambiente dem Wirt pro Gast beziehungsweise Abend einbringt – kann man mit der richtigen Hintergrundmusik wirklich den wahrgenommenen Geschmack und das Vergnügen beim Essen erhöhen? Schmeckt dasselbe Essen wirklich anders, wenn sich die Atmosphäre oder die Umgebung ändert, in der es serviert wird?

In der Tat kann die Umgebung – von der Musik über das Licht bis hin zu atmosphärischen Düften und dem Sitzgefühl auf Ihrem Stuhl – Einfluss auf das gastronomische Erlebnis haben. Werbefachleute wissen das seit Langem. Zum Beispiel erklärte der berühmte nordamerikanische Marketingprofessor Philip Kotler in seinem bahnbrechenden frühen Aufsatz «Atmospherics», dass die Atmosphäre, in der ein Produkt oder eine Dienstleistung angeboten wird, ein wichtiger Bestandteil des Gesamtprodukts und ihrerseits multisensorisch ist. «Das *greifbare Produkt* – ein Paar Schuhe, ein Kühlschrank, ein Haarschnitt oder eine Mahlzeit – ist nur ein kleiner Teil des konsumierten Gesamtpakets. Der Käufer reagiert auf das *Gesamtprodukt*. [...] Einer der besonders wichtigen Aspekte des Gesamtprodukts ist der *Ort*, an dem es gekauft oder konsumiert wird. In manchen Fällen hat der Ort, oder genauer die *Atmosphäre* des Ortes, größeren Einfluss auf die Kaufentscheidung als das Produkt selbst. Ja, bisweilen ist sogar die Atmosphäre das Hauptprodukt.»[2]

Bislang haben sich die meisten Studien zur Atmosphäre allerdings auf den am leichtesten zu verändernden Aspekt beschränkt, auf die Musik.

IM RHYTHMUS DER MUSIK

Glauben Sie, Sie würden schneller essen und trinken, wenn die Musik im Restaurant lauter oder schneller wäre? Würden Sie mehr Geld ausgeben, wenn zum Beispiel Klassik statt Pop gespielt würde? Und würden Sie eher ein französisches Gericht auswählen, wenn im Hintergrund Akkordeonmusik zu hören wäre? Klingt unwahrscheinlich, oder? In einer beeindruckenden Studie zum Einfluss der Hintergrundmusik auf das Konsumverhalten wurde indes genau das herausgefunden. In diesem Fall wurde die Weinabteilung eines britischen Supermarkts unter die Lupe genommen. Wurde dort französische Musik gespielt, kauften die meisten Kunden französischen Wein. War dagegen typisch deutsche Blasmusik zu hören (Bierkellermusik), stammten die meisten verkauften Weine aus Deutschland (siehe Abb. 29).

Erzähle ich von dieser Studie, sind die meisten Leute überzeugt, sie selbst würden sich nicht so leicht beeinflussen lassen. Das gilt übrigens auch für die Kunden, die im Rahmen dieser Studie an der Kasse befragt wurden. Die meisten bestritten empört, dass die Hintergrundmusik Einfluss auf ihre Kaufentscheidung gehabt hätte. Hatten sie die Akkordeonmusik gehört, versicherten sie, dass sie schon vorab beabsichtigt hatten, französischen Wein zu kaufen. Die

Background Music

	French accordian music	German Bierkeller music
Bottles of French wine sold	**40** (77%)	**12** (23%)
Bottles of German wine sold	**8** (27%)	**22** (73%)

Abb. 29 Anzahl der je nach Hintergrundmusik verkauften Flaschen französischen und deutschen Weins (in Klammern Prozentangaben).

Zahlen dagegen sprechen eine andere Sprache. Vielleicht verstehen Sie angesichts dieses Ergebnisses, weshalb wir Gastrophysiker gegenüber den subjektiven Äußerungen der Befragten eher skeptisch sind. Wir verlassen uns ungern darauf, was Menschen sagen, sondern sehen uns lieber an, was sie tun.

Würde sich Ihre Speisenwahl bei einer anderen Dekoration im selben Restaurant ändern? Schon Anfang der Neunzigerjahre gab es dazu eine Studie, die im Grillrestaurant der Universität Bournemouth durchgeführt wurde. Die Forscher wollten herausfinden, ob sich die wahrgenommene Herkunft verschiedener italienischer Gerichte ändern ließe, ohne das Speisenangebot zu variieren. Dazu boten sie an vier Tagen italienische und britische Speisen an. An den ersten beiden Tagen war das Restaurant wie gewohnt dekoriert, weiße Tischdecken, schmucklose Wände. Alsdann verliehen sie dem Restaurant einen italienischen Look: Sie hängten an Decke und Wänden italienische Poster und die italienische Flagge auf, die Tische wurden mit rot-weiß karierten Tischdecken bestückt. Zudem stellten sie auf jeden Tisch eine Flasche Wein.

Nach dem Essen wurde den 138 Gästen ein Fragebogen vorgelegt, in dem sie gefragt wurden, als wie «ethnisch» sie das Essen empfunden und wie ihnen die Gerichte allgemein geschmeckt hätten. An den beiden Tagen mit italienischer Dekoration bestellten die Gäste mehr Pastagerichte und italienische Nachspeisen wie Eis oder Zabaglione und deutlich weniger Fisch. Zudem wurden die Pastagerichte als authentischer bezeichnet. Ja, die wahrgenommene Ethnizität der Speisen stieg insgesamt stark an: 76 Prozent der Gäste nannten die Gerichte jetzt typisch italienisch, im Gegensatz zu nur 37 Prozent der Gäste, die im schmucklosen Restaurant gespeist hatten. Wenn auch noch italienische Musik gespielt worden wäre, wissen wir inzwischen, dass der multisensorische atmosphärische Effekt wohl noch stärker ausgefallen wäre.

Auch daheim könnten Sie die Authentizität Ihrer Pizza oder Pasta vielleicht erhöhen, indem Sie italienische Opernmusik auflegen. Der Regisseur Francis Ford Coppola besteht übrigens am Drehort immer darauf, dass die «musikalische Begleitung zum Menü passt – ein Akkordeonspieler bei einem italienischen *pranzo*, ein Mariachi bei einer mexikanischen *comidas*».[3]

Ungeklärt ist aber noch die Frage, welche Musik Sie zu Ihrer Pizza zum Mitnehmen hören sollten. Die entsprechende Studie hat unser Crossmodal Research Laboratory durchgeführt. Obwohl italienische Musik italienisches Essen authentischer macht, garantiert das noch nicht ein optimales Erlebnis. 2015 haben wir im Auftrag der Online-Bestellplattform Just Eat über siebenhundert Kunden gefragt, welcher von zwanzig Tracks am besten zu einer der fünf in Großbritannien häufigsten Kategorien bestellter Gerichte passt, Italienisch, Indisch, Thai, Chinesisch und Sushi. Es gab verschiedene Genres, von R 'n' B und Hip-Hop über Pop- und Rockmusik bis hin zu Klassik und Jazz. Bei den italienischen Gerichten ging Pavarottis «Nessun Dorma» als klarer Sieger hervor. «Feeling Good» von Nina Simone und «One for My Baby» von Frank Sinatra landeten in allen Kategorien in den Top 3, scheinen also ebenfalls eine sichere Bank zu sein. Die größte Überraschung aber war, dass Justin Bieber mit «Baby» weit abgeschlagen auf den hinteren Rängen dümpelte. Der Mann schien offenbar kein guter Mitesser zu sein.

Läuft im Hintergrund klassische Musik, scheinen die Gäste deutlich spendabler zu sein. Das gilt sowohl hinsichtlich der Bereitschaft, in der Studentencafeteria mehr Geld für das Essen zu zahlen, als auch beim Kaufverhalten im Restaurant. Im Schnitt fallen die Rechnungen 10 Prozent höher aus. Das zeigt zum Beispiel auch eine Studie von Professor Adrian North im Restaurant *Softley's* in Market Bosworth, Leicestershire. Dort gaben die Gäste im Durchschnitt über €2 mehr aus, wenn im Hintergrund statt Popmusik Klassik lief. In einer anderen Studie gaben die Kunden in einem Weinladen mehr Geld aus, wenn statt Charts klassische Musik gespielt wurde.

Die Hintergrundmusik kann übrigens auch Einfluss darauf haben, wie verlockend wir das Essen finden. Je nervtötender die Musik, umso weniger Zeit verbringen die Gäste im Restaurant, und je besser ihnen die Musik gefällt, umso länger bleiben sie. Wenn ihnen die Musik und die Atmosphäre aber gefallen, schmecken ihnen im Allgemeinen auch die Speisen und Getränke besser. Ich empfehle meinen Kunden allerdings dringend, eigene Untersuchungen anzustellen, welche Hintergrundmusik bei ihnen am besten funktioniert. Denn es gibt sicher bedeutsame interkulturelle Unterschiede, welche Musik als angemessen empfunden oder auch welche Bedeutung der Unterhaltung am Tisch zugemessen wird. In Korea und Japan ist es zum Beispiel durchaus üblich, seine Mahlzeit im Restaurant in aller Stille einzunehmen, nur das Nötigste zu reden und im Hintergrund keine Musik zu hören. Und natürlich müssen das Konzept des Restaurants, die Klientel und die ausgewählte Musik insgesamt zusammenpassen.

Sehen wir uns als Nächstes Lautstärke und Tempo an (Beats pro Minute, kurz bpm). Hat das Tempo der Hintergrundmusik Auswirkungen darauf, wie schnell wir im Restaurant essen oder trinken? Ja, hat es. Das haben mehrere Studien gezeigt. Der Klassiker in diesem Bereich stammt von R. E. Milliman, einem nordamerikanischen Marketingprofessor, der 1986 mit der Geschwindigkeit der Musik in einem mittelgroßen Restaurant experimentiert hat. Die 1400 Gäste, deren Verhalten beurteilt wurde, aßen deutlich schneller, wenn schnellere Instrumentalmusik gespielt wurde. Bei langsamerer Musik aßen sie über zehn Minuten länger. Zwar hatte das Tempo keine Auswirkungen darauf, wie viel Geld die Leute für ihr Essen ausgaben, aber an der Bar machte sich ein deutlicher Unterschied bemerkbar: Bei langsamerer Musik wurde ein Drittel mehr ausgegeben. Der Gewinn des Restaurants stieg durch das langsamere Tempo um fast 15 Prozent – eine gute Empfehlung für Tage mit wenig Kundschaft. Stehen die Leute aber schon draußen Schlange, ist der Gastwirt vermutlich besser beraten, ein paar flottere Songs aufzulegen.

Die Frage ist, ob sich eine Restaurantkette wirklich die Mühe macht, die Fluktuation ihrer Gäste auf diese Weise zu lenken? Ja, sicher tut sie das. Chris Golub, der für die Auswahl der Musik in den 1500 Restaurants von Chipotle in den USA zuständig ist, sitzt oft in seiner New Yorker Filiale und beobachtet, wie sich die Gäste je nach der Musik verhalten, die er gerade aufgelegt hat und in seine Playlist aufzunehmen gedenkt. Anhand der Reaktionen finetuned er Tempo und Stil, ehe er die Songs in die anderen Filialen im Lande aussendet.[4] Würde er darüber eine statistische Analyse anstellen, wäre das eine lupenreine gastrophysikalische Studie.

Die Bar- und Restaurantbesitzer interessiert vor allem, wie sie ihren Umsatz steigern können. Das *Hard Rock Café* spielt zum Beispiel laute Musik, weil sich das positiv auf den Getränkeverkauf auswirkt. «Wenn man die Musik in der Bar um 22 Prozent lauter dreht, trinken die Gäste 26 Prozent schneller.»[5] Da haben wir es, deshalb wird die Musik in vielen Restaurants und Bars offenbar immer lauter: weil die Gäste dann mehr Geld ausgeben.

Allerdings wurden viele dieser Studien schon vor Jahren durchgeführt, als die Welt noch anders aussah; heute würden wir womöglich zu anderen Ergebnissen kommen. Meine Empfehlung an die Gastwirte ist jedenfalls, sich bewusst zu machen, wie wichtig die Atmosphäre für das Speisenangebot ist. Das Mindeste wäre, dass der Restaurantleiter nicht einfach seinen iPod auf Zufallswiedergabe stellt, während sich der Küchenchef wer weiß was für Gedanken über das perfekte Menü gemacht hat. Vielleicht haben Sie es ja selbst schon einmal erlebt, wie plötzlich mitten im Hochsommer in einem thailändischen Restaurant Frank Sinatra «Jingle Bells» singt. Das muss nicht sein, aber es kommt vor, und zwar häufiger als nötig. Wenn Sie die Möglichkeit haben, versuchen Sie mit der Musik zu experimentieren! Eine Woche lang spielen Sie französische Chansons, eine Woche amerikanische Rockmusik, dann Klassik, zuletzt Pop. Beobachten Sie, wie die Gäste reagieren, was sie sagen und, nicht unwichtig, wie viel Geld sie ausgeben. Die gastrophysikalische Forschung kann Ihnen zwar einige Vermutungen an die Hand geben, aber letztlich müssen Sie selbst herausfinden, wie Sie die von Ihnen gewünschte Wirkung erzielen können. Grundsätzlich gilt, passt die Atmosphäre zum Speisenangebot, werden die Gäste das Essen mehr genießen.

HABEN SIE ES GERN ANGENEHM?

Haben Sie sich schon mal gefragt, warum die Sitzgelegenheiten ausgerechnet in den hipsten Cafés meist ziemlich hart und unbequem sind? Um es kurz zu sagen, weil Sie nicht verweilen sollen. Ich kenne eine ganze Reihe von Baristas, die sich absichtlich solche Möbel ins Lokal stellen, damit die Gäste möglichst bald wieder gehen. Man muss kein Gastrophysiker sein, um sich denken zu können, dass die Gäste das Café umso schneller wieder verlassen, je unbequemer die Stühle sind. McDonald's praktiziert das seit Jahren. «In die Sitze von (McDonald's) ist die Regel eingebrannt, dass die ungefähre Verweildauer, ehe es unbequem wird, zehn Minuten beträgt.»[6]

Am anderen Ende der Skala, in Restaurants, in denen sich niemand Sorgen macht, die Gäste könnten zu lange verweilen, wird dagegen immer intensiver darüber nachgedacht, wie sich der Komfort dort verbessern lässt, wo die Speisen serviert werden. Innovative Küchenchefs wie Joshua Skenes, der Besitzer des *Saison* in San Francisco, experimentieren damit, wie sie in ihrem Restaurant eine bestimmte Atmosphäre schaffen können. «Du brauchst herausragendes Essen, herausragenden Service, herausragenden Wein und herausragenden Komfort. Und mit Komfort ist alles gemeint: die Materialien, die der Gast berührt, die Teller, auch die Vorstellung, dass Silber angeblich genau das richtige Gewicht hat. Bei uns bekommt zum Beispiel jeder Stuhl einen Überwurf.»[7] Das *Noma* in Kopenhagen macht übrigens etwas ganz Ähnliches, wie Sie auf Abb. 30 sehen können.

Würden Sie lieber an einem runden oder an einem eckigen Tisch sitzen? Allgemein bevorzugen wir runde oder kurvenförmige gegenüber rechteckigen Formen. Diese Vorliebe zieht sich durch alle Bereiche, von Alltagsgegenständen über architektonische Räume bis hin zu Möbeln. Evolutionspsychologen führen das darauf zurück, dass eckige Formen mit Gefahr assoziiert werden. Aus praktischen Gründen sind aber doch die meisten Grundrisse in Restaurants rechteckig. Trotzdem bieten auch sie die Möglichkeit, runde Formen zu integrieren, etwa bei der Dekoration oder den Möbeln.

In einer aktuellen Studie wurden nordamerikanischen Studenten Bilder von Inneneinrichtungen einmal mit eckigen und einmal mit runden Möbeln gezeigt. Die Bilder mit den runden Möbeln gefielen ihnen besser und lösten auch angenehmere Gefühle in ihnen aus. Interessanterweise erklärten die Teilnehmer, dass sie ein größeres Verlangen verspürten, auf die kurvenförmigen Möbel zuzugehen. Man kann also ein Restaurant freundlicher wirken lassen, indem man runde Tische aufstellt. Aber dadurch verringert sich

Abb. 30 Ein Stuhl mit Textur im Kopenhagener *Noma*.

eben auch die Kapazität. Das mag der Grund dafür sein, dass viele Restaurantberater eine Mischung aus runden und eckigen Tischen empfehlen, um ein ausgewogenes Gleichgewicht zwischen angenehmer Atmosphäre und Rentabilität herzustellen.

SPEISEN IM WEIßEN WÜRFEL

Einige traditionelle Restaurants zeigen indes keinerlei Ansätze zur Verbesserung der Atmosphäre. Denken Sie an jene Tempel der Haute Cuisine mit ihren schmucklos weißen Wänden, in denen die Gäste auf ein steifes Tischtuch – oder, wie derzeit in Mode, nur auf eine steife Serviette – blicken und in ehrfürchtigem Schweigen speisen. Niemand wird behaupten, dass hier der Versuch unternommen wird, die Gäste vom Essen abzulenken. Einen Raumduft zu versprühen oder die Raumtemperatur zu ändern, um eine Korrespondenz zu den Speisen zu erwirken, wäre diesen traditionsbewussten Gastronomen ein Gräuel. Ich glaube, solche strengen Säle werden weiterhin ihren Platz und ihre Berechtigung haben. Nur habe ich nicht den Eindruck, dass eine solche Herangehensweise noch als zeitgemäß oder gar aufregend empfunden wird, jedenfalls nicht im derzeitigen Klima. In den allermeisten Fällen – wie schon an der San-Pellegrino-Liste der 50 besten Restaurants der Welt zu sehen ist – werden diese Lokale von Gastronomen mit experimentelleren Konzepten verdrängt.

Aber ich kann natürlich auch ein Statement setzen, indem ich die atmosphärischen Reize minimiere. «Das moderne Restaurant ist voller Codes. Die Architektur, die servierten Speisen und sogar die Kunden sind Codes, aus denen sich das konsumierbare Gesamtbild ergibt. Im Restaurant geht es nicht nur um die Speisen. Es geht um das gesamte Erlebnis.»[8] Insofern ist die Atmosphäre gerade auch bei einem minimalistischen Design niemals neutral. Täuschen Sie sich nicht, die Gäste bewerten Gerichte, die in einem «weißen Würfel» serviert werden, anders als in einer dekorativeren Umgebung. Studien besagen, dass das Essen wahrscheinlich als qualitativ besser und teurer eingestuft wird, das Erlebnis aber vielleicht als nicht so prägnant. Der entscheidende Punkt ist, dass einfach jeder Ort, an dem Speisen serviert und konsumiert werden, eine spezifische Atmosphäre hat.

Dasselbe gilt für jene als gesund, natürlich, biodynamisch eingestuften Geschäfte und Restaurants, in denen Sie schon am Eingang mit Körben frischer Produkte begrüßt werden; Jamie Oliver richtet seine Lokale mit Vorliebe so ein. Hier wird durch die Atmosphäre im Kopf des Gastes eine Vorstellung von gesundem, natürlichem Essen evoziert. Was ganz beiläufig erscheint, ist es mitnichten – schon die Aufstellung dieser Körbe ist ein Kunstgriff. Oft fließen viel Arbeit und viele Überlegungen in die Entwicklung einer solchen «natürlichen» Umgebung ein, und es ist alles Berechnung. Ich wette, dass es auf das gastronomische Erlebnis einen mindestens ebenso großen Einfluss hat wie die in manchen Restaurants bei jedem Gang wechselnde Atmosphäre. In beiden Fällen wird ein Eindruck geschaffen und eine Erwartung geweckt, die sich auf die Interaktion zwischen dem Gast und seinem Essen auswirken.

Manchmal übertreiben es die Restaurants aber auch mit ihrer multisensorischen Atmosphäre. Eines der berühmtesten frühen Beispiele ist die *Tonga Room & Hurricane Bar*, die 1945 im Keller des Fairmont Hotel in San Francisco eröffnete. Ich erinnere mich noch an meine Besuche als junger Student, lange bevor mein Interesse für multisensorische Gastronomie aufkeimte. Etwa alle dreißig Minuten wurde dort ein spektakuläres tropisches Gewitter mit simuliertem Donner und Blitzen entfesselt.

Fünfzig Jahre nachdem der *Tonga Room* zum ersten Mal seine Türen öffnete, dürfen wir auf der anderen Seite des großen Teichs das *Rainforest Café* bestaunen, ein bekanntes Londoner Restaurant, das ebenfalls alle Sinne seiner Gäste zu stimulieren versucht. Zweimal die Stunde gehen hier die Lichter aus, um die Gäste in den «Genuss» eines grollenden und blitzenden Tropensturms kommen zu lassen. Im Gegensatz zum *Tonga Room* spricht dieses Lokal eine sehr junge Klientel an. Wie die selbst ernannten Pioniere der Erlebnisgesellschaft B. J. Pine II und J. H. Gilmore sagen: «Der Nebel im *Rainforest Café* spricht nacheinander alle fünf Sinne an. Erst als Klang: Sss-sss-zzz. Dann sehen Sie, wie er von den Felsen aufsteigt, und spüren ihn weich und kühl auf Ihrer Haut. Schließlich riechen Sie seinen tropischen Gehalt und schmecken seine Frische – oder meinen sie zu schmecken. Gleichgültig lässt er Sie in jedem Falle nicht.»[9] Ganz gleich was wir Erwachsenen davon halten, bei der Zielgruppe der Kinder kommt das Event jedenfalls rasend gut an. Meine Nichten waren jahrelang Fans, wobei sie vermutlich inzwischen aus dieser Phase herausgewachsen sind. Zumindest kommerziell gesehen ist das Lokal ein enormer Erfolg.

Da und dort entsteht in einem allerdings auch der Verdacht, dass sich viele Gastronomen nur insofern für die Atmosphäre ihres

Abb. 31 Für unser Verhalten beim Essen und Trinken spielen alle Sinne eine Rolle. Der kluge Gastwirt weiß, wie er unsere Sinne anregen muss, um die richtige Atmosphäre zu schaffen.

Lokals interessieren, als sie sich damit von der Konkurrenz absetzen und ihren Umsatz steigern wollen. Natürlich kann einem die profane finanzielle Sicht auch in diesem Bereich den Appetit verderben – wer würde andererseits nicht gern in den schwarzen Zahlen landen? Der einflussreiche britische Chefkoch Marco Pierre White meint dazu: «Jeder Chefkoch, der sagt, er würde das alles nur aus Liebe tun, lügt. Letztlich geht es auch hierbei ums Geld ... Ohne Geld kann ich nichts machen; wir sind alle Gefangene der Gesellschaft. Und letzten Endes ist auch das nur ein Job voller Schweiß und Arbeit und Dreck, ein absolutes Elend.»[10] Die berühmten Dunkelrestaurants wie etwa das *Nocti Vagus* in Berlin sind gute

Beispiele für einen atmosphärischen Rahmen, bei dem den Gästen ein Sinnesreiz genommen statt hinzugefügt wird. Der Besuch ist selbstverständlich ein Erlebnis, wenngleich die Qualität des Essens nicht unbedingt im Vordergrund steht.

Zusammenfassend kann man sagen, dass die Atmosphäre verschiedentliche Auswirkungen auf unser Essverhalten hat. Sie beeinflusst, wo und was wir auswählen, wie lange wir bleiben und nicht zuletzt, wie wir das Gesamterlebnis beurteilen (siehe Abb. 31). Noch nicht behandelt haben wir bislang aber die grundlegendere Frage, ob eine veränderte Umgebung tatsächlich dazu beiträgt, dass die Gäste ihre Speisen und Getränke anders wahrnehmen. Das ist für den Gastrophysiker der spannendste Aspekt.

ATMOSPHÄRISCHES SCHMECKEN

In den Worten der Chefköche sind die Widersprüche offensichtlich. So sagte der französische Spitzenkoch Paul Pairet vom *Ultraviolet* in Shanghai in einem Interview, er glaube nicht, dass seine Gerichte durch all die multisensorischen Elemente, die zur Atmosphäre seines Restaurants beitragen, besser schmeckten: «Die Erinnerung an das Gericht ist stärker.» Ein ehrenwertes Ziel. Aber ist das wirklich der Weisheit letzter Schluss? Ironischerweise scheint der Pressebericht, in dem Pairet zitiert wird, ein anderes Fazit zu ziehen: «Jedes Gericht wird von einem sorgsam choreografierten Zusammenspiel von Klängen, Bildern und sogar Gerüchen begleitet, das eine spezielle Atmosphäre schaffen und auf diese Weise für ein aromatischeres Mahl sorgen soll.»[11] Pairet ist indes mit seiner Meinung nicht allein. So hat sich auch der französische Chefkoch Alain Senderens über die Vorliebe eines Michelin-Kritikers für ausgefallenes Ambiente beschwert: «Ich habe jedes Jahr Hunderttausende Euro für den Speisesaal ausgegeben – für Blumen, für Gläser, aber besser hat das Essen dadurch auch nicht geschmeckt.»[12]

Auf der anderen Seite gibt es Köche wie Heston Blumenthal, die zu der Überzeugung gelangt sind, dass die Atmosphäre großen Einfluss auf das Geschmackserlebnis haben kann. Erstmals stellten wir diese Erkenntnis zusammen mit Heston auf der Konferenz «Art and the Senses» (Kunst und Sinne) 2007 in Oxford unter Beweis. Die glücklichen Teilnehmer dieses Events bekamen Austern serviert, zu denen sie dem Rauschen des Meeres lauschen durften, und zu einer Eiscreme aus Speck und Eiern durften sie sich brutzelnden Speck oder das Gegacker von Hühnern auf dem Bauernhof anhören. Wir konnten zeigen, dass das Eis als deutlich eihaltiger eingestuft wurde, wenn im Hintergrund die Hühner gackerten; spielten wir stattdessen das Band mit dem brutzelnden Speck ab, trat plötzlich der Speckgeschmack in den Vordergrund. Ändert sich die klangliche Atmosphäre, ändert sich auch die Wahrnehmung des Essens. Ebenso wurden die Austern durch das Meeresrauschen appetitlicher, allerdings nicht salziger.

In den darauffolgenden Jahren hatte ich das Glück, mit einigen weltweit führenden Getränkefirmen zusammenzuarbeiten und groß angelegte multisensorische Degustations-Events mit zufällig ausgewählten Menschen durchzuführen. Grundlage war die Annahme, dass eine veränderte Atmosphäre Einfluss auf das Geschmackserleben hat. Und anstatt nur die akustische Umgebung zu variieren, spielten wir auch mit den optischen und olfaktorischen Aspekten.

DAS «SINGLETON SENSORIUM»

Ein typisches Beispiel für diese gastrophysikalische Herangehensweise ist das «Singleton Sensorium», das wir 2013 an drei Abenden im Londoner Stadtteil Soho veranstalteten. Meine Kollegen von der britischen Sound-Agentur Condiment Junkie richteten in der ehemaligen Werkstatt eines Waffenherstellers drei Räume unterschied-

lich ein: Einmal wurde ein englischer Sommernachmittag heraufbe-
schworen, im nächsten Raum sollte ein Eindruck von Süße erweckt
werden und der letzte Raum sollte möglichst viel Holz haben. Condiment Junkie hatte im Hintergrund jeweils bestimmte atmosphärische Klanglandschaften kreiert. Der süße Raum war in rötlichen
Farben gehalten, weil die meisten Menschen damit Süße assoziieren, und es gab nichts Eckiges darin, alles in diesem Raum war
rund, die Sitzkissen, der Tisch, sogar der Grundriss und die Fenster-
rahmen. Warum? Weil unsere Forschung ergeben hatte, dass runde
Formen mit Süße in Verbindung gebracht werden. Dann gab es
noch einen süßlichen Duft, der aber nichts mit Essen zu tun hatte.
Und aus einem Lautsprecher unter der Decke erklang ein hell
tönendes Windspiel. Auch diese Entscheidung basierte auf unseren
Laborergebnissen, da dieser Klang mit Süße assoziiert wird. Jeder
einzelne Sinnesreiz war also auf der Grundlage neuester gastrophysikalischer Forschung gesetzt worden, um unmittelbar oder mit-
telbar den Eindruck von süßem Geschmack zu verstärken. Im Gegensatz dazu sollte im ersten Raum ein grasähnlicher Duft in die
Nase steigen, und im «holzigen» Raum sollte ein texturierter Abgang oder texturierter Nachgeschmack im Mund gefördert werden.

An drei Abenden schickten wir fast fünfhundert Leute in Gruppen von zehn bis fünfzehn Personen durch die Räume, wobei das
Experiment jeweils insgesamt nicht länger als eine Viertelstunde
dauerte. Am Anfang bekam jeder Teilnehmer ein Glas Whisky in
die Hand, dazu einen Bewertungsbogen und einen Bleistift. In
jedem Raum musste er dann einen Abschnitt des Bewertungs-
bogens ausfüllen. Wir fragten danach, wie grasig die Nase des
Whiskys war, wie süß der Geschmack und wie holzig der Abgang.
Außerdem sollten die Probanden angeben, wie gut ihnen der
Whisky gefiel und was sie von der jeweiligen Dekoration hielten.
Ich war einer der Tourleiter, und ich kann Ihnen versichern, es
waren strapaziöse drei Tage. Noch nie zuvor war ein derartiges Experiment in einer solchen Größenordnung durchgeführt worden.

Als die Ergebnisse vorlagen, sah ich mit großer Erleichterung, dass die Teilnehmer den Whisky im sommerlichen Raum als deutlich grasiger empfanden. Der zweite Raum holte wie erwartet die Süße im Geschmack hervor, und der letzte Raum verstärkte den texturierten Abgang des Whiskys. Als Psychologe macht man sich immer Gedanken über sogenannte «Versuchsleitererwartungseffekte», das heißt, die Teilnehmer sagen, was ich vermutlich von ihnen hören möchte, anstatt zu erzählen, was sie wirklich erlebt oder gedacht haben. So kamen auch nach dem «Sensorium»-Test Leute auf mich zu und sagten: «Wir wussten, was Ihre Absicht war. Sie wollten, dass wir sagen, im grünen Raum schmeckt der Whisky grasiger, oder? Deswegen haben wir das Gegenteil angegeben!» Sie sehen, dass selbst bei den widerspenstigen Individuen die multisensorische Umgebung eine Wirkung gezeigt hat. In der Gruppenanalyse stellte sich dann heraus, dass sie klar in der Minderheit waren. Ein weiteres Ergebnis unserer Studie war, dass der Whisky den Teilnehmern in der holzigen Umgebung am besten mundete. Die wissenschaftlich fundierte Manipulation der multisensorischen Atmosphäre beeinflusste also tatsächlich die Beurteilung des getesteten Getränks. Je nach Raum schwankte die Bewertung von Nase, Geschmack und Abgang des Whiskys um 10 bis 20 Prozent.

Hätte das «Singleton Sensorium» einen ähnlichen Effekt auf Whiskykenner gehabt? Schwer zu sagen. Erwähnenswert ist aber an dieser Stelle, dass auch der größte Whiskyexperte oder Weinkenner bei Blindverkostungen nicht unbedingt immer auf der Höhe seiner – tatsächlichen oder vorgeblichen – Kunst ist. Jedenfalls war diese Erfahrung für eine ganze Reihe von Küchenchefs, Restaurantbesitzern und Designern eindrucksvoll genug, um an der Präsentation ihrer Speisen und Getränke Änderungen vorzunehmen. Zum Beispiel wird der Whisky in einem berühmten Restaurant im Lake District im Nordwesten Englands seitdem auf Holzuntersetzern serviert.

DAS FARBLABOR

Welche Farben bringen Ihrer Meinung nach das Fruchtige und Frische eines Weines am besten zur Geltung? Und könnte man denselben Effekt erzielen, indem man «süße» oder «saure» Musik spielt? Sauer wäre eher dissonant, hoch, roh, schrill und abgehackt. Diese Fragen haben wir im womöglich größten Degustationsexperiment aller Zeiten zu beantworten versucht, dem «Colour Lab». Über dreitausend Menschen nahmen an einem für die Jahreszeit ungewöhnlich warmen Maiwochenende in London an diesem Versuch teil, der im Rahmen des Festivals «The Streets of Spain» an der Themse abgehalten wurde. Jeder Teilnehmer bekam ein schwarzes Glas mit Rioja. Zuerst mussten die Probanden den Wein unter normalem weißem Licht beurteilen – um einen Basismesswert zu haben –, dann unter rotem Licht und schließlich in einer grünen Umgebung mit «saurer» Musik. Am Ende wurde derselbe Wein noch einmal unter rotem Licht mit lieblicher Musik im Hintergrund getestet. Auch in diesem Experiment änderte sich die Bewertung der Teilnehmer je nach audiovisueller Atmosphäre um 15 bis 20 Prozent. Bei rotem Licht und süßer Musik – konsonant, hell, weich und fließend, weder heftig noch schrill – wurde die Fruchtigkeit des Weines unterstützt, während die grüne Farbe und saure Musik die frischeren Noten zum Vorschein brachten.

Nachdem andere, wenngleich weniger umfassende, gastrophysikalische Studien bereits gezeigt haben, dass sich die Meinung der Versuchspersonen über den getesteten Wein ändern kann, wenn man entweder die Farbe der Glühbirnen oder die Hintergrundmusik wechselt, haben wir als Erstes alle Sinne auf multisensorisch kongruente Weise kombiniert. Uns ging es darum, einen «überadditiven» Effekt herzustellen. Dazu werden einfach verschiedene atmosphärische Eindrücke kombiniert, um eine multisensorische Wirkung zu erzielen, die größer ist als die Summe ihrer Teile, also größer als das, was man erwarten könnte, wenn man den Licht- und den Klangeffekt jeweils einzeln betrachtet und dann addiert. Wie erhofft verstärkte sich durch die akustische Würze – süße Musik bei rotem Licht und saure Musik bei grünem Licht – die Auswirkung der Beleuchtung auf den Geschmack des Weins überproportional.

Ein Ergebnis solcher multisensorischer Events ist der statistische Beweis, dass die Umgebung Einfluss auf unsere Wahrnehmung hat. Manche Ergebnisse zeigen auch die relative Bedeutung eines Sinns für eine Erfahrung. Oftmals – und das ist eindrucksvoller, jedenfalls wenn es darum geht, die Leute von dieser Wirkung zu überzeugen – verändert sich das eigene Gefühl der Teilnehmer. Die Weinhersteller von Campo Viejo etwa waren von unserem «Colour Lab» dermaßen beeindruckt, dass sie umgehend ihren Kellerverkauf in Spanien von Grund auf umgestalten wollten. Wenn Sie also das nächste Mal eine Flasche Wein aufmachen, die nicht so ganz nach Ihrem Geschmack ist, ändern Sie die Musik und die Beleuchtung, anstatt gleich nach einer anderen Flasche zu greifen – vorausgesetzt, der Wein hat keine deutlichen Mängel. Im Internet gibt es inzwischen für wenig Geld Glühbirnen, bei denen Sie per Fernsteuerung die Farbe ändern können.

Falls Sie unsicher sind, was zum Beispiel saure Musik wäre, nehmen Sie «Horisont» von Nils Økland. Wenn Sie süße Musik hören möchten, wählen Sie Stücke mit vielen hohen, hellen Klaviertönen. Ich nehme gern «Poules et Coqs» aus dem *Karneval der Tiere* von Camille Saint-Saëns oder die Tracks 6 und 7 auf *Tubular Bells* von Mike Oldfield von 1973. Und wenn Sie die Tiefe eines Rotweins ausloten möchten, etwa eines Malbec, dann legen Sie die *Carmina Burana* von Carl Orff oder «Nessun Dorma» aus dem dritten Akt der *Turandot* von Puccini auf.

Die Lichtänderung funktioniert ziemlich gut, wenn der Wein wie im «Colour Lab» in einem schwarzen Probierglas serviert wird. Ich könnte mir gut vorstellen, dass der Effekt bei einem durchsichtigen Glas, in dem sich die Farbe des Weines mit dem Umgebungslicht ändert, noch größer wäre. In diesem Fall ist jedoch Vorsicht geboten: «In rotem Licht sieht alles rot aus; bei grünem Licht wirkt Fleisch grau und verdorben.»[13] Natürlich haben die Menschen unterschiedliche Gründe für die Wahl des Umgebungslichts. Manche möchten gern das Frische in ihrem Wein hervorkitzeln, andere überlegen, welche Farbe oder Musik für eine gesunde Ernährung förderlich ist. Zum Beispiel hebt rotes Licht die Süße der Speisen hervor, ohne die Kalorien zu erhöhen. Auch haben Studien gezeigt, dass die Farbe des Umgebungslichts Einfluss auf den Appetit hat; bei gelbem Licht hatten Probanden größeren Hunger, während rotes oder blaues Licht den Appetit zügelte. Haben Essen und Licht die gleiche Farbe, scheint das appetitanregend zu sein, während sich Komplementärfarben eher sättigend auswirken.[14] Aufschlussreich ist auch eine kürzlich in Schweden durchgeführte Studie: Männer, die gerade eine Diät machten, waren mit weniger Essen satt, wenn sie bei blauem Licht frühstückten.

DAS AMBIENTE IM RESTAURANT

Inzwischen wissen wir also, wie sich Menschen hinsichtlich optischer Reize unter Laborbedingungen verhalten. Aber glauben Sie wirklich, Sie würden weniger essen, wenn Licht und Musik im Restaurant gedimmt würden, um eine entspanntere Atmosphäre zu schaffen? Forscher haben die kombinierte Wirkung durch verändertes Licht und veränderte Musik auf das Verhalten der Gäste im *Hardee's* untersucht, einem Fast-Food-Restaurant in Champaign, Illinois. Sie richteten zwei getrennte Bereiche ein. Im einen wurde das Licht normal hell eingestellt. Der Raum hatte helle Farben, und im Hintergrund spielte laute Musik. Im Bereich für die «gehobene Küche» herrschte eine ungleich entspanntere Atmosphäre mit

Topfpflanzen und Bildern an den Wänden, Jalousien und indirekter Beleuchtung. Auf den Tischen waren weiße Tischdecken und brannten Kerzen. Im Hintergrund liefen sanfte instrumentale Jazzballaden. Den Gästen im feineren Bereich schmeckte das Essen deutlich besser, und sie aßen zugleich weniger. Die durchschnittliche Kalorienzufuhr lag hier mehr als 150 Kalorien oder 18 Prozent unter der des anderen Bereichs.

Für den Gastwirt hat die Tatsache, dass die Umgebung so großen Einfluss auf uns hat, natürlich Konsequenzen. Man darf vermuten, dass das *Hard Rock Café* und der *Planet Hollywood* aus genau diesem Grund keine Fenster haben, sodass sie ähnlich wie Casinos über vielfältigere Möglichkeiten verfügen, die Stimulation ihrer Gäste zu lenken.

DAS AMBIENTE DER ZUKUNFT

Wagen wir einen Blick in die Zukunft. Wie werden sich die atmosphärischen Aspekte des Essens ändern? Ein Designer sagte neulich zu diesem Thema: «In der kurzen Zeit, seit ich Restaurants einrichte, ist das Design zu einem der wichtigsten Elemente des gastronomischen Erlebnisses geworden. Die Einzigartigkeit der Umgebung spielt inzwischen eine genauso große Rolle wie das Essen selbst, und die Innenarchitekten und Restaurantbesitzer verwenden Licht, Farbe und Materialien immer raffinierter.»[15] Wenn Sie sehen möchten, was die Zukunft des Restaurantdesigns für den Gast bereithält, besuchen Sie doch die *Goji Kitchen & Bar* im Marriott Hotel in Shanghai. Die Dekoration in diesem futuristischen Speisesaal ändert sich je nach Tageszeit, sodass es im Restaurant zwei grundverschiedene Ambiente gibt. Das ist zweifellos eine kostspielige Lösung, die aber auf der Einsicht fußt, dass Einrichtung und Atmosphäre von großer Bedeutung sind. Es ist ein beredtes Zeugnis dafür, wie wichtig die atmosphärische Komponente im

Drumherum unserer Mahlzeiten ist. Obwohl es für den Gastronomen schwer zu kalkulieren ist, wie viel er für die Dekoration ausgeben soll, kann es dazu eigentlich keine zwei Meinungen geben, wenn man bedenkt, wie stark sie das kulinarische Erlebnis beeinflusst. Mag es auch noch so schwer sein, die «richtige» Atmosphäre zu kreieren – ihre Bedeutung zu ignorieren ist kein gangbarer Weg.

Eine interessante Frage wäre noch, wie sich die Atmosphäre auf den einzelnen Gast oder Tisch zuschneiden ließe. Bei den meisten multisensorischen Restaurants der Spitzenklasse, etwa dem *Ultraviolet* in Shanghai oder dem *Sublimotion* auf Ibiza, gibt es zum Beispiel nur einen Tisch für alle Gäste. Oder aber die Gäste bekommen Kopfhörer aufgesetzt und werden zu jedem Gang passend beschallt, wie beim «Sound of the Sea» in der *Fat Duck*. Ich kenne Gastronomen, die bereits darüber nachdenken, ob sie hyper-direktionale Lautsprecher über den Tischen installieren sollen, um zu allen Speisen und Getränken eine personalisierte Klanglandschaft abspielen zu können. Wichtig wäre, dass die Gäste nicht hören, womit der Nachbartisch gerade beschallt wird. Diese Lösung ist allerdings für die allermeisten Gastronomen derzeit noch unerschwinglich. Aber für die Zukunft kann ich mir durchaus vorstellen, dass sie sich verbreiten könnte, da in vielen Bereichen Lösungen immer häufiger auf die individuellen Bedürfnisse der Kunden zugeschnitten werden und die Kosten für die Technik sinken.

In diesem Licht betrachtet – wenn Sie mir den kleinen Scherz erlauben – ergeben die mehrfarbigen LEDs über den Tischen in der runderneuerten Inneneinrichtung der *Fat Duck* einen Sinn. Unter subtil wechselnden Farben erleben die Gäste im Laufe des Mahls eine Reise durch die Nacht und den nächsten Tag bis zum darauffolgenden Abend. Die Lichtveränderungen finden an jedem Tisch unabhängig statt. Und? Ist das jetzt die Zukunft der personalisierten Atmosphäre? Ich würde sagen, es könnte ein Anfang sein.

7.

ESSEN IN GESELLSCHAFT

Ich weiß nicht, wie es Ihnen geht, aber ich sitze ungern allein im Restaurant. Kürzlich las ich dazu eine Geschichte in der Zeitung. Seit nunmehr drei Jahren geht Harry Scott, ein über neunzigjähriger Witwer, jeden Tag allein bei McDonald's essen, manchmal zweimal am Tag. Traurig, aber wahr. Er hat seit dem Tod seiner Frau niemanden mehr, mit dem er gemeinsam essen kann. Aus diesem Grund veranstaltete die Filiale in Workington, Cumbria, zu seinem 93. Geburtstag ein kleines Fest. Ich muss gestehen, das Foto in der Zeitung zeigte Harry in deutlich besserer Form, als ich erwartet hätte.[1]

Das ist natürlich ein Einzelfall, aber ich denke, dass er für etwas steht, was gerade in unserer Gesellschaft passiert. Immer mehr Menschen essen de facto allein (siehe Abb. 32). Einer aktuellen britischen Studie zufolge wird inzwischen die Hälfte aller Mahlzeiten allein eingenommen, und ein Viertel von uns isst häufiger allein als in Gesellschaft. Schlimmer noch, viele nehmen ihre Hauptmahlzeit ohne jeden Kontakt zur Außenwelt ein, essen direkt am Schreibtisch oder machen sich zu Hause etwas Schnelles aus der Mikrowelle. Natürlich variieren die Zahlen je nach Kulturkreis und Altersgruppe. Zählen Sie doch einmal selbst, wie viele Mahlzeiten Sie in der letzten Woche allein eingenommen haben und ob wenigstens Sie dem Trend widerstehen.

Aber warum sollten wir uns Gedanken über diese Veränderung in unserem Essverhalten machen – abgesehen davon, dass es von der zunehmenden Isolierung des modernen Menschen zeugt? Was genau hat die Gesellschaft, die wir pflegen, mit dem Erleben unseres Essens zu tun, also dem Thema dieses Buchs, der Gastrophysik? Längst nicht jeder sieht deswegen einen Grund, beunruhigt zu

Abb. 32 Einsam am Tisch – ein wachsendes Problem in der heutigen Gesellschaft.

sein: «Wie bei anderen lustvollen Vergnügungen des Lebens kann man es alleine machen, man kann, wenn man will, nur eine Hand benutzen und dabei in seinem zerknautschten Schlafanzug auf dem Sofa liegen. Das hat nichts Einsames, Geschmackloses oder Verzweifeltes. Wir feiern damit unser Dasein. Es hält uns am Leben – mehr nicht.»[2] Ich bin versucht zu widersprechen. Nach allem, was wir wissen, hat das Alleinessen negative Auswirkungen auf unser physisches und psychisches Wohlergehen. Eine aktuelle Metaanalyse von siebzehn Studien mit über hundertachtzigtausend Kindern und Jugendlichen ergab, dass das Risiko für Übergewicht um 12 Prozent sank, wenn die Teilnehmer ihre Mahlzeiten regelmäßig mit der Familie einnahmen. Die Wahrscheinlichkeit, dass sie gesunde Nahrungsmittel aßen, stieg sogar um fast 25 Prozent. Aus der Sicht des Gastrophysikers würde ich mit den Worten des amerikanischen Psychologen Harry Harlow aus den Dreißigerjahren hinzufügen: «Eine gute Mahlzeit schmeckt besser, wenn wir sie in Gesellschaft von Freunden essen.»[3] Die Gastrophysik bietet uns einen konstruktiven Rahmen, um nach Lösungen für die wachsenden Probleme durch das Alleinessen zu suchen.

WARUM ESSEN SO VIELE MENSCHEN ALLEIN?

Der entscheidende Grund für diese Vereinzelung liegt darin, dass mehr Menschen als je zuvor allein leben, weil wir später heiraten und sowohl die Scheidungsrate als auch die Lebenserwartung steigt. Ein anderer Faktor sind unsere veränderten Essgewohnheiten. So kommen wir heute viel seltener mit der ganzen Familie am Esstisch zusammen als noch in naher Vergangenheit. Wann haben Sie zuletzt jemanden zu sich zum Essen eingeladen? Einer aktuellen Studie zufolge laden 78 Prozent aller Briten fast überhaupt keine Freunde mehr zum Essen ein. Nach dem Grund gefragt, erklären viele Menschen, dass es ihnen in ihrem hektischen Alltag zu viel Aufwand sei. Tatsächlich ist die durchschnittliche Zeit, die wir für das Zubereiten einer Mahlzeit aufwenden, von circa einer Stunde im Jahr 1960 auf 34 Minuten gesunken. Unterm Strich isst inzwischen jeder Dritte die gesamte Woche über ohne Gesellschaft.

WAS IST SCHLIMM DARAN, ALLEIN ZU ESSEN?

Allein essen ist in vielerlei Hinsicht schlecht für uns. Zum einen gewöhnen sich Menschen, die allein essen, ein allgemein schlechteres Essverhalten an. Bei Männern besteht zum Beispiel eine eindeutige

Korrelation zwischen Alleinleben und -essen und Fettleibigkeit beziehungsweise Untergewicht oder ungesundem Essverhalten mit zu wenig Obst und Gemüse. Kaum überraschend fühlen sich Menschen, die allein essen, auch oft einsamer. Ältere Menschen, die im Krankenhaus oder in Langzeitpflege sind, leiden oftmals unter Unterernährung, die noch gravierender wird, da sie meist ihre Mahlzeiten allein einnehmen müssen. Im Grunde würde alles, was die soziale Komponente des Essens fördert, den Ernährungszustand geschwächter Menschen verbessern. So haben Studien in den USA gezeigt, dass ältere Patienten im Krankenhaus deutlich mehr essen, wenn sie durch die Pfleger während der Mahlzeiten zu einem aktiven Austausch angeregt werden. Übrigens produziert, wer allein lebt und allein isst, auch mehr Lebensmittelabfälle. Einer Studie der britischen Regierung von 2013 zufolge werfen Alleinlebende 40 Prozent mehr Nahrungsmittel weg als Menschen, die mit anderen zusammenleben.

ABLENKUNG BEIM ESSEN

Dass uns die soziale Komponente des Essens immer mehr verloren geht, hat nicht nur damit zu tun, dass immer mehr Menschen aus irgendwelchen Gründen allein essen. Die Technologien spielen dabei ebenfalls eine Rolle. Wie oft sehen Sie zum Beispiel beim Abendessen fern? Und wie oft haben Sie Gabel, Löffel oder Stäbchen in der einen und das Smartphone in der anderen Hand? Selbst wenn wir körperlich anwesend sind und zusammen am Esstisch sitzen, sind wir allzu oft vom Fernsehen abgelenkt oder tippen auf unseren Handys herum. Glaubt man den Statistiken, sieht fast die Hälfte von uns beim Essen fern, viele sogar in getrennten Zimmern. Eine gewitzte Lösung gegen all diese technologisch verursachte Zerstreuung wurde 2013 in der brasilianischen Bar *Salve Jorge* entwickelt. Sie erfand das «Offline-Glas», ein Bierglas, dessen Sockel so eingeschnitten ist, dass es nur stehen kann, wenn der Gast sein Handy darunterlegt. Hier ging es darum, dass die Gäste durch den erzwungenen Verzicht auf ihre geliebte Technologie geselliger sind.

Sie haben sicher schon eines dieser unromantischen Paare gesehen, die zusammen essen, aber nicht miteinander sprechen, sondern auf ihre Handybildschirme starren. Gemeinsam einsam. Natürlich haben auch Menschen, die sich nicht von ihrer Taschentechnologie ablenken lassen, manchmal wenig Gesprächsstoff. Um Abhilfe zu schaffen, hat Paul Bocuse in seinem Restaurant auf dem Campus des Culinary Institute of America im Staate New York auf jedem Tisch einen Karton mit Karten platziert, auf denen gastronomische Fragen oder Witze stehen. Wie der Leiter des Instituts mir erklärte, habe man diese Spielchen eingeführt, um bei Paaren, die sich gerade nicht viel zu sagen haben, das Eis zu brechen. Die Karten sollten die Stimmung der Gäste heben und damit auch das Vergnügen an ihren Speisen erhöhen. Das ist ein weiteres Beispiel für einen geistigen Gaumenreiniger – ähnlich der eingangs erwähnten muhenden Kuh auf jedem Tisch.

Bei laufendem Fernseher zu essen ist eine der gefährlichsten Gewohnheiten für übermäßigen Konsum. Die Zahlen besagen, dass wir 15 Prozent mehr essen, wenn wir nebenbei fernsehen. Wobei nicht alle Sendungen gleich schlecht für unsere Gürtellinie sind. Es scheint eine Rolle zu spielen, wie fesselnd die Sendung ist und ob wir sie schon einmal gesehen haben. Zum Beispiel fanden Dick Stevenson und seine Kollegen in Australien heraus, dass Frauen, die ein und dieselbe Episode von «Friends» zum zweiten Mal sahen, deutlich mehr aßen als Frauen, die sich zwei verschiedene Folgen ansahen. Allgemein gesagt, je mehr essensbezogene Sinnesreize wir wahrnehmen, umso weniger essen wir. Umgekehrt besteht durch die Ablenkung durch das Fernsehen – was sicher auch für unsere Mobilgeräte gilt – die Gefahr, dass wir der Stimulation durch das Essen zu wenig Aufmerksamkeit schenken, weshalb wir mehr als nötig verzehren und zu spät bemerken, dass wir schon längst satt sind. Und es gibt noch weitere Gründe, den Fernseher beim Essen auszuschalten: «Die Mahlzeiten sind die Zeiten, zu denen die Kinder am meisten mit ihren Eltern reden. Vermeiden Sie also möglichst jede Ablenkung beim Essen. Schalten Sie Fernseher und Handys aus.»

ESSEN SIE GERN ALLEIN?

Einige Kollegen von mir, zugegeben vor allem Küchenchefs, sagen, dass sie manchmal gern allein essen. Warum? Weil sie dann dem Essen auf ihrem Teller mit all seinen Kombinationen von Aromen und texturalen Kontrasten ihre volle Aufmerksamkeit schenken können. Wenn sie einen gastronomischen Spitzenort besuchen, ist es also verständlich, dass sie sich durch keine gesellschaftliche Verpflichtung zur Konversation ablenken lassen möchten.

Für mich wie vermutlich für viele andere ist es indes ein ungleich größeres Vergnügen, gemeinsam mit anderen zu essen. Ich möchte beim Essen nicht allein sein, da können die Speisen noch so gut sein. Im Gegenteil, gutes Essen und guten Wein teilt man ja gerade besonders gern mit anderen. Und unsere Stimmung ist beim gemeinsamen Essen höchstwahrscheinlich auch besser. Ich bin davon überzeugt, dass uns die Speisen und Getränke zumindest in angenehmer Gesellschaft tatsächlich besser schmecken. Interessanterweise sind dramatische Stimmungsschwankungen mit größeren Änderungen in der Geschmacks- und Geruchswahrnehmung verbunden. Und auch unsere Lust auf Speisen und Getränke kann beeinflusst werden. Oder haben Sie schon mal ein köstliches Mahl genossen, während Sie sich mit Ihrem Partner stritten?

Die gemeinsame Mahlzeit ist ein universelles menschliches Phänomen, das sich anhand archäologischer Befunde über zwölftausend Jahre in die Vergangenheit zurückverfolgen lässt. Und es gibt für unsere Gemeinschaft – das englische Wort «companionship»

kommt übrigens aus dem Lateinischen *cum* (mit) und *panis* (Brot) –
keinen beredteren Ausdruck als das gemeinsame Mahl. Carolyn
Steel schreibt in ihrem Buch *Hungry City* (Die hungrige Stadt), dass
«wir darauf programmiert sind, uns den Menschen nahe zu fühlen, mit denen wir unser Essen teilen, und alle, die anders essen als
wir, als Fremde zu definieren».[4] Übrigens zitiert sie auch Oscar
Wildes großen Satz aus *Eine Frau ohne Bedeutung*: «Nach einem guten Essen ist man bereit, jedem zu verzeihen, selbst den eigenen
Verwandten.» Aktuelle Studien zeigen übrigens, dass ein gemeinsa-
mes Essen auch den gegenseitigen Umgang verbessern kann – was
ein neues Licht auf den Bereich Gastrodiplomatie wirft.

Mein Oxforder Kollege, der Psychologieprofessor Robin Dunbar,
sagt: «Durch das gemeinsame Essen wird das Endorphinsystem im
Gehirn angeregt, und Endorphine spielen beim Menschen eine
wichtige Rolle für die soziale Bindung. Indem wir uns Zeit nehmen, um gemeinsam zu essen, schaffen wir soziale Netzwerke, die
eine tief greifende Wirkung auf unsere körperliche und geistige
Gesundheit haben, auf unser Wohlergehen und Glück und sogar
darauf, wie sinnvoll wir unser Leben empfinden.»[5] Umso beunruhi-
gender sind vor diesem Hintergrund Statistiken, die besagen, dass
fast 70 Prozent aller Menschen noch nie mit ihren Nachbarn zusammen gegessen haben. Und nach der letzten gemeinsamen Mahlzeit
mit den eigenen Eltern befragt, mussten 20 Prozent gestehen, dass
diese über sechs Monate zurücklag.[6] Merken wir uns also: «Der
Tisch ist das eigentliche soziale Netzwerk.»[7]

Gastrophysikalische Studien zeigen, dass das Essen in Gesellschaft großen Einfluss auf die konsumierte Menge haben kann.
Ob wir mehr oder weniger essen, hängt davon ab, mit welchen Menschen wir zusammen sind und ob wir sie womöglich beeindrucken
möchten. Laborversuche und Studien in realistischer Umgebung
legen zunächst nahe, dass wir mehr essen, wenn wir in Gesellschaft
sind. Im Kreis der Familie oder unter Freunden nimmt die Menge
nochmals zu. Vor allem Männer, die in der Gruppe ins Restaurant

gehen, essen deutlich mehr. Zum Teil können diese Effekte durch die längere Dauer der Mahlzeit erklärt werden. Wenn wir aber unsere Mitspeisenden beeindrucken möchten oder nervös sind, essen wir oft weniger. Das ist auch der Fall, wenn die anderen mit dem Essen eher zögerlich sind. Bemerkenswerterweise ließen sich diese Effekte selbst bei Personen nachweisen, die seit vierundzwanzig Stunden nichts gegessen hatten.

Wenn Sie das nächste Mal ins Restaurant gehen, bedenken Sie bitte Folgendes: Das größte Problem beim Essen in Gesellschaft besteht in der geringeren Wahrscheinlichkeit, dass Sie als Erster bestellen. Die Gäste, die zuerst bestellen, genießen ihre Speisen und Getränke im Allgemeinen mehr als die anderen, denen noch eine Weile im Kopf herumspukt, ob sie nicht vielleicht doch etwas anderes hätten bestellen sollen. Darum schmeckt ihnen ihr Essen etwas weniger gut. Und da in gemischter Gesellschaft meist die Frauen zuerst bestellen, ist das Speisen im Restaurant für sie also noch ein kleines bisschen schöner als für Männer.

Um noch einmal auf das schweigende Speisen zu kommen. Was dieses Konzept meiner Ansicht nach langfristig zum Scheitern verurteilt, ist die Tatsache, dass die Mahlzeit eine fundamental gesellige Aktivität ist. Beim Essen im Dunkeln werden wir zwar auch eines Sinnes beraubt, aber der Hauptunterschied zum Schweigedinner ist, dass der soziale Aspekt eben nicht verloren geht. Im Gegenteil, die Gäste haben sogar noch mehr Gesprächsstoff, wenn das Licht ausgeht – zum Beispiel ihre Unsicherheit über das, was sie da gerade eigentlich genau essen.

CATERING FÜR EINZELESSER

Früher wirkten allein essende Menschen ein bisschen traurig, fast wie soziale Außenseiter. ‹Hat er denn keine Freunde?›, dachte man vielleicht. Aber dieses Stigma ist im Begriff, sich aufzulösen. Heute sitzen mehr Menschen als je zuvor allein im Restaurant – 2015 waren es doppelt so viele Gäste wie 2013. In Großbritannien nehmen Einzelreservierungen inzwischen überproportional zu. Aber womit beschäftigen sich all diese Einzelesser, während sie warten? In einer aktuellen Studie gaben 46 Prozent an, dass sie lesen, während 36 Prozent auf ihrem Handy herumspielen.[8]

Die neue Haltung zum Alleinessen bringt folgender Leserbrief an die BBC auf den Punkt, der sich auf einen Artikel zu diesem Thema bezieht: «Ich kann mich erinnern, dass ich noch vor wenigen Jahren die Vorstellung deprimierend fand, allein essen zu gehen. Traurige, einsame Menschen mussten das sein. Inzwischen gehe ich ziemlich oft allein aus und finde es manchmal sogar angenehmer, als in Gesellschaft zu sein. Für diese Entwicklung gibt es aus meiner Sicht einen entscheidenden Grund: die Erfindung des Smartphones. Wer allein isst, ist heutzutage mitnichten allein.»[9]

Manche halten Menschen, die allein essen gehen, sogar für besonders erfolgreiche, selbstbewusste Karrieretypen, die den wohlverdienten Lohn ihrer Arbeit ernten. Ein schönes Beispiel dafür ist der herrlich blasierte Gastronomiekritiker Jay Rayner: «Ich mache mir keine Gedanken, dass man mich für einen traurigen Scheißkerl halten könnte [...]. Wenn ich alleine esse, speise ich mit jemandem, den ich wirklich liebe.»[10]

Zu diesem Haltungswandel könnte auch beitragen, dass wir zunehmend alle Einzelheiten unserer Mahlzeit mit anderen Menschen teilen, indem wir Fotos auf Blogs oder in den sozialen Netzwerken posten. Dieser Trend scheint sich gerade zu etablieren. Er ist eng mit der grassierenden Verwendung mobiler Geräte verbunden, eine Beziehung, die, wie manche meinen, einer Liebesaffäre gleicht. Dann gibt es viele, die sich gern mit MP3-Player und geräuschabweisenden Over-Ear-Kopfhörern von der Außenwelt abschotten.

Zukunftsorientierte Gastronomen sehen in diesem gesellschaftlichen Wandel eine Geschäftsmöglichkeit, wie etwa Ivan Flowers, der Restaurantleiter des *Top of the Market* in San Diego. Die Geschäftsleitung hatte ihn engagiert, um die Zahl der Alleinesser zu steigern: «Das Lokal hatte zwar schon einen Barbereich vor der offenen Küche, der aber nicht gut ausgelastet war, weil sich die Küchenchefs zu wenig mit den Gästen beschäftigten.» Flowers fährt fort: «Wer jetzt in der Nähe der Küche sitzt und allein isst, bekommt eine echte ‹Show› geboten, mit Kochvorführungen, kostenloser Degustation und einem Gespräch mit den Küchenchefs.» Inzwischen gibt es sogar schon Zeitungen, die in ihren Restaurantkritiken Empfehlungen für Alleinspeisende geben.[11]

Das *Eenmaal*, ein Pop-up-Restaurant in Amsterdam, hat ausschließlich Tische für eine Person. Wer hätte gedacht, dass ein solches Lokal seit seiner Eröffnung ein volles Jahr fast ausgebucht sein würde? Kein Wunder, dass die Macher derzeit neue Filialen in London, Berlin, New York und Antwerpen planen. Marina van Goor, die das Konzept verantwortet, sagt: «Mir war aufgefallen, dass in der Öffentlichkeit kein Platz für Alleinsein vorgesehen ist, es sei denn, man geht irgendwohin.»[12] Ich vermute allerdings, dass die Umstellung auf Einzeltische eine Nische bleiben wird, da wir weiterhin das Esserlebnis in der Gemeinschaft höherschätzen. Trotzdem könnten die Gastronomen natürlich viel mehr tun, um ihr Angebot an unsere neuen Essgewohnheiten anzupassen.

TAPASISIERUNG

Während immer mehr Menschen allein essen, zeigt eine statistische Analyse der in Speisekarten verwendeten Begriffe, dass diese im Gegensatz dazu zunehmend mit Teilen zu tun haben. Immer häufiger sieht man dort Aufschnittplatten, Tapas, Mezze, allesamt Speisen, die man sich normalerweise mit anderen teilt. Sie sind zudem ungezwungener zu verzehren – ein weiterer aktueller Trend. In unserem Oxforder Spitzenpub, dem *Magdalen Arms*, stehen viele Gerichte für zwei, drei, vier oder sogar fünf Personen auf der Speisekarte.

Als Gastrophysiker würde ich dem Gastwirt raten, die Leute an runde Tische zu setzen, weil sie dadurch mehr das Gefühl haben, zusammenzugehören, während Gruppen an rechteckigen Tischen tendenziell zu vereinzeltem Verhalten neigen. Auf einmal ergibt es tatsächlich Sinn, dass in China Bankette an runden Tischen abgehalten werden. Und auch in der Geschichte gibt es Beispiele: Denken Sie an König Arthur und die Ritter der Tafelrunde! Restaurants setzen die Gäste vor allem an eckige Tische, um die Anzahl der Personen zu maximieren. Obwohl der runde Tisch sicher die demokratischste Lösung ist, darf er aber auch nicht zu groß sein, sonst wird das Gespräch mit den Gästen gegenüber schwierig.

Heutzutage bieten Gastronomen nicht nur Speisen zum Teilen an. Vielleicht waren Sie schon einmal in einem Restaurant mit großen langen Tischen. Das gehört zum Konzept von Restaurants wie dem *Wagamama* oder dem *Busaba Eathai,* zwei unglaublich erfolgreichen Lokalen des Topgastronomen Alan Yau, und auch die Kette *Le Pain Quotidien* macht etwas Ähnliches. Der Abstand zu Ihrem Tischnachbarn unterscheidet sich womöglich kaum von dem in anderen Restaurants, wo die Zweiertische dicht an dicht stehen. Dennoch glaube ich, dass das Gefühl eine andere Qualität hat, mit anderen Gästen an einem langen Tisch verbunden zu sein.

WIE MERKWÜRDIG IST EIGENTLICH AUSWÄRTS ESSEN?

Wenn Sie einmal genauer darüber nachdenken, kommt es Ihnen nicht komisch vor, in aller Öffentlichkeit und auf Tuchfühlung mit wildfremden Menschen zu essen? Wie sähe etwa ein Mensch aus einer anderen Zeit und Kultur die sozialen Aspekte des Restau-

Abb. 33 Aus der Performance «I Eat You Eat Me» (2001–2012).

rantbesuchs, wenn er in unsere westliche Welt des 21. Jahrhunderts versetzt würde? Vielleicht erginge es ihm ähnlich wie Antoine Rosny, einem peruanischen Reisenden, der Anfang des 19. Jahrhunderts – als das Phänomen Restaurant noch in den Kinderschuhen steckte – zum ersten Mal in Paris ein Lokal betrat. «Als ich in den Speisesaal kam, bemerkte ich zu meinem Erstaunen mehrere in einer Reihe aufgestellte Tische, weshalb ich dachte, wir würden auf eine größere Gruppe warten oder vielleicht an einer *table d'hôte* speisen. Wie überrascht war ich, als die Gäste eintraten, ohne einander zu grüßen, ja offenbar ohne einander zu kennen, dass sie Platz nahmen, ohne einander anzusehen, und getrennt aßen, ohne miteinander zu sprechen, ja sogar ohne einander anzubieten, von den Speisen zu nehmen.»[13]

Die indonesische Künstlerin Mella Jaarsma hat eine grandiose Performance entwickelt, in der sie untersucht, was das Teilen einer Mahlzeit bedeutet (siehe Abb. 33). Zwei bis sechs Zuschauer dürfen sich Lätzchen umhängen, mit denen ein schmales Brett als Tisch gehalten wird. Die Gäste bilden Paare, und jeder bestellt für den anderen und füttert ihn. In dieser intimen Performance wird das Teilen einer Mahlzeit wörtlich genommen. Der zwischen ihnen hängende Tisch verbindet die Performer zusätzlich für die Zeit der Aufführung, da sie gemeinsam für die Unterlage sorgen, von der sie essen. Ein Teilnehmer sagte dazu interessanterweise: «Als ich in Mella Jaarsmas Stück mitspielte, erlebte ich zum ersten Mal als Erwachsener, wie es ist, jemand anderen zu füttern und von ihm gefüttert zu werden. Ein Aspekt zog sich durch das gesamte Mahl: Im Akt des Fütterns und Gefüttertwerdens offenbart sich ein Machtverhältnis. Die Nähe zu jemandem, der über Macht verfügt, sorgt dafür, dass wir großzügiger werden. Man wünschte sich das öfter außerhalb der Kunst.»[14]

In dem Stück «Sharing Dinner» der niederländischen Künstlerin Marije Vogelzang, einer optisch betörenden Installation, sind die Gäste durch Stoff miteinander verbunden. Sie stecken Kopf und Arme durch die Schlitze eines weißen Tischtuchs, das von der Decke hängt (siehe Abb. 34). Die Künstlerin erklärt: «Ich habe einen Tisch mit einem weißen Tischtuch genommen, aber anstatt das Tuch auf dem Tisch auszubreiten, habe ich Schlitze hineingeschnitten und es aufgehängt, sodass die Teilnehmer mit dem Kopf im Raum und mit dem Körper außerhalb des Raumes sind. Alle Personen sind physisch miteinander verbunden. Wenn ich an einer Stelle am Stoff ziehe, spüren sie es an einer anderen. Und dadurch, dass die Kleider abgedeckt sind, entsteht ein Gefühl der Gleichheit. Anfangs habe ich befürchtet, die Teilnehmer könnten das Szenario ablehnen, vor allem weil sie sich vorher nicht kannten, aber der Wunsch, miteinander in Beziehung zu treten, wird durch die Installation nur noch größer. Es entsteht das Gefühl, gemeinsam an etwas teilzuhaben.»[15] Vogelzang arbeitete mit Essen, um die Menschen zum Teilen zu animieren. Sie servierte einer Person ein Stück Melone, das in zwei Teile geschnitten war. Gleichzeitig bekam die Person gegenüber einen Teller mit Schinken. Ganz natürlich be-

Abb. 34 «Sharing Dinner» der Essenskünstlerin Marije Vogelzang (Tokio, 2008).

gannen die Leute – die sich zumeist vorher nicht kannten –, ihr Essen zu teilen, um die klassische Kombination herzustellen.

DAS TELEMATISCHE ABENDESSEN

Selbst wer sich glücklich schätzen darf, eine Familie zu haben, mit der er zu Abend essen kann, muss doch auch manchmal außer Haus speisen, zum Beispiel auf Reisen. Forscher im Bereich Mensch-Computer-Interaktion haben darin ein zunehmendes Problem erkannt. Sie versuchten herauszufinden, inwiefern Technologien dazu beitragen könnten, Menschen zusammenzubringen, die weit voneinander entfernt sind, indem man sie gemeinsam virtuelle Mahlzeiten einnehmen lässt. Aus dieser Forschungsfrage entstand die Idee des «telematischen Abendessens», zusammen essen per Skype.

Für das technische Gelingen dieser Unternehmung sind einige Hürden zu überwinden. Was passiert zum Beispiel, wenn die digi-

talen Mitspeisenden unterschiedliche Speisen essen? Eine andere
wichtige Frage ist, wie sich eine solche virtuelle gemeinsame Mahlzeit möglichst verbindlich und intensiv gestalten lässt. Bei einem
Versuch eines telematischen Abendessens sagte ein Gast: «Ich hatte
nicht das Gefühl, dass ich mein Essen mit den anderen teile. Mir
kam es so vor, als säße ich im einen und sie in einem anderen
Raum. Von Gemeinsamkeit war keine Spur.»[16]

Ich kann mir vorstellen, dass eine solche technische Lösung unter extremen Umständen sinnvoll sein kann, wenn ich zum Beispiel auf einer Weltraummission zum Mars bin und gern einmal
Kontakt zu meiner Familie auf der Erde hätte. Ansonsten kann ich
mich für das Konzept des telematischen Abendessens wahrlich
nicht begeistern, selbst wenn es die perfekte Illusion erzeugte. Ich
würde eher auf eine andere technologische Innovation setzen: die
verschiedenen neu auf den Markt gekommenen Apps, in denen es
um das Teilen von Mahlzeiten geht. Wenn ich in einer fremden
Stadt bin, kann ich damit für eine geringe Gebühr einen dortigen
Einwohner besuchen und mit ihm essen. Die Apps haben die unter-
schiedlichsten Schwerpunkte; ich denke, es ist für jeden Geschmack
etwas dabei – falls nicht, wird es die entsprechende App mit Sicherheit in Kürze geben. Zum Beispiel hat die US-amerikanische App
«EatWith» etwas von einem Supper Club, während die britische
App «VizEat» die Möglichkeit bietet, durch das gemeinsame Essen
mit einer in der Stadt lebenden Person deren Kultur kennenzuler-
nen. Der Mitgründerin Camille Rumani zufolge verzeichnete diese
App, die im Juli 2014 auf den Markt kam, schon zwei Jahre später
über hundertsiebzigtausend Gastgeber in 115 Ländern.

Vielleicht sollten wir uns fragen, ob solche Apps unsere Essgewohnheiten auf Reisen auf ähnliche Weise revolutionieren werden, wie es Airbnb im Bereich der Übernachtungsmöglichkeiten
oder Uber im Bereich des Transports getan haben. Übrigens wurde
vor Kurzem in verschiedenen Städten der USA die App «UberEats»
auf den Markt gebracht, um «gutes Essen aus Hunderten von Re-

staurants genauso leicht zu bestellen wie ein Taxi». Laut der Markt-
informationsagentur Euromonitor International war 2015 «Peer-to-
Peer-Dining» der große neue Trend. Dabei geht es um die direkte
Interaktion zwischen Koch und Gast, ohne dass ein Restaurant
oder gar eine Restaurantkette involviert ist. Symptomatisch dafür
sind die inzwischen zahlreichen Chefköche, die nunmehr von zu
Hause aus kochen. Ich würde aber noch weiter gehen und, das
größte Marktpotenzial bei all jenen Menschen sehen, die gar nicht
verreisen, aber trotzdem niemanden haben, mit dem sie zusammen
essen können. Ein neues Start-up, das diese Menschen zusammen-
bringt, heißt «Tablecrowd». Es verbindet Essen und Netzwerken.
Dann gibt es noch «Tabl» in Südengland, das betreute Abendessen
organisiert. Gemeinsam mit anderen zu essen ist ein Grundbedürf-
nis des Menschen. Wenn Sie also merken, dass Ihr Magen knurrt,
laden Sie rasch jemanden zu sich ein. Die Wahrscheinlichkeit ist
groß, dass Sie einen angenehmeren Abend verbringen als allein.

8.

ESSEN IM FLUGZEUG

Im Jahr 2014 habe ich zum ersten Mal genauer darüber nachgedacht, was wir eigentlich auf Flugreisen essen und trinken. Es war auf einem Langstreckenflug. Der Akku meines Laptops hatte soeben den Geist aufgegeben, und als ich aufsah, schoben die Stewardessen gerade die Getränkewagen durch die Gänge. Da fiel es mir wie Schuppen von den Augen: Auf Flügen wird ständig Tomatensaft bestellt. Angesichts der zügig ausgeschenkten Getränke schätzte ich, dass mindestens jeder vierte Passagier einen Saft von dieser roten Frucht (oder diesem Gemüse) bestellte. Aber was genau ist das Besondere an der Tomate in der Luft? Und könnte die Erklärung dafür womöglich helfen, das Speisen- und Getränkeangebot im Flugzeug völlig neu auszurichten?

Zuerst muss ich allerdings überprüfen, ob meine Beobachtung überhaupt stimmt. Ja, tatsächlich, 27 Prozent aller im Flugzeug bestellten Getränke ist Tomatensaft. Mehr noch, ein beträchtlicher Anteil an Menschen, die auf Flügen regelmäßig Tomatensaft bestellen, käme nicht auf die Idee, wenn sie festen Boden unter den Füßen haben; bei einer Umfrage unter über tausend Passagieren waren das 23 Prozent der Befragten. Wie lässt sich dieses Phänomen erklären?

GUTE ALTE ZEITEN

Das Essen im Flugzeug war nicht immer schlecht. In den Anfangszeiten der gewerbsmäßigen Fliegerei machten die Fluggesellschaften viel Aufhebens für die wenigen Gäste, die den hohen Beförderungspreis bezahlen konnten. Ob Sie es glauben oder nicht, es

Abb. 35 Kulinarische Genüsse aus der goldenen Zeit des Fliegens!
Den Passagieren wird frischer norwegischer Hummer noch in der
Schale serviert. Und der Aperitif ist eisgekühlt.

herrschte ein regelrechter Wettbewerb, wer seine Fluggäste mit größeren Fleischbuffets, mehr Hummer, feinerem Rinderbraten und
anderen Köstlichkeiten lockte (siehe Abb. 35). Das mag den großen
Erfolg des Pop-up-Restaurants *Flight BA2012* in Shoreditch im
Osten Londons erklären. Die Hipster von Hoxton konnten sich
dort mit einem Drei-Gänge-Menü verwöhnen lassen, inspiriert von

Abb. 36 Eine beeindruckende französische Speisekarte auf einem Flug von Kopenhagen nach Singapur mit Zwischenstopp in Bangkok aus den Fünfzigerjahren.

dem British-Airways-Menü für die erste Klasse aus dem Jahre 1948. Schwer vorstellbar, dass heute im Flugzeug servierte Speisen einen ähnlichen Hype auslösen könnten (siehe Abb. 36).

Mit der Einführung der Economyclass 1952 änderte sich alles, da die extrem steigende Passagierzahl eine deutliche Kostenersparnis ermöglichte. Die Internationale Luftverkehrs-Vereinigung IATA tat das Ihre, indem sie Regeln einführte, welche Speisen überhaupt auf Flügen angeboten werden durften, speziell auch in der Economyclass. Scandinavian Airlines musste einmal sogar eine Strafe von $ 20 000 bezahlen, weil sie ihren Gästen auf Transatlantikflügen ein allzu schmackhaftes Brötchen serviert hatte, worauf der Wettbewerber Pan Am einen Rechtsstreit anzettelte. Heute wird zweifellos für das Speisenangebot auf Flügen immer weniger Geld ausgegeben – sofern überhaupt noch etwas angeboten wird.

Es gab Zeiten, da das Essen neben dem Blick über die Wolken so ziemlich die einzige Ablenkung war, um die Fluggäste nicht allzu sehr über einen Ausfall der nicht sonderlich zuverlässigen Motoren grübeln zu lassen. Daher war die Qualität der Speisen außerordentlich wichtig. Heute ist das grundlegend anders. Zum einen ist das Reisen mit dem Flugzeug zum Glück sicherer denn je. Zum anderen stehen uns per Knopfdruck die vielfältigsten Unterhaltungsmöglichkeiten zur Verfügung.

Zugegeben, die Atmosphäre in der engen Kabine in 10 000 Metern Höhe ist einem gehobenen Dinner gewiss nicht zuträglich. Durch den niedrigen Luftdruck und die geringe Luftfeuchtigkeit verlieren die Speisen und Getränke etwa 30 Prozent ihres Geschmacks und Aromas. Es gibt aber Fluggesellschaften, die ihre Menüs unter diesen Bedingungen testen. So wurde zum Beispiel im Fraunhofer-Institut ein halber ausrangierter Airbus in eine Unterdruckkammer geschoben, um Speisen für den Verzehr hoch über den Wolken zu testen. Die meisten Fluggesellschaften haben sich indes für den einfachen Weg entschieden und erhöhen einfach die Menge an Zucker und Salz in ihren Speisen, um das Aroma zu verbessern.

Manche Fluggesellschaften lassen sich von einem Küchenchef beraten, um ihre Speisen zu verbessern. Einer der ersten war der Franzose Raymond Oliver, der von der Union de Transports Aériens engagiert wurde, dem Vorläufer der Air France. Sein Ratschlag hatte eine grundlegende Änderung des Essensangebots zur Folge, was bald zum Standard wurde. Die Gerichte mit Fisch oder Huhn, die Sie heute häufig in der Economyclass auf der Speisekarte finden, gehen unmittelbar auf seine Empfehlungen zurück. Zum Beispiel riet Oliver, Speisen zu servieren, die den Passagieren vertraut waren, nicht unbedingt einfache Hausmannskost, aber möglichst herzhafte, leicht zuzubereitende und einigermaßen schwer verdauliche Mahlzeiten, damit die Passagiere nicht schon vor der Landung wieder Hunger bekamen. Außerdem sollte das Essen beim Aufwärmen möglichst wenig von seinen Aromen verlieren. Und so lauteten seine Vorschläge Coq au Vin, Bœuf Bourguignon und Kalbfleisch in Rahmsoße – das war 1973. Diese Gerichte hatten zudem den Vorteil, dass das Fleisch, da es in Soße schwamm, beim Erhitzen während des Fluges nicht zu sehr austrocknete.

STEHT DER SPITZENKOCH AUF 10 000 METERN HÖHE NICHT AUF VERLORENEM POSTEN?

Heutzutage ist es keine Seltenheit mehr, dass Fluggesellschaften einen Chefkoch beauftragen, um ihr Speisenangebot zu verbessern. Manche arbeiten sogar fest mit einem Spitzenkoch zusammen, Qantas mit dem Australier Neil Perry, British Airways mit Heston Blumenthal, und United Airlines hat sich in seinen letzten Jahren von dem großartigen Charlie Trotter beraten lassen. Trotters heißester Tipp waren Rippchen in thailändischer Barbecuesoße – die Zugabe scharfer Gewürze und üppiger Soße ist ein gutes Rezept, um dem Essen im Himmel Aroma zu verleihen. Air France arbeitet inzwischen sogar mit derart vielen Spitzenköchen zusammen, dass man ein Rotationssystem einrichten musste.

Ich vermute aber, dass selbst die Gäste in den ersten Reihen keine Ahnung hätten, wer das Gericht kredenzt hat, in das sie gerade ihre Gabel spießen, würde nicht der Name auf der Speisekarte prangen. Nicht zuletzt fehlt mir noch der Beweis für die Behauptung, dass die Mitwirkung eines Spitzenkochs in einem der genannten Fälle zu einer größeren Zufriedenheit der Fluggäste geführt hat. Im Gegenteil, die Fluggesellschaften, die sich fachmännischen Rat holen, erscheinen auch nicht häufiger als früher in den jährlichen Top Ten der Himmelsgastronomie. Ganz gleich wie viele Michelin-Sterne der Koch haben mag, in luftiger Höhe schmecken die Speisen einfach nicht so gut wie in seinem Restaurant. Was hingegen Vielflieger in der Businessclass offenbar zu schätzen wissen, ist das veränderte Format: weg vom Einheitsmenü für alle hin zu mehr Flexibilität, bei der sie essen können, was sie möchten, und auch mehr oder weniger wann sie möchten – food on demand. Wie wir zur Genüge gesehen haben, hängt unser Urteil über Speisen und Getränke von Situation und Umgebung ab. Der Himmel macht da keine Ausnahme. Ein Hindernis für besseres Essen über den Wolken sind indes die langfristigen Cateringverträge vieler Fluggesellschaften. Das heißt, selbst wenn das Unternehmen oder ein engagierter Chefkoch gewillt sind, das gastronomische Angebot zu ändern, kann sich das in der Praxis als schwierig erweisen. Hinter den Kulissen haben aber auch Caterer innovative Köche an Bord geholt, um Rat aus erster Hand zu bekommen. Das grundlegende Problem ist aber, dass sich der Machtbereich der Chefköche auf Zutaten, Rezepte und Zubereitung beschränkt. Und wie wir wissen, kommen Sie mit einer Lösung, die sich ausschließlich mit dem Essen selbst befasst, nur bis zu einem bestimmten Punkt.

DIE KLEINE TOMATE UND DER FLUGZEUGLÄRM

Zurück zum Saft. Hat das Flugzeug einmal seine Flughöhe erreicht, sind die Ohren der Passagiere einem Hintergrundgeräusch von etwa achtzig bis fünfundachtzig Dezibel ausgesetzt, je nachdem wie nah sie an den Triebwerken sitzen – ein Getöse, das unsere Geschmacksfähigkeit stark einschränkt. Davon sind aber nicht alle Lebensmittel gleichermaßen betroffen. Das Besondere am Tomatensaft und an der Worcestersoße – beides Zutaten einer guten Bloody Mary – ist umami, der proteinartige Geschmack, der in seiner reinen Form als Mononatriumglutamat vorkommt. Während er in der ostasiatischen Küche schon seit Langem sehr beliebt ist, nicht zuletzt in Japan, woher das Wort wie gesagt kommt und «köstlich», «schmackhaft», «lecker» bedeutet, interessieren sich inzwischen auch viele Chefköche aus anderen Teilen der Welt dafür. Im Westen gern verwendete Lebensmittel mit einem hohen Gehalt an umami sind zum Beispiel Parmesan, Champignons, Sardellen und – Tomaten. Vielleicht ist das ja des Rätsels Lösung, weshalb so viele Fluggäste Tomatensaft bestellen.

Forscher der Cornell University haben 2015 die Wirkung lauter Fluggeräusche auf die Wahrnehmung von umami untersucht. Die Teilnehmer der Studie mussten im Labor die Geschmacksintensität verschiedener klarer Getränke bewerten, die jeweils eine der fünf Grundgeschmacksrichtungen in drei unterschiedlichen Stimuluskonzentrationen enthielten. Jede Lösung wurde einmal in völliger Stille und einmal mit Flugzeuggeräusch von realistischer Dezibelzahl probiert. Interessanterweise nahmen die Teilnehmer mit dem Hintergrundlärm die «Umami»-Lösung als deutlich stärker wahr. Umgekehrt wurde Süße unterdrückt, während die Bewertung der salzigen, sauren und bitteren Lösungen unverändert blieb. Ein Testergebnis, das die Entscheidung von British Airways 2013, für seine Flüge ein auf der Geschmacksrichtung umami basierendes Menü zu entwickeln, im Nachhinein bestätigt.

Aber warum wirken sich laute Geräusche auf bestimmte Geschmacksrichtungen aus und auf andere nicht? Eine verblüffende Theorie dazu besagt, dass unsere Reaktion auf die Geschmacksrichtungen von unserem Stressniveau abhängt, und offenbar sind viele Menschen während eines Fluges angespannter als auf der Erde, vor allem bei Turbulenzen. In einer älteren Studie, in der durch laute Geräusche Stress ausgelöst wurde, empfanden die Teilnehmer süße Lösungen als deutlich angenehmer; bei salzigen Lösungen trat der Effekt nicht auf. Eine mögliche Erklärung für dieses überraschende Ergebnis war, dass die durch die Süße suggerierte Energie unserem Organismus offenbar hilft, mit einer schwierigen Situation zurechtzukommen. Mutmaßlich könnte man damit auch die höhere Geschmacksintensität von umami bei lauten Geräuschen erklären. Umami ist wie Süße ein nahrhafter Geschmacksträger, der signalisiert, dass in dem Essen viele Proteine enthalten sind. Welche Erklärung sich auch als richtig erweisen wird, fest steht, dass laute Geräusche im Allgemeinen süßen und zuweilen salzigen Geschmack unterdrücken und den Geschmack von umami hervorheben.

Was passiert nun, wenn Sie den Probanden statt in Wasser aufgelöster Geschmacksträger richtiges Essen vorsetzen? Spielen Sie lautes Rauschen ab, zum Beispiel von einem Radio, bei dem kein Sender eingestellt ist, werden sowohl Süße als auch Salzigkeit verschiedener Snacks wie Kartoffelchips, Keksen oder Käse nicht mehr wahrgenommen. Die Wahrnehmung der Knusprigkeit verstärkt sich bei diesem Hintergrundgeräusch aber überraschenderweise. Vielleicht sollten die Fluggesellschaften also ihre Speisen knuspriger machen und auch die anderen texturalen Attribute wie knackig oder kross steigern, die bei Lärm stärker wahrgenommen werden. Das hätte den positiven Nebeneffekt, dass die Speisen als frischer und schmackhafter empfunden werden. Eine Schale mit frischem Obst, wie sie manche Fluggesellschaften in der Businessclass anbieten, ist eine gute Idee. Und den Salat mit Sesam zu bestreuen, um ihn knackiger zu machen, ist allemal preisgünstiger, als einen Spitzenkoch zu engagieren.

So verwunderlich es klingen mag, die einfachste Möglichkeit, den Geschmack der Speisen und Getränke im Flugzeug zu verbessern, wären geräuschunterdrückende Kopfhörer. Doch mit dem Wissen um die Probleme durch Hintergrundgeräusche stellt sich die nächste Frage: Welche Geräusche sind dem Geschmack unserer Speisen zuträglich?

SCHALLENDE WÜRZE

Ende 2014 führte British Airways auf seinen Langstreckenflügen das Menü «Sound Bites» ein. Nachdem der Fluggast sein Gericht ausgewählt hat, kann er sich in dem in den Rücksitz vor ihm integrierten Entertainmentsystem Songs aus einer sorgsam zusammengestellten Playlist aussuchen, die den Geschmack des Essens unterstützen sollen. Bei der Auswahl wurden übrigens auch Forschungsergebnisse aus meinem Labor berücksichtigt. Manche Tracks unterstreichen die Authentizität beziehungsweise Ethnizität der Gerichte. Studien zufolge ist das durch das Abspielen entsprechender Musik – oder einen anderen passenden Sinnesreiz – möglich; der Passagier bringt die Musik mit der Region in Verbindung, die er mit dem Essen assoziiert.

Frühe empirische Belege dafür, dass dem Essen durch Musik mehr Würze verliehen werden kann, stammen aus meinen Studien in der Forschungsküche der *Fat Duck* in Bray. Zusammen mit den damaligen Forschungsleitern Steffan Kosser und Jockie Petrie konnte ich zeigen, dass Klanglandschaften mit vielen hohen, klingelnden Tönen die Süße eines zartbitteren Cinder Toffee verstärken, während tiefe Töne die Bitterkeit hervorheben. Zugegeben, der Effekt ist gering (5 bis 10 Prozent), aber doch groß genug, um uns den Flug zumindest ein wenig zu versüßen. Warum lassen Sie auf Ihrer nächsten Flugreise also nicht einfach das Zuckerpäckchen ungeöffnet und hören stattdessen einen kalorienfreien süßlichen Popsong zu Ihrem Dessert?

Ich hoffe, Sie werden meinem Rat folgen und sich Kopfhörer mit aktiver Geräuschunterdrückung besorgen. Und Sie wählen auch die passende Musik aus, um Ihre nächsten Himmelsspeisen zu begleiten und schmackhafter zu machen. Sofern das Essen die Mühe lohnt, möchte ich Ihnen noch den einfachen Tipp geben, den Film anzuhalten, den Sie gerade schauen. Sie werden sehen, dass Ihnen die Speisen dann noch ein wenig besser munden und Sie außerdem schneller satt sind.

GESCHMACK UNTER DRUCK

Neben dem Hintergrundgeräusch stellt uns der geringere Luftdruck im Flugzeug vor Schwierigkeiten. Heutzutage entspricht der Druck in den Kabinen etwa einer Höhe von zweitausend Metern. Unter den Bedingungen fällt es uns schwerer als am Boden, süß, sauer, salzig oder bitter zu erkennen. Kein Wunder, dass Flugzeugessen fad schmeckt. Das Grundproblem ist, dass die Anzahl der flüchtigen aromatischen Moleküle in der Luft mit sinkendem Kabinendruck abnimmt. Das verhindert die Wahrnehmung von Aromen. Eine innovative Lösung sind die Besser-Atmen-Nasenstrips, die ursprünglich für Sportler entwickelt wurden. Sie kleben sich das Pflaster auf die Nase, um die Luftzufuhr und damit auch ihre körperliche Leistung zu verbessern. Der Luftstrom in der Nase kann durch das Pflaster um bis zu 25 Prozent erhöht werden. Versuche im Flugzeug stehen noch aus, aber die bislang am Boden durchgeführten Studien sind nicht gerade ermutigend.

Eine andere Empfehlung zur Verbesserung des Geschmacksempfindens bei niedrigem Luftdruck gibt Professor Barry Smith von der University of London, Philosoph und Weinkritiker. Ihm war aufgefallen, dass Weine aus hoch liegenden Anbaugebieten, zum Beispiel der New World Malbec aus Argentinien, in Flugzeugen besser bewertet werden, als man nach Geschmacksproben am Boden vermutet hätte. Die Frage ist, warum? Er vertritt die These, dass die atmosphärischen Bedingungen an dem Hang, an dem viele dieser Weine produziert, das heißt verschnitten werden, denen der Flugzeugkabine näher sind als die bei anderen Weinen. Zum Beispiel wachsen die Trauben von Nicolás Catena Zapata auf ungefähr tausendsiebenhundert Metern Höhe. Insofern ist es vielleicht gar nicht so überraschend, dass seine Weine in der Höhe besser schmecken. Denken Sie also daran, wenn Sie das nächste Mal im Flugzeug Wein bestellen. Ich möchte Ihnen noch eine andere Empfehlung von Professor Smith ans Herz legen. Wählen Sie einen möglichst fruchtigen Wein und vermeiden Sie all jene Crus mit klangvollem Namen, die viele Tannine haben, da sie in der Höhe im Abgang bitter schmecken.

Das Kabinenklima bringt noch ein weiteres Problem mit sich. Die Luftfeuchtigkeit ist im Flugzeug deutlich niedriger als am Boden. Sie liegt unter 20 Prozent. Die Betuchten unter uns dürfen sich freuen, die Luftfeuchtigkeit im vorderen Teil des Blechvogels ist immerhin ein bisschen höher. Das Problem bei niedriger Luftfeuchtigkeit besteht darin, dass unsere Geschmackswahrnehmung beeinträchtigt wird, weil die Nase austrocknet und dadurch für die flüchtigen Geruchsmoleküle unempfänglich wird.

EINFACHE SERVICETIPPS

Wenn wir im Flugzeug einen uns unbekannten Wein probieren, können wir uns nur schwer auf den Geschmack konzentrieren und das Gefäß, in dem er gereicht wird, ignorieren. Ich vermute, auch Sie waren schon einmal von einem durchaus guten Wein enttäuscht, nachdem er Ihnen in einem dünnen Plastikbecher serviert wurde. Das Getränk mag noch so qualitätsvoll sein, der billige Becher verleidet uns das Vergnügen. Was wir intuitiv schon wussten, bestätigt die Forschung: Getränke schmecken besser, wenn wir sie aus einem passenden Gefäß trinken. Überlegen Sie, würden Sie Kaffee gern aus einem Weinglas trinken? Natürlich nicht. Deshalb empfehle ich allen, die ein Getränk genießen möchten, niemals Plastik zu verwenden, sondern ausschließlich Glas. Das Gewicht des Gefäßes spielt für das Geschmackserleben eine große Rolle, ob auf der Erde oder in der Luft.

In den Tagen des Überschallflugs zählte mehr noch als ohnehin bei Flügen jedes einzelne Gramm. Daher engagierte Concorde Designer, um ein extraleichtes Besteck zu entwickeln; Plastik, ein unzweifelhaft sehr leichtes Material, kam aus verständlichen Gründen nicht infrage. Es entstand eine wunderschöne Kreation aus Titan von exquisiter Optik und leichter als jedes bis dato bekannte Metall. Das Problem war nur, dass es den Testessern nicht gefiel. Als sie es ausprobierten, war es ihnen schlicht und einfach zu leicht. Und so verschwand diese wunderbare Lösung wieder in der Schublade.

Abschließend möchte ich erwähnen, dass sich eine innovative Fluggesellschaft vor kurzem noch einmal Gedanken über die Materialeigenschaften ihres Bestecks gemacht hat. Der Grund? Das Material der Gabeln und Löffel, also jener Teile, die wir in den Mund nehmen, hat Auswirkungen auf den Geschmack des Essens. Wir haben vor Jahren mit dem Londoner Institute of Making entsprechende Studien durchgeführt. Dabei stellte sich heraus, dass die Probanden einen handelsüblichen Joghurt, versehen mit einer Prise Salz, als salziger empfinden, wenn sie ihn mit einem Löffel aus Edelstahl statt einem verzinkten oder verkupferten Löffel essen. Das wirft die Frage auf, ob das Essen im Flugzeug durch einen Wechsel des Besteckmaterials schmackhafter werden könnte, denn wie gesagt werden durch die lauten Fluggeräusche vor allem die Geschmacksrichtungen süß und salzig unterdrückt. Allerdings können zwar bestimmte Metalle den salzigen, bitteren oder sauren Geschmack einer Speise hervorheben, hingegen nicht die Süße – abgesehen von Blei, das aber dummerweise giftig ist.

DER AUFHALTSAME AUFSTIEG DER
MULTISENSORISCHEN GESTALTUNG

Wie werden die Himmelsspeisen der Zukunft aussehen? Wenn ich
meinen Quellen trauen kann, darf ich Ihnen eine gute Nachricht
verkünden: Eine der großen Fluggesellschaften plant ein neues
Speisen- und Getränkeangebot, das uns womöglich alles, was wir in
den letzten Jahren erleiden mussten, vergessen machen wird. Und
hat erst mal ein Unternehmen damit angefangen, werden andere
nachziehen. Insofern bin ich guter Hoffnung, dass wir bald wieder
wie in den Anfängen der Fliegerei speisen werden, als die gerade
flügge gewordenen Fluggesellschaften bei ihrem Speisenangebot
noch in hartem Konkurrenzkampf standen.

Gestatten Sie mir, Ihnen einmal nachzuzeichnen, wie Flugreisen
Ende der Sechzigerjahre ausgesehen haben. Damals begann Trans
World Airlines gerade mit Themenflügen zwischen größeren Städten in den USA, die «foreign accent» hießen, «fremdländischer
Akzent». Dazu sagte Alvin Toffler, ehemaliger Redakteur der Zeit-
schrift *Fortune* und Autor des Bestsellers *Der Zukunftsschock*: «Die
Passagiere von TWA können sich jetzt ein Flugzeug aussuchen, in
dem alles französisch ist, das Essen, die Musik, die Zeitschriften,
die Filme und die Kleidung der Stewardessen. Oder sie nehmen
einen ‹römischen› Flug, auf dem die Mädchen Toga tragen. Oder
sie entscheiden sich für den ‹Manhattan Penthouse›-Flug» – langsam gerät meine Fantasie in Wallung – «oder aber für den ‹Olde
English›-Flug, auf dem die Damen ‹Maid› heißen und das Dekor
an einen englischen Pub erinnert.» Weiter heißt es: «TWA verkauft
uns also nicht mehr nur einen Flug, sondern ein sorgsam geschnür-
tes, psychologisch werthaltiges Paket. Ich denke, wir können uns
darauf einstellen, dass die Fluggesellschaften bald auch Licht und
Multimediaprojektionen einsetzen werden, um für die Fluggäste
eine Gesamtatmosphäre, allerdings temporär, zu schaffen, die büh-

nenreif zu nennen nicht übertrieben wäre.» Und TWA war damit beileibe nicht allein. Anfang der Siebzigerjahre gab es für kurze Zeit in einigen Boeings 747 von American Airlines eine Piano Lounge mit einem funktionstüchtigen Wurlitzer-Piano. Und die British Overseas Airways Corporation, der Vorgänger von British Airways, wollte ihre noch unverheirateten männlichen Passagiere mit einem «wissenschaftlich fundierten» Blind Date beglücken, das sie nach der Landung in London erwartete. Dass dieses Format bald wieder kassiert wurde, als aus dem Parlament Kritik an den «Beautiful Singles of London» der staatlichen Fluglinie kam, überrascht eigentlich nicht. Allzu hochfliegende Pläne verträgt die multisensorische Gestaltung eben doch nicht.

9.

DAS DENKWÜRDIGE MAHL

Machen Sie mir bitte einmal den Mund wässrig – was war Ihr bisher bestes Essen? Woran können Sie sich genau erinnern? An die einzelnen Speisen? An die Gesellschaft? Und vielleicht noch interessanter: Was fällt Ihnen ein, was Sie vergessen haben? Sollte das alles zu schwierig sein, können Sie auch an ein Abendessen aktuelleren Datums denken, zum Beispiel an Ihren letzten Restaurantbesuch, und versuchen dieselben Fragen zu beantworten. Ich vermute, dass Sie noch wissen, wo Sie waren und mit wem Sie dort waren, aber dass die Einzelheiten der Mahlzeit, die Aromen und Teile der Speisen, in der Erinnerung verblasst sind – es sei denn, Sie gehen immer in wenige Lieblingsrestaurants, wo Sie immer dieselben Gerichte bestellen.

Eine Mahlzeit kann noch so gut oder schlecht sein, sie hält immer nur wenige Stunden vor. Die mittelmäßigen vergessen wir einfach, während sich uns die großartigen Momente hoffentlich ins Gedächtnis einbrennen und uns Vergnügen bereiten, wann immer wir an sie denken. Leider bleiben uns aber die richtig missglückten ähnlich oft im Sinn.

Im Gedächtnis speichern wir ab, wie groß unser Vergnügen an einer Mahlzeit gewesen ist. Das kann Tage, Wochen oder sogar Jahre nachhallen. Aus der Perspektive des Restaurantbesitzers ist das ein entscheidender Faktor für die Frage, ob wir wiederkommen. Auch im Supermarkt spielt unser Aromagedächtnis eine wichtige Rolle, wenn wir vor einem Regal überlegen, ob wir bei einer Marke bleiben oder zu einer anderen wechseln sollen. Oft hängt die Entscheidung von unserer Erinnerung an den Geschmack des Produktes ab und davon, was uns durch den Kopf ging, als wir es das letzte Mal konsumiert haben.

DAS ESSENSGEDÄCHTNIS

Vereinfacht gesagt könnte unsere Erinnerung an eine Mahlzeit im Grunde nur eine abgeschwächte Version des ursprünglichen Erlebnisses sein – «abzüglich Schärfe und Biss», wie William James, einer der Väter der Experimentalpsychologie (und Bruder des Schriftstellers Henry James), es einmal kurz und prägnant beschrieb. Aber der Gastrophysiker weiß natürlich sehr genau, dass uns unser Gehirn gern Streiche spielt. Wir vergessen nicht nur Ereignisse, die wir erst vor Kurzem intensiv erlebt haben, sondern wir erinnern uns auch falsch und erfinden Dinge hinzu. Häufiger, als Sie vielleicht denken, erinnern wir uns an Begebenheiten, die gar nicht stattgefunden haben, oder zumindest nicht so, wie wir sie erinnern. Bei Mahlzeiten, seien es gute oder schlechte, ist das nicht anders.

Jedes Detail eines Erlebnisses, zum Beispiel einer Mahlzeit, im Gedächtnis zu behalten, überfordert unser Gehirn. Deshalb verwendet es kognitive Kürzel. So merken wir uns vor allem Höhe- und Tiefpunkte, Anfang und Ende einer Mahlzeit. Letzteres nennt man auch «Primär- und Rezenzeffekte». Durch die Komprimierung der Erinnerung vergessen wir wiederum leicht, wie lange ein Ereignis, in dessen Verlauf sich nur wenig veränderte, gedauert hat. Dieses Phänomen wird in der Fachliteratur «Vernachlässigung der Dauer» genannt und wurde auch bei Mahlzeiten beobachtet. Solche mentalen Entscheidungsregeln helfen uns, das Entscheidende zu behalten, ohne uns an jedes kleinste Detail unseres Lebens erinnern zu müssen. Welche Elemente einer Mahlzeit nun aber im Gedächtnis haften bleiben – das Ende, der Höhepunkt oder anderes –, scheint von der jeweiligen Situation abzuhängen.

Meiner Ansicht nach ist das Wissen über derlei Gedächtnisstreiche unabdingbar, wenn wir wollen, dass die von uns servierten Speisen und Getränke unseren Gästen in Erinnerung bleiben. Behalten

wir das also im Hinterkopf und wenden uns den «Erlebnisinge-
nieuren» zu, Forschern, die sich mit der Frage befassen, was uns aus
welchen Gründen im Gedächtnis haften bleibt. Als Gastrophysiker möchte ich vor allem wissen, wie sich erreichen lässt, dass sich
die Gäste hauptsächlich an das Gute erinnern. Erinnern Sie sich
noch an das Limonengelee vom Anfang des Buchs? Byron Brown,
Küchenchef aus Washington, schuf 2011 sogar ein speziell insze-
niertes Abendessen mit dem Ziel, dass der Abend den Gästen möglichst lebendig in Erinnerung bleiben soll.

Was erwarten wir von den besten Essens- und Getränkeentwick-
lern (ich denke hier an die herausragenden Spitzenköche, Molekularbarkeeper und Essenskünstler)? Der gesunde Menschenverstand
würde sagen, wir erwarten von ihnen das ultimative Geschmackserlebnis. Viel entscheidender aber ist die Schaffung möglichst star-
ker Erinnerungen. Darauf sollte man sich konzentrieren. Und solange der Koch diese Tatsache – dass sich unsere Wahrnehmung der
Speisen und Getränke während des Konsums und unsere Erinnerung daran sowohl qualitativ als auch quantitativ unterscheiden –
nicht verinnerlicht hat, wird ihm das ultimative Mahl nicht gelingen. Natürlich hängen die Mahlzeit und unsere Erinnerung daran
zusammen, aber sie unterscheiden sich auf eine systematische Weise,
und das genau machen sich der Gastrophysiker und der Erlebnis-
ingenieur zunutze.

Ein Küchenchef, mit dem ich eng zusammenarbeite, hat dazu ein
psychologisch ausgetüfteltes Experiment durchgeführt. Er wollte
wissen, an welche Aspekte seiner grandiosen Gerichte seine Gäste
sich erinnern. Deshalb schickte er ihnen einige Wochen nach dem
Besuch in seinem Restaurant per E-Mail einen Fragebogen. Die Antworten waren schockierend. Die Gäste, die so freundlich waren zu
antworten, konnten sich zwar noch erinnern, einen schönen Abend
genossen zu haben, was sie aber genau gegessen hatten, war nur
noch ein Schatten in ihrem Gedächtnis. Den größten Eindruck hatten ironischerweise die Erlebnisse gemacht, in denen etwas Beson-

deres geschah, etwa als die Kellnerin am Tisch ein Aroma über ihre Speisen versprühte. Mit anderen Worten, sie konnten sich an die inszenierten, überraschenden oder ungewöhnlichen Momente des Geschehens erinnern, nicht aber an den eigentlichen Geschmack des Essens. Dieser Gedächtnisschwund ist mitnichten als Zeichen für die Qualität der Küche zu verstehen. Die Gäste fanden die Gerichte köstlich – viele nannten sie sogar unvergesslich –, nur war eben die Erinnerung an die spezifischen Zutaten und das Zusammenspiel der Aromen wenig nachhaltig.

Warum, grübelte der Koch, steckte er so viel Mühe in die Kreation seiner Speisen, wenn sich seine Gäste gar nicht an das Menü erinnern konnten, geschweige denn an all die höchst ausgetüftelten Geschmackskombinationen? Ich sagte ihm, er solle nicht so hart mit sich ins Gericht gehen. Es gebe eine psychologische Erklärung für dieses Phänomen, die nichts mit seinen gastronomischen Fähigkeiten zu tun habe. Das Entscheidende sei, dass sich die Gäste an ihre Gefühle erinnern konnten: Der Besuch war für sie ein Vergnügen gewesen. Und was ist eigentlich so schlimm daran, wenn sie sich in ihren wilden Fantasien eine Mahlzeit zusammenfabulieren, die es so gar nicht gegeben hat? Sicher, es war irritierend, dass sich manche Gäste dennoch lebhaft an den Abend erinnerten, dass sie fast noch den Geschmack der Gerichte auf der Zunge zu spüren meinten. Höchstwahrscheinlich bildeten sie sich Speisen ein, die sie gar nicht gegessen hatten, zumindest nicht an diesem Tisch und an diesem Abend.

Es sei sinnlos, beruhigte ich den Koch, sich gegen die Irrungen und Wirrungen der Erinnerung auflehnen zu wollen. Produktiver sei es, sich anzusehen, auf welche Weisen genau unser Gedächtnis vergisst und unser Geist uns täuscht. Zumeist schenken wir unserem Essen nur wenig Aufmerksamkeit. Das Gehirn nimmt sozusagen eine Qualitätsprüfung für uns vor, dass mit den Speisen und Getränken alles in Ordnung ist und sie ungefähr so schmecken, wie wir es erwartet oder vorausgesagt hätten. Ist das erledigt, nutzen wir unsere kognitiven Ressourcen – was die Psychologen «Aufmerksamkeit» nennen – für andere, interessantere Dinge, etwa für die anderen Gäste am Tisch oder das Fernsehprogramm oder die eingegangene SMS. Das heißt, wir haben gar nicht mehr das Bedürfnis, uns auf das Essen zu konzentrieren. Und wenn die Aufmerksamkeit fehlt – das wissen die Psychologen nur zu gut –, erinnern wir uns kaum an etwas, und sei es nur wenige Augenblicke später, geschweige denn nach Wochen oder Monaten. Gefühle mögen auch noch das Ihre hinzutun.

Bei einem Experiment wurde das Aroma der Speisen während des Essens verändert, was den meisten Leuten nicht auffiel. Offenbar befinden wir uns beim Essen in einer Art «olfaktorischer Veränderungsblindheit». Interessanterweise versuchen sich die Lebensmittelunternehmen seit Jahren diese Tatsache zunutze zu machen – hoffentlich auch zu unserem Nutzen. Die besonders geschmackvollen, aber ungesunden Zutaten sollen in den ersten und eventuell letzten Bissen zum Zuge kommen, während ihre Konzentration im sonstigen Produkt reduziert wird, also dort, wo der Essende dem Geschmackserlebnis ohnehin nur wenig Aufmerksamkeit schenkt. Denken Sie zum Beispiel an ein Brot, bei dem der Großteil des Salzes in der Kruste steckt. Nach dem ersten köstlichen Bissen wird das Gehirn während des weiteren Genusses das Salz gedanklich nachreichen, sodass der folgende Bissen genauso schmeckt wie der erste. Ein Problem hätten dann diejenigen, die die harte Kruste abschneiden, um nur das weiche Innere zu essen. Das Prinzip funktioniert natürlich nur bei Lebensmitteln, die einen Anfang und ein Ende haben, zum Beispiel bei einer Tafel Schokolade, die die allermeisten Menschen ja auch nicht in der Mitte zu essen beginnen. Unilever besitzt in diesem Bereich inzwischen schon mehrere Patente.

Diese innovative Produktentwicklungsstrategie basiert zum einen auf dem Phänomen der Veränderungsblindheit und zum anderen auf der Annahme unseres Gehirns, dass ähnlich aussehende Dinge auch ähnlich schmecken. Die Verheißung hinter diesen neuesten gastrophysikalischen Erkenntnissen besteht darin, dass die Lebensmittel- und Getränkeindustrie im Wissen um die Streiche unseres Gehirns Produkte mit identischem Geschmack entwickelt, die weniger von jenen Zutaten enthalten, die wir alle dringend reduzieren sollten, Zucker, Salz und Fett.

WAHLBLINDHEIT

Würden Sie den Unterschied zwischen zwei verschiedenen Marmeladen mit ähnlicher Farbe und Textur schmecken? Oder zwischen zwei Teesorten mit unterschiedlichem Aroma? Die meisten Menschen sind sich sicher, dass sie das täten. Wir kaufen ja genau deshalb diese Marmelade oder trinken jenen Tee, weil wir das Aroma von anderen unterscheiden können. Gastrophysikalische Studien haben jedoch beunruhigende Einschränkungen unserer Wahrnehmungsfähigkeit aufgedeckt. Für das, was wir vor wenigen Augenblicken zu uns genommen haben, ist unsere Erinnerung – oder Aufmerksamkeit – zum Beispiel erschreckend schlecht.

In einem klassischen Experiment zu diesem Phänomen, das «Wahlblindheit» genannt wird, wurden etwa zweihundert Käufer in einem schwedischen Supermarkt gefragt, ob sie für einen Geschmackstest bereitstünden. Die Teilnehmer bekamen zwei verschiedene Marmeladen vorgesetzt, die sich in Farbe und Textur ähnelten, zum Beispiel Schwarze Johannisbeere und Heidelbeere. Nachdem der Proband sagte, welche Marmelade er vorziehe, sollte er sie noch einmal kosten und dabei erklären, warum er sich für sie entschieden habe und warum sie ihm besser schmecke als die andere. Die Testpersonen gaben bereitwillig Auskunft, weshalb sie diese Marmelade köstlich fanden, dass sie sie sich zum Beispiel sehr gut auf einem knackigen Toast vorstellen könnten und so weiter. Den meisten Teilnehmern entging aber, dass die Marmeladen vor der zweiten Kostprobe vertauscht worden waren. Damit das unbemerkt blieb, verwendete der Versuchsleiter Marmeladengläser mit unterschiedlichen Etiketten vorn und hinten. Die arglosen Kunden erklärten in schillernden Worten, warum sie die kurz zuvor noch abgelehnte Marmelade köstlich fanden. Dasselbe Phänomen war in einem Experiment mit Früchtetees zu beobachten. Weniger als ein Drittel der Kunden bemerkte, dass die Teesorten vertauscht worden waren. Und selbst wenn die Tees extrem unterschiedlich schmeckten, zum Beispiel Apfel-Zimt und Grapefruit oder einmal süße Mango und einmal beißender Anis, flog der Teetausch nur in der Hälfte der Fälle auf. Diese Experimente zeigen also, dass viele Probanden keine klare Erinnerung an das Aroma haben, das sie nur wenige Augenblicke zuvor gekostet haben.

So überraschend das Resultat erscheinen mag, passt es doch wunderbar zu den Ergebnissen von Blindverkostungen. Die Kunden sind überzeugt, dass sie aus mehreren Produkten, deren Etikett sie nicht sehen, hundertprozentig ihre Lieblingsmarke herausschmecken. Das Produkt, das sie gerade herausgegriffen haben, sei ganz sicher das richtige. Vermutlich vergleichen die Probanden dazu den Geschmack mit dem in ihrem Gedächtnis abgespeicherten Geschmack. Warum sollten sie sonst für ein Markenprodukt mehr Geld ausgeben als für ein billigeres, womöglich anonymes Produkt oder die Hausmarke der Supermarktkette? In den meisten Fällen greifen sie allerdings daneben; das ausgewählte Produkt ist nicht ihre Lieblingsmarke, die sie immer kaufen. Das liegt nicht daran, dass alle Produkte gleich schmecken; das tun sie meistens nicht. Nein, unser Aromagedächtnis ist einfach nicht so zuverlässig, wie wir glauben.

Aber das gilt sicher nicht für alle Produkte, oder? Viele meiner Kollegen meinen, dass das bei Wein völlig anders sei. Ich solle bloß nicht diesen Blindverkostungen von Wein trauen, wo selbst die größten Experten immer so schlecht abschneiden. Und ja, gerade bei Wein sind in Blindverkostungen erstaunliche Leistungen zu beobachten. So kann ein Wein bei einem Weinkenner irgendeine ferne Erinnerung wachrufen, an eine bestimmte Kelterei, wo er oder sie den Wein zum ersten Mal getrunken hat, an die anderen Gäste, ja sogar daran, welche Schuhe er oder sie damals trug. Das ist das Gegenteil einer überlegten, rationalen Bewertung der sensorischen Eigenschaften des Weins. Mittels einer solchen kann der Fachmann anhand eines sorgfältigen Ausschlussverfahrens bestimmen, aus welcher Gegend der Wein vermutlich kommt. Beide Szenarien sind beeindruckend. Aber nur im ersten Fall kann man von einem außergewöhnlichen sensorischen Aromagedächtnis sprechen. Anleitungen zu Blindverkostungen gerade bei Wein gehen allerdings meist nur auf die zweite Herangehensweise ein. Es steht also zu vermuten, dass die verblüffenden Meisterleistungen beim Wiedererkennen eines blind verkosteten Weins vor allem auf Schlussfolgerungen und kühlen Berechnungen basieren und weniger auf einem außerordentlichen Geschmacks- oder Aromagedächtnis.

SCHON MAL VON «HAFTREIBUNG» GEHÖRT?

«Im Kontext des Erlebnismanagements bezeichnet ‹Sticktion› (Haftreibung) eine begrenzte Anzahl besonderer Reize, die bemerkenswert genug sind, um registriert und für bestimmte Zeit erinnert zu werden, ohne dabei aggressiv zu sein. Die Sticktion ist aus dem Erlebnis hervorgehoben, ohne den Rest auszulöschen; gut gestaltet, ist sie denkwürdig und steht zugleich im Zusammenhang mit dem ‹Motiv› des Erlebnisses.»[1] Falls Sie sich dafür interessieren, wie Sie das Ess- und Trinkerlebnis Ihrer Kunden beziehungsweise Freunde steuern können, weiß ich was für Sie. Wir kennen verschiedene Strategien, damit solche Erlebnisse besser im Gedächtnis haften bleiben und positive Erinnerungen auslösen, welche dann ihrerseits hoffentlich dazu führen, dass Ihre Gäste wiederkommen und

Ihre Freunde denken, was für ein guter Koch Sie sind. Das wäre zum Beispiel ein unerwartetes Geschenk, ein Amuse-Gueule, also jener kleine Gruß aus der Küche, mit dem die Gäste nicht gerechnet und den sie vor allem nicht bestellt haben. Diese positive Überraschung wird ihnen wahrscheinlich noch lange nach dem Besuch im Gedächtnis bleiben.

Auch das mehrgängige Degustationsmenü bietet Möglichkeiten, Gästen denkwürdige Erlebnisse zu bieten, da der erste Bissen eines jeden Gerichts immer auch ein Moment der «aromatischen Entdeckung» ist. Eine große Platte mit ein und demselben Essen zu servieren, ist dagegen der blanke Wahnsinn, wenn Sie unvergessliche Momente schaffen wollen. Wie wir inzwischen wissen, erinnern wir uns vor allem an die ersten Bissen. Der Rest des Essens fällt dem Vergessen anheim, sobald die letzten Krümel vom Tisch gefegt sind.

Wer «köstliche Erinnerungen» auslösen möchte, sollte sich Gedanken über Primär- und Rezenzeffekte machen. Wenn ich Ihnen eine Auflistung vorläse, die Sie sich einprägen sollen, zum Beispiel Gerichte auf einer Speisekarte, würden Sie sich nachher vermutlich vor allem an die ersten und an das letzte Gericht erinnern. Die Gerichte in der Mitte müssen etwas mehr dafür tun, damit wir sie nicht vergessen. Insofern verwundert es nicht, dass viele Küchenchefs gerade bei den Vorspeisen – und natürlich dem Amuse-Gueule – brillieren. Vielleicht könnten hier die Erlebnisingenieure ansetzen. Wenn ich weiß, welche Speisen den Gästen am ehesten im Gedächtnis bleiben, ist es alle Zeit und Mühe wert, sich mit ihnen möglichst intensiv zu beschäftigen. In Zukunft sollte es dann auch möglich sein, das ideale Gleichgewicht zwischen der Anzahl an Gängen, die sich die Gäste vernünftigerweise merken können, und der maximalen Entfaltungsmöglichkeit für den Koch zu finden, der die ganze Palette seines Könnens zeigen möchte.

Brot illustriert wunderbar die möglichen Probleme, wenn man ein besonders denkwürdiges kulinarisches Erlebnis kreieren will.

In einer im Restaurant durchgeführten Studie konnte sich ein Drittel der befragten Gäste schon wenige Minuten danach nicht mehr erinnern, Brot gegessen zu haben. Wenn Sie großen Aufwand für Ihr Brot betreiben, sollte Ihnen das zu denken geben. Tatsächlich servieren etwa in New York viele Restaurants kein Brot mehr. Nun spricht dieses Phänomen interessanterweise gegen den Primäreffekt. Aber vielleicht gehört Brot für uns einfach nicht zur eigentlichen Mahlzeit, sondern bildet zusammen mit der Tischdecke und anderen Dingen gleichsam den Hintergrund zu den servierten Gerichten.

Bei der Untersuchung des Erinnerungsvermögens der Gäste von einfachen Restaurants fanden Erlebnisingenieure heraus, dass unsere Erinnerung selten ums Essen kreist. Ungleich wichtiger ist, wie lange es dauert, bis ein Kellner uns wahrnimmt. Wenn Sie wissen, woran sich Ihre Gäste hauptsächlich erinnern werden, können Sie Ihr Speisen- und Serviceangebot entsprechend verbessern. Sie sehen, Wissen ist tatsächlich Macht.

WISSEN SIE NOCH, WAS SIE BESTELLT HABEN?

Die spezifischen Aromen und Geschmacksrichtungen der Speisen mögen zwar schnell wieder aus unserem Gedächtnis verschwinden, aber erinnern wir uns nicht zumindest an unsere Lieblingsgerichte oder das Paradegericht eines bestimmten Restaurants? Bei mir ist das ein Italiener, bei dem ich am liebsten gebratene Fleckengalaxie und Cannelloni con Carne bestelle. Diese Gerichte sind mir immer im Gedächtnis. Und wenn ich Indisch essen gehe, nehme ich Hähnchen-Jalfrezi mit Pilau-Reis und Peshwari Naan.

The House of Wolf in Islington nördlich von London konnte genau so etwas nicht bieten. Das Geschäftsmodell bestand nämlich darin, Küchenchefs und Essenskünstlern eine zeitlich befristete Plattform von vier bis sechs Wochen zu bieten. Die engagierten

Köche waren ausnahmslos fantastisch – aber eben auch unterschiedlich. Wenn Sie sich also erinnern, dass die Küche bei Ihrem letzten Besuch sehr gut war, hilft Ihnen Ihre positive Erinnerung an bestimmte Gerichte wenig, da ja der Koch gewechselt hat. Zumindest in dieser Hinsicht gibt es also keinen Anreiz wiederzukommen. Die Management-Gurus sind sich in diesem Punkt einig: Jedes Restaurant, das Erfolg haben will, braucht ein paar Standardgerichte, deretwegen die Gäste wiederkommen, um sie ein weiteres Mal zu genießen. Vermutlich deswegen hat sich *The House of Wolf* wie viele andere Restaurants, deren Speisekarte permanent wechselt, nicht lange gehalten. Ich finde das bedauerlich, weil ich gern an meine Zeit dort als Professor in Residence zurückdenke. Das Gegenteil dazu sind Restaurantketten wie *L'Entrecôte*, deren Speisekarte mehr oder weniger festgeschrieben ist. Die Kunden kommen immer wieder, um das gleiche Essen noch einmal zu genießen.

WISSEN SIE NOCH, WAS SIE GEGESSEN HABEN?

Eine weitere Technik, mit der Sie Ihren Gästen ein denkwürdiges gastronomisches Erlebnis bescheren können, besteht darin, Geschichten über das Essen zu erzählen. Die *Fat Duck* ist dafür ein gutes Beispiel. Zur Eröffnung des Abends werden den Gästen eine Landkarte und ein Vergrößerungsglas mit Entenfüßen überreicht (siehe Abb. 37). Der Gedanke ist der, selbst wenn wir immer und immer wieder das Gleiche essen, begeben wir uns bei jedem Essen erneut auf eine Reise. Erzählen Sie Ihren Gästen eine Geschichte zu dem mehrgängigen Degustationsmenü, so vermittelt sich ihnen ein schlüssiges Bild und sie können sich die Speisen, die sie ansonsten womöglich als eine lose, vielleicht sogar eigenwillige Ansammlung von Gerichten aus den heiligen Hallen des Küchenchefs wahrnähmen, besser einprägen. Dank des Handlungsstrangs, des narrativen Rahmens, können die Gäste ihr kulinarisches Erlebnis

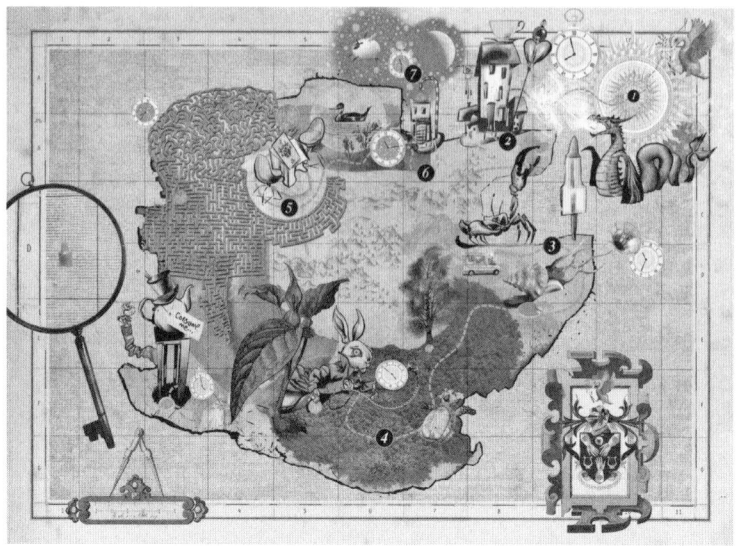

Abb. 37 Diese Karte dürfen die Gäste der *Fat Duck* mithilfe eines Vergrößerungsglases vor dem Essen inspizieren.

gliedern, wodurch es sich leichter verarbeiten und erinnern lässt. Der Abend als Ganzes kann dann auch besser im Gedächtnis gespeichert werden. Das wird immer wichtiger, da sich die traditionelle Struktur des Drei- oder Fünfgangmenüs auflöst.

Bei besonderen Ereignissen könnte man den Gästen auch eine Kopie der Speisekarte mit nach Hause geben. Meine Küchenwände hängen voll von eingerahmten Menüs, die mich an gastronomische Erlebnisse erinnern, angefangen mit dem Menü meines ersten Besuchs in Heston Blumenthals Restaurant in Bray. Obwohl der inzwischen fast fünfzehn Jahre her ist, beschwören die Beschreibungen der Gerichte, wenn ich sie lese, viele angenehme Erinnerungen herauf – nicht unbedingt an einzelne Aromen, sondern vor allem an die Speisen im Allgemeinen und daran, wie ich mir heute vorstelle, dass sie geschmeckt haben. Sicher ist, je ausführlicher die Beschreibungen, desto besser erinnern wir uns an die Gerichte.

Eine Erfahrung mit besonders großer Haftreibung war für mich, als einmal erst mitten am Abend die Speisekarte auf den Tisch gelegt wurde. Ich weiß noch wie heute, dass ich nach dem unscheinbaren Umschlag aus Pergamentpapier griff und hoffte, mich noch an alle bisherigen Gänge zu erinnern, die ich schon im Begriff war zu vergessen, und dass ich neugierig auf die noch kommenden Gänge war. Doch dann fuhr mir ein Schrecken durch die Glieder. Meine Fingerspitzen spürten etwas, das sich wie Haut anfühlte; der Umschlag war präpariert worden. Das hatte ich nun wirklich nicht erwartet. Und genau diese Überraschung gerierte einen bleibenden Moment, an den ich mich bis heute erinnere. Wie wir gesehen haben, zwingen uns vor allem die ungewöhnlichen oder überraschenden Ereignisse dazu, in dem, was wir gerade tun oder worauf wir uns konzentrieren, innezuhalten. Sie fesseln unsere Aufmerksamkeit. Und am intensivsten behalten wir jene Momente im Gedächtnis, in denen wir nicht wissen, was gerade geschieht, sondern es erst erkennen müssen. Solche Ereignisse – und Gerichte – erfordern vom Gehirn eine gründlichere Verarbeitung, um sie zu begreifen. Deshalb bleiben sie uns dann auch in Erinnerung. Die Psychologen nennen das «Verarbeitungstiefe»: Je tiefer die Verarbeitung, desto besser erinnern wir uns.

Eine letzte Empfehlung für die Schaffung denkwürdiger Mahlzeiten betrifft den End-Effekt. Denn bei allem, was wir erleben, erinnern wir uns besonders intensiv an das Ende. Essen bildet da keine Ausnahme. Entlassen Sie also Ihre Gäste am besten mit einem Knalleffekt nach Hause, damit sie sich besonders gut an das Essen erinnern. In einem einfachen Experiment zu diesem Effekt gaben Forscher achtzig Personen als Abschluss eines Mahls erst einen Haferkeks und dann einen Schokoladenkeks. Weitere achtzig Personen aßen die Kekse in der umgekehrten Reihenfolge. Als die Probanden eine halbe Stunde später befragt wurden, gefiel denen, die den Schokoladenkeks zuletzt gegessen hatten, das Essen insgesamt besser. Der End-Effekt könnte auch die Ursache dafür sein, weshalb

«All you can eat»-Mahlzeiten in der Erinnerung meist schnell verblassen. Das Ende besteht zumindest aus meiner Erfahrung – als Student, wie ich hastig hinzufügen muss – aus dem unangenehmen Gefühl, sich überfressen zu haben. Dagegen wird das italienische Restaurant, das uns nach dem Essen mit einem Limoncello überrascht, eine ungleich positivere Erinnerung in uns hinterlassen, da der Abend mit einem unerwarteten, stimmungsaufhellenden Geschenk abschließt. Also, überlegen Sie doch, mit welcher kleinen Überraschung Sie Ihre Gäste am Ende Ihrer nächsten Einladung verabschieden könnten!

ACHTSAMES ESSEN

Wenn Sie das nächste Mal vor dem Fernseher oder am Computer essen, denken Sie einmal genau darüber nach, was Sie da gerade tun. Alles, was unser Bewusstsein für das Essen steigert, führt zu einem größeren Vergnügen, einer besseren multisensorischen Stimulation und wahrscheinlich auch zu einer schnelleren Sättigung. Aber sorgt achtsames Essen und Trinken auch dafür, dass wir uns besser an die Speisen und Getränke erinnern? Intuitiv würden wir das sicher ebenso bejahen wie die Annahme, dass wir weniger essen. Nur gibt es noch keine ausreichenden gastrophysikalischen Studien, um genauere Aussagen darüber zu treffen. Immerhin schaffen die vielen Menschen, die ihr Essen fotografieren und in den sozialen Netzwerken posten, sozusagen ein externes Gedächtnis ihres gastronomischen Erlebnisses und ihrer Speisen – eine Gedächtnisstütze.

Auch wenn wir daheim ein Lieblingsgericht essen, stellt sich die Frage, woran wir uns erinnern. Vielleicht reicht ja unsere Erinnerung an ein Lebensmittel oder Getränk einer bestimmten Marke nur bis zu ihrem letzten Genuss zurück. Das öffnete dann den Herstellern Tür und Tor für ihre «Health-by-Stealth»-Strategie,

um ungesunde Zutaten wie Zucker oder Salz allmählich zu reduzieren, ohne dass die Kunden den Unterschied bemerken. Ein
Gastrophysiker würde noch hinzufügen, dass wir den Unterschied sehr wohl bemerken, allerdings nur, wenn wir auf die Veränderung auch hingewiesen werden, auf dem Etikett also «wenig
Fett» oder «reduzierter Salzgehalt» steht. Wir schenken dann
dem, was wir gerade verzehren, mehr Aufmerksamkeit – was nicht
unbedingt immer von Vorteil ist. Dem niederländischen Sinneswissenschaftler Ep Köster zufolge fokussiert sich unser Gedächtnis, zumindest was den Geruchs- und Geschmackssinn sowie das
Mundgefühl betrifft, vor allem auf Veränderungen und nicht auf
die präzise Wiedererkennung der Essensreize.

Was lernen wir daraus? Auf der einen Seite erkennen Leute in
Blindverkostungen ihre Lieblingsmarken nicht wieder, auf der
anderen beschweren sich Kunden lauthals, wenn ihre Lieblingsmarke das Produkt verändert. Wie soll ich mir darauf einen Reim
machen? Vielleicht könnte man sagen, eigentlich und grundsätzlich
sind wir geschmacksblind. Das heißt, wir spitzen nur die kulinarischen Ohren, wenn das Gehirn erkennt, dass etwas nicht so ist, wie
es sein sollte. Erst dann schenken wir dem Essen unsere Aufmerksamkeit. Möchten Sie also Ihrer Familie gesundes Essen näherbrin-
gen, wissen Sie, was zu tun ist: Sie müssen die Dinge möglichst un-
auffällig ändern, zum Beispiel nur ganz allmählich immer weniger
Salz verwenden. Und vor allem sagen Sie Ihren Liebsten nicht, was
Sie tun!

DAS VERGESSENE MAHL

Es wäre mir nicht recht, wenn Sie jetzt dächten, das «denkwürdige
Mahl» sei nur etwas für Freaks, die uns wie in *Total Recall* Erinnerungen ins Gehirn einpflanzen wollen. All diese Studien haben
auch einen wichtigen Aspekt für jene unglücklichen Menschen

offenbart, die ihr Erinnerungsvermögen eingebüßt haben, Menschen, die schon in dem Moment, in dem der Tisch abgeräumt wird, nicht mehr wissen, dass sie gerade ein Dreigängemenü zu sich genommen haben. Das ist zum Beispiel der Fall bei amnestischen Patienten, die am Korsakow-Syndrom leiden. Stellt man ihnen nach dem Essen eine zweite und dritte Portion hin, löffeln sie einfach weiter; es bedarf nur einer winzigen Zerstreuung in der Zwischenzeit. Lösen ließe sich das Problem zum Beispiel durch einen optischen Hinweis, etwa indem man den leeren Teller stehen lässt, der dem Patienten zeigt, dass er gerade gegessen hat.

In eine ähnliche Richtung ging ein Projekt, bei dem ich als Berater tätig war. Ein Geruchsexperte und eine Designagentur in London wollten eine Hilfestellung für Alzheimer- und Demenzpatienten im Frühstadium entwickeln, für Menschen, die vergessen zu essen. Ihre Idee war, wenn man diese Patienten daran erinnert, dass sie essen müssen, können sie länger eine halbwegs eigenständige Existenz führen. Die von meinen Kollegen entwickelte Lösung war ein Gerät, das morgens einen Frühstücksgeruch verströmt, mittags – Sie ahnen es – den Geruch von warmen Speisen und abends ähnlich passende Essensaromen. Das Produkt ist jetzt seit einigen Jahren auf dem Markt. Die Aufgabe des Gastrophysikers war herauszufinden, welche Aromen zu wählen sind, auch für ältere Menschen. Wir mussten also Essensaromen finden, die Menschen im Rentenalter noch ansprechen.

Angesichts von derzeit fast fünfzig Millionen Menschen, die weltweit an Demenz leiden, sind solche sensorischen Interventionen von immenser Tragweite. In einem Test durften fünfzig Demenzkranke das entwickelte Gerät, das übrigens «Ode» getauft wurde, zusammen mit ihren Familien drei Monate lang ausprobieren. Bei über der Hälfte von ihnen stabilisierte sich das Gewicht, oder sie nahmen sogar zu. Im Durchschnitt betrug die Gewichtszunahme zwei Kilogramm. Kein Wunder, dass Ode beim Creative Business Cup zur innovativsten britischen Geschäftsidee 2013 gewählt wurde.[2]

DAS ESSENSGEDÄCHTNIS HACKEN

Eine interessante Forschungsrichtung befasst sich mit dem «Hacken» von Essenserinnerungen mit dem Ziel, unser Essverhalten zu verändern. So konnten Forscher die Einstellung und das Verhalten beim Essen beeinflussen, indem sie den Versuchspersonen falsche Erinnerungen an frühere kulinarische Erlebnisse suggerierten. Zum Beispiel erzählten sie ihnen, dass sie nach dem Verzehr von Roter Bete einmal krank geworden wären. Solche Fehlinformationen und die daraus entstehenden falschen Erinnerungen können zu drastischen Verhaltensänderungen führen. In diesem Fall hatten die Probanden nach eigenen Angaben plötzlich weniger Appetit auf Rote Bete und aßen auch weniger davon. Während die meisten Studien bislang im Labor stattfanden, wächst das Interesse, solche Techniken auch in der Praxis einzusetzen, um Menschen zu gesünderem Essverhalten zu bewegen. So stellt sich die Frage, ob man zum Beispiel Kinder dazu bringen könnte, mehr Gemüse zu essen, indem man ihnen falsche positive Erinnerungen an leckere Mahlzeiten einpflanzt. Wäre das dann ethisch gerechtfertigt?

ERINNERE DICH!

Letztlich ist alles, was uns nach einer Mahlzeit bleibt, die Erinnerung daran. Unser Gedächtnis speichert die besonders schönen und auch die besonders unangenehmen Erlebnisse. Alles dazwischen fällt dem Vergessen anheim. Wer als Küchenchef an die eigene Zukunft denkt, wird also das gastronomische Erlebnis mit allen Mitteln denkwürdiger zu gestalten versuchen – ihm mehr Haftreibung verleihen, wie die Erlebnisingenieure sagen würden. Immerhin hängt sein langfristiger Erfolg davon ab.

Unsere Erinnerung an den Geschmack und das Aroma von Speisen entscheidet darüber, in welches Restaurant wir ein zweites Mal gehen und welchen Lebensmittel- und Getränkemarken wir treu bleiben. Ja sogar darüber, wie viel wir essen. Zum Beispiel esse ich, wenn man mich darauf hinweist, was ich im Laufe des Tages – etwa zu Mittag – schon alles gegessen habe, deutlich weniger, als wenn ich ans Mittagessen des Vortags erinnert werde. Die Erinnerung an die letzte Mahlzeit ist also von weit größerer Bedeutung, als man meint. Erfreulicherweise können schon jetzt diese gastrophysikalischen Erkenntnisse die Lebensqualität von Menschen, die weniger essen wollen oder aber sich nicht mehr erinnern können, deutlich steigern.

Zu dem Thema möchte ich in diesem Zusammenhang zumindest darauf hinweisen, dass auch die von uns gegessenen Speisen Erinnerungen wachrufen können – schön zu sehen an dem berühmten Beispiel der Proust'schen Madeleine. Ein weiteres Beispiel wären Gedenkessen, etwa das Erntedankessen in den USA.

Abschließen möchte ich dieses Kapitel mit einem Zitat aus dem Klassiker *Physiologie des Geschmacks* von Jean Anthelme Brillat-Savarin von 1825. Der berühmte französische Gastronom spricht darin über Geschmack und Aroma im Alter: «Das Tischvergnügen zieht sich durch alle Zeiten und Altersklassen, durch jedes Land und jeden Tag; es geht Hand in Hand mit all unseren anderen Vergnügungen, überdauert sie und tröstet uns über deren Verlust hinweg.»[3] Wie dieser Universalgelehrte nur zu gut wusste, gehören Essen und Trinken zu den genussreichsten Erlebnissen in unserem Leben. Und wenn wir die Erinnerung an diese Genüsse verlieren, stellt sich die Frage, was denn dann noch bleibt?

10.

DAS PERSONALISIERTE MAHL

Sicher ist Ihnen nicht entgangen, dass der Barista bei Starbucks Sie immer nach Ihrem Namen fragt, wenn Sie Ihre Bestellung aufgeben. Und dass der Name dann auf der Tasse steht, die Ihnen gebracht wird. In der Rush Hour, wo alle ungeduldig am Tresen stehen und auf ihren Cappuccino oder fettarmen Latte macchiato warten, mag das sinnvoll sein, um Verwechslungen zu vermeiden. Aber es ist nicht nur eine Maßnahme, um die Arbeit zu erleichtern. Diese «Personalisierung» gehört zur Unternehmenspolitik. Manche glauben, dass sie das Kundenerlebnis verbessert. Denn immerhin vermittelt sich mir als Gast der Eindruck, dass das Getränk speziell für mich gemacht wurde. Der Gastrophysiker möchte nun natürlich wissen, ob uns unsere Speisen und Getränke durch diese oder eine andere Form der Personalisierung tatsächlich besser schmecken.

GELIEBTE PERSONALISIERUNG

Dass Personalisierung zu Verkaufsschlagern führen kann, zeigt der phänomenale Erfolg der Kampagne «Meine Coke» in den Jahren 2013/14, als man eine Flasche der schwarzen Limonade mit dem eigenen Namen auf dem Etikett kaufen konnte (siehe Abb. 38). Machen wir uns nichts vor, das ist nur eine oberflächliche Personalisierung; das Produkt selbst hat sich ja nicht verändert. Coca-Cola schmeckt auf der ganzen Welt mehr oder weniger gleich, und trotzdem ist es ein Erlebnis, wenn Sie plötzlich den eigenen Namen auf der Flasche sehen. Die Kampagne war ebenso einfach wie wirkungsvoll; zum ersten Mal seit über zehn Jahren stieg der Absatz von Coca-Cola.

Abb. 38 Im Sommer 2013 und 2014 machte Coca-Cola mit seiner Marketingstrategie Schlagzeilen, als man in siebzig Ländern den Markennamen durch Vornamen ersetzte. Begonnen hatte die Kampagne 2011 in Australien.

Es verwundert nicht, dass viele andere Lebensmittel- und Getränkeunternehmen versucht haben, diesen Erfolg nachzumachen, indem sie ihre Produkte auf irgendeine Weise personalisierten. In einem Artikel im *Forbes Magazine* stand: «Personalisierung ist kein Trend. Es ist ein Marketing-Tsunami.» Ende 2015 stellte zum Beispiel Moët & Chandon über Großbritannien verstreut in Selfridges-Filialen Fotoautomaten auf, damit Kunden sich auf ihrem Piccolo verewigen konnten. Offenbar ein ideales Weihnachtsgeschenk.

DER «SELBSTPRIORISIERUNGSEFFEKT»

Warum reagieren wir auf Produkte, die mit uns in einer persönlichen Verbindung stehen, anders? Eine mögliche Antwort bietet der «Selbstpriorisierungseffekt». Psychologen aus Oxford entdeckten vor Kurzem, dass beliebige optische Symbole wie Kreise, Quadrate oder Dreiecke, also Reize ohne intrinsische Bedeutung, Aussagekraft bekommen, wenn sie mit uns verknüpft werden. Eine Studie dazu sähe etwa so aus: Ein beliebiger Reiz, sagen wir ein blaues Dreieck, wird mit dem Probanden verknüpft, ein anderer Reiz, zum Beispiel ein gelber Kreis, mit einem Freund. Nun wird die Testperson im Labor gebeten, möglichst schnell auf einen Knopf zu drücken, wenn der mit ihr verknüpfte Gegenstand erscheint, und auf einen anderen Knopf, wenn der mit dem Freund assoziierte Gegenstand zu sehen ist. Das Ergebnis zeigte in mehreren Studien, dass selbstrelevante Gegenstände Priorität haben. Das heißt, wir sehen sie früher und reagieren schneller auf sie als auf Reize, die einer anderen Person zugeschrieben sind. Sie fallen uns schneller auf, weil sie mit uns in Verbindung stehen oder in gewisser Weise zu uns gehören.

Haben Sie eine Lieblingstasse? Meine ist orange und hat auf der einen Seite ein aufgemaltes Schwein und auf der anderen ein Huhn. Jeden Morgen greife ich in den Schrank, um meinen Cappuccino daraus zu trinken. Und wenn ich feststelle, dass sie noch in der Spülmaschine steht, ärgere ich mich. Natürlich bleibt der Kaffee derselbe, wenn ich ihn aus einer anderen Tasse trinke, aber es ist ein anderes Gefühl. Der Kaffee schmeckt mir einfach besser. Vielleicht lässt sich mit dem Selbstpriorisierungseffekt erklären, warum uns Getränke aus unserem Lieblingsgefäß besser schmecken. Es könnte an einer «Wahrnehmungsübertragung» liegen; den Begriff hat vor über fünfzig Jahren der legendäre nordamerikanische Werbefachmann Louis Cheskin geprägt. Von «affektiver Bauchrednerei» habe ich schon gesprochen. Dabei werden all die wohligen Gefühle, die wir mit der Tasse verbinden, der stolze Besitz, die Vertrautheit, auf unsere Wahrnehmung des Inhalts übertragen. Auch könnte der «Endowment-Effekt» (Besitztumseffekt) damit zusammenhängen. Dieser Liebling der Verhaltensökonomen besagt, dass wir Dingen allein aus dem Grund, weil sie uns gehören, einen höheren Wert zuschreiben. Dieses Phänomen wird auch «Status-quo-Verzerrung» genannt.

Als angehender Gastrophysiker könnten Sie Leute einladen, sagen wir dreißig bis vierzig Personen, und sie Kaffee einmal aus ihrer Lieblingstasse und einmal aus einer fremden Tasse probieren lassen. Wichtig ist dabei, dass Sie ab und zu die Reihenfolge der Tassen ändern. Der Kaffee ist entweder beide Male derselbe oder auch ein anderer; das weiß nur der Gastrophysiker selbst. Lustig ist dann immer, dass es den Leuten fast peinlich ist, wenn ihnen der Kaffee aus ihrer Lieblingstasse besser schmeckt, obwohl sie wissen, dass sich der Geschmack eigentlich nicht ändern kann. Aber als Gastrophysiker glaube ich, dass diese Form der Personalisierung tatsächlich einen Unterschied macht. Er mag klein sein, unbedeutend ist er sicher nicht.

DER «COCKTAILPARTYEFFEKT»

Seit Jahren, wenn nicht Jahrzehnten wissen Psychologen, dass unser Name für uns eine besondere Bedeutung hat. Wir hören ihn aus dem größten Stimmengewirr heraus, er scheint gleichsam daraus «hervorzuploppen». Sie haben das sicher selbst schon auf einer lauten Party erlebt. Deshalb wird dieses Phänomen auch «Cocktailpartyeffekt» genannt. Eigentlich ist diese Priorisierung des eigenen Namens nicht überraschend, weil wir ihn ja schon unser Leben lang hören. Beachtenswert an der Selbstpriorisierung ist aber, wie plötzlich sie unser Verhalten beeinflusst. Sie tritt unvermittelt ein, sobald ein Gegenstand einen Bezug zu uns bekommen hat. Selbst ein lächerliches blaues Dreieck behandeln wir anders, wenn es zu uns gehört. Neuroimaging-Studien mit Bildern der Gehirnaktivität haben gezeigt, dass durch selbstrelevante Reize andere neuronale Netzwerke aktiviert werden, was eine Erklärung für die Verhaltensänderung ist.

Selbst der Anfangsbuchstabe unseres Nachnamens hat Einfluss auf bestimmte Aspekte unseres Verhaltens. Zum Beispiel reagieren

Menschen, deren Nachname mit einem Buchstaben weiter hinten im Alphabet beginnt, bei Online-Auktionen oder zeitlich befristeten Angeboten früher. Das heißt, wessen Nachname mit «Z» anfängt, neigt eher zu Ungeduld. Das scheint damit zu tun zu haben, dass der Name in der Schule in der Regel als Letzter vorgelesen wurde. Ehenamen haben nämlich nicht dieselbe Wirkung. Neben diesem «Nachnameneffekt» gibt es weitere spannende Phänomene. Zum Beispiel wird es Sie sicher überraschen, dass wir Gegenstände bevorzugen, die mit denselben Buchstaben beginnen wie unser Name. Das ist der sogenannte «Name-Letter-Effekt» (Anfangsbuchstabeneffekt). Und wie Marketingfachleute wissen, mögen wir Produkte, Marken oder potenzielle Partner lieber, wenn in ihrem Namen zumindest ein paar Buchstaben vorkommen, die wir auch in unserem Namen tragen.

In das Gebiet der Gastronomie übertragen heißt das, wir mögen Speisen zumindest etwas lieber, wenn sie möglichst viele Buchstaben unseres Namens enthalten. Ich zum Beispiel mag es nach langen Reisen gerne scharf, offenbar wegen der Ähnlichkeit zwischen «*spicy*» und «*Sp*ence». Studien zufolge haben die drei übereinstimmenden Buchstaben zumindest eine gewisse Mittäterschaft an dieser geschmacklichen Präferenz. Und wenn ich «*Chi*li» con Carne bestelle, eins meiner Lieblingsgerichte, denke ich unweigerlich daran, wie viel Ähnlichkeit es mit meinem Vornamen «*Cha*rles» hat. Wie ist es bei Ihnen? Wie viele Ihrer Lieblingsgerichte enthalten Buchstaben Ihres Namens?

PERSONALISIERUNG IM RESTAURANT

Im Restaurant gibt es die verschiedensten Möglichkeiten, das Serviceangebot zur Verbesserung des gastronomischen Erlebnisses zu personalisieren. Ein einfaches Beispiel erleben Sie im *Arrop* von Ricard Camarena im spanischen Valencia. Dort beobachtet der

Kellner, welches Brot Sie nehmen, nachdem er den Brotkorb gebracht hat. Kommt er das nächste Mal an den Tisch, fragt er Sie, ob Sie noch mehr von dem von Ihnen ausgewählten Brot oder lieber eine andere Sorte haben möchten. Auf diese Weise wird Ihnen subtil gezeigt, dass Ihnen Aufmerksamkeit geschenkt wird. Übrigens wenden viele andere erfolgreiche Restaurants ähnliche Techniken an.

Ein weiteres kluges Beispiel kommt aus der *Fat Duck*. Dort beobachtet die Bedienung zu Beginn, ob die Gäste Rechts- oder Linkshänder sind, und merkt sich die Plätze der Linkshänder, um den Service danach auszurichten. Das wird den Gästen gegenüber aber in keiner Weise erwähnt. Wenn Sie nun vielleicht nicht alles, was im Restaurant geschieht, mit Adleraugen verfolgen, entsteht für Sie allenthalben der Eindruck eines sehr «fließenden» Abends. Sehen Sie indes genauer hin, fällt Ihnen vielleicht die Personalisierung auf, und Sie wissen dann hoffentlich die Aufmerksamkeit und Detailbesessenheit des Personals zu schätzen, das seinen Gästen ein möglichst schönes Erlebnis bieten möchte.

«WO JEDER DEINEN NAMEN KENNT»

Wer freut sich nicht, wenn er in seinem Lieblingslokal erkannt wird? Eine Begrüßung wie «Guten Abend, Mr. Spence! Schön, dass Sie uns wieder einmal beehren» hat den sogenannten «Cheers»-Effekt, benannt nach der Bostoner Bar aus der Achtzigerjahre-Sitcom. Zwar ist es eher unwahrscheinlich, dass sich die Mitarbeiter im *Pizza Hut* um die Ecke Ihren Namen merken, aber in den Restaurants der Spitzenklasse wird ein ungleich größerer Aufwand betrieben, damit die Gäste das Gefühl haben, etwas Besonderes zu sein. Das Nonplusultra in dieser Hinsicht ist der berühmte Ausruf «Kerbside!» von Charlie Trotter, «Bordstein!», der regelmäßig durch die Küche seines gleichnamigen Restaurants in Chicago hallte. Laut

Abb. 39 Charlie Trotter und seine Mitarbeiter warten auf die Ankunft eines prominenten Gastes. Eine Begrüßung, die den Aufenthalt garantiert zu etwas Besonderem macht!

dem Londoner Chefkoch Jesse Dunford Wood, der dort einige Zeit gearbeitet hat, war das die Losung, wenn ein Prominenter im Begriff war, sich dem Lokal zu nähern. Alsdann marschierte die gesamte Küchencrew vor die Tür und stellte sich in einer Reihe auf, um den Gast zu begrüßen (siehe Abb. 39). Wenn Sie sich an die Fernsehserie «Downton Abbey» erinnern, wird Ihnen die Szene bekannt vorkommen: Der Graf wurde bei der Heimkehr nach einer langen Reise immer auf diese Weise vom Hauspersonal begrüßt.

Der New Yorker Uber-Gastronom Danny Meyer sorgte 2010 mit seiner Autobiografie über sein Leben im Gastronomiegeschäft, *Setting the Table* (Den Tisch decken), für einigen Wirbel. Meyer war Leiter berühmter Restaurants wie des *Union Square Cafe*, der *Gramercy Tavern* und des *Eleven Madison Park*. In seinem Buch betont er, wie wichtig ihm die Personalisierung des Service in seinen Restaurants war. So hat er jahrelang über jeden Gast, der einen Tisch reservierte,

Informationen gesammelt, um ihn möglichst individuell begrüßen zu können. Ja, es gab sogar eine Datei über die Eigenheiten der Stammkunden – sitzen sie gern am Fenster oder lieber separat in einer Nische? Wie heißen sie mit Vornamen? Freuen sie sich, wenn sie erkannt werden, oder bleiben sie lieber inkognito? Stehen sie auf Supertoskaner oder trinken sie wie Jay-Z lieber Weißburgunder?

Meyers New Yorker Restaurants werden oft als Vorreiter für aufmerksamen, personalisierten Service genannt, es gibt aber viele Gastronomen, die eine ähnliche Politik betreiben. Auch berühmte Lokale in Chicago wie das *Alinea, Next, Moto* oder *iNG* bemühen sich, Informationen über ihre Gäste zu sammeln. Laut Nick Kokonas, dem Mitgründer von *Alinea, Next* und *The Aviary,* haben alle diese Restaurants eine Datenbank, in der jeder einzelne Gast seit der Eröffnung verzeichnet ist. Anfangs ging es nur darum, «die Gäste zu identifizieren und mit Namen zu begrüßen wie einen alten Freund, der zu Besuch kommt». Im Laufe der Zeit hat sich daraus ein personalisierter Service entwickelt. Überraschender ist die Vorstellung, der Besitzer könnte diese Informationen dazu nutzen, sich gelegentlich an Stammgäste zu wenden, die sein Restaurant schon länger nicht mehr besucht haben.[1]

AUCH DER ERSTMALIGE GAST IST ETWAS BESONDERES

Man kann sich leicht vorstellen, wie der Restaurantbesitzer in seinem Rolodex – oder einem elektronischen Pendant – nachsieht, um seine Gäste möglichst individuell zu begrüßen. Aber was kann er tun, wenn jemand kommt, der noch nie in seinem Reich war?

Stellen Sie sich vor, Sie gehen in einer fremden Stadt in ein Restaurant und werden mit Namen begrüßt. Sie setzen sich und stellen fest, dass der Ihrem Tisch zugewiesene Kellner aus Ihrer Heimatstadt kommt, die Lichtjahre entfernt ist. Abgefahren, oder? Das ist jedoch keine übersinnliche Wahrnehmung, sondern einfach nur das Resultat einer Google-Recherche des Besitzers. Justin Roller, der Oberkellner des *Eleven Madison Park,* googelt tatsächlich jeden einzelnen Gast, damit die Bedienung dafür sorgen kann, dass er sich möglichst wohl, vielleicht sogar heimisch fühlt. Jeder Gast soll den Eindruck haben, etwas Besonderes zu sein. Schon oft wurde festgestellt, dass der herausragende Service einen gewichtigen Anteil am Erfolg von Meyers Restaurants hat.

Wäre es Ihnen unangenehm, wenn ein Restaurant, das Sie zum ersten Mal betreten, Sie im Vorhinein gegoogelt hat? Oder würden Sie es befürworten, weil Sie dadurch in den Genuss eines personalisierten Service kämen? Einer 2010 durchgeführten Umfrage zufolge erklärten sich fast 40 Prozent aller Nordamerikaner mit dieser Praxis einverstanden, da sich dadurch ihrer Meinung nach der Service verbessert. 16 Prozent fanden es etwas merkwürdig, meinten aber, sie könnten damit leben. Immerhin 15 Prozent fanden es indes unheimlich.[2] Vermutlich liegt ein schmaler Grat zwischen dem Nutzen, den der Gast durch die Personalisierung des Service hat, und dem Gefühl, dass seine Privatsphäre verletzt wird. Ein Restaurantberater formulierte es in einem Interview in der *New York Times* folgendermaßen: «Wenn Sie sagen: ‹Ich weiß, dass Sie gern Weißburgunder aus den Siebzigern trinken›, ist das beunruhigend. Sie können den Gast aber auch fragen, was er gern trinkt, und ihn in Richtung Weißburgunder beraten.»[3]

Als vor Kurzem durch die Presse bekannt wurde, dass die *Fat Duck* ihre Gäste googelt, wurden noch am selben Tag Hunderte Reservierungen storniert. Kein Problem für ein Restaurant, das täglich 30 000 Buchungsanfragen bekommt, aber doch ein leichter Knick in der Statistik, den man gern vermieden hätte. Das Absurde daran ist, dass das Restaurant wie inzwischen alle nordamerikanischen Topadressen seine Gäste seit Jahren googelt. Nur haben die Briten eben anders reagiert als die Nordamerikaner. Vielleicht sind wir auf der Insel eben ein klein wenig reservierter.

DIE ZUKUNFT DER PERSONALISIERUNG

Die Servicephilosophie ist für viele Spitzenrestaurants das A und O. Sie wollen, dass die Gäste wiederkommen, weil der Service herausragend war. Das hat auch damit zu tun, dass schlechter Service Jahr für Jahr auf der Kritikliste den ersten Platz belegt. Natürlich ist Professionalität wichtig, und natürlich hilft es, gutes Essen zu servieren, aber das Entscheidende ist Personalisierung. Nur auf diese Weise können Sie dem Gast das Gefühl geben, etwas Besonderes zu sein. Je persönlicher der Service ist, umso größer ist auch die Wahrscheinlichkeit, dass wir den Abend genießen und uns an das Essen erinnern werden. Und umso mehr Trinkgeld geben wir – wobei die Briten in diesem Sinne ebenfalls etwas reservierter sind als etwa die Nordamerikaner.

Die kommende Herausforderung besteht meinem Eindruck nach darin, die elitäre Personalisierung in Restaurants wie dem *Eleven Madison Park* weiter auszudehnen. Der kluge Gastronom möchte natürlich allen seinen Gästen das Gefühl geben, etwas Besonderes zu sein, nicht nur den wenigen Auserwählten, die der Oberkellner das Glück hatte googeln zu können. Auf der anderen Seite verliert die Personalisierung natürlich an Charme, wenn sie allgegenwärtig ist. Sie kann schnell gekünstelt wirken, anstatt eine natürliche Gastfreundlichkeit auszustrahlen.

«Sagen Sie mir Ihr Geburtsdatum, und ich kreiere ein Gericht nur für Sie.» Diesen Satz, der vor etwa zehn Jahren auf der Speisekarte der *Fat Duck* stand, als das Degustationsmenü nur eine Option unter vielen war, werde ich nie vergessen. Heute verfolgt das Restaurant bei der Personalisierung eine systematischere Strategie, die sich für unsere Sehnsüchte interessiert. Anstatt die Gäste zu googeln –vielleicht zusätzlich dazu –, befragt das Personal sie direkt. Wenn Sie also einen Tisch in der *Fat Duck* reserviert haben, was meist zwei Monate im Voraus geschieht, beginnen die Mitarbeiter hinter den Kulissen Informationen über Sie einzuholen, um Ihren Besuch möglichst persönlich zu gestalten. Als ich das letzte Mal mit meiner Frau dort war, bekamen wir vorher mehrere E-Mails, in denen wir nach unserer Kindheit befragt wurden.

Der schöne Moment, für den die *Fat Duck* diese Informationen nutzt, folgt am Ende des Abends, wenn ein kleiner Süßigkeitenladen mit rauchendem Schornstein an den Tisch gefahren wird. Das Wunderwerk der Technik sieht aus wie ein geschmücktes Puppenhaus (es soll mehr gekostet haben als ein Rolls-Royce). Dann bekommen Sie eine Münze, die Sie einwerfen dürfen (siehe Abb. 40), worauf sich in willkürlicher Reihenfolge Schubladen öffnen und schließen. Irgendwann hält der Apparat an – mein Lieblingsautomat ist übrigens der «Figurenautomat mit Diana auf einem Kentauren» von Hans Jakob Bachmann, Augsburg, 1606 bis 1610 –, und eine Schublade bleibt offen stehen. Das sieht wie Zufall aus, ist aber natürlich keiner. Sodann nimmt der Kellner ein Säckchen mit Süßigkeiten heraus und überreicht es Ihnen. So Gott will, werden bei Ihnen angesichts des Inhalts Kindheitserinnerungen wachgerufen, als stünden Sie in dem Moment wieder im Süßigkeitenladen von damals. Hier wird mithilfe von Sehnsüchten und Kindheitsträumen eine allgemein funktionierende Form der Personalisierung erreicht; allgemein, da sie für alle Gäste einer Altersgruppe gilt, zum Beispiel für alle in den Fünfzigerjahren geborenen. Man hofft, positive Kindheitserinnerungen auszulösen, damit sich der Gast lebhafter an den Abend erinnert. Dieser anekdotische Aspekt steckt aber noch in den Kinderschuhen.

Bislang erleben wir derart ausgeklügelte Personalisierungen nur in Spitzenrestaurants, was aber sicher nicht so bleiben wird. Schon jetzt zeichnet sich ab, dass auch normale Restaurants verstärkt Online-Tools wie «Venga» oder «OpenTable» nutzen, um Informationen über ihre Gäste zu sammeln. Durch die Integration von Gästemanagement und Treueprogrammen in das Kassensystem können die Mitarbeiter des Lokals nachverfolgen, wie viel ihre

Abb. 40 In einer Schublade dieses Süßigkeitenladens liegt ein persönliches Geschenk, das Ihnen am Ende des Abends in der *Fat Duck* überreicht wird.

Kunden durchschnittlich ausgeben, was ihre Lieblingsgerichte auf der Speisekarte sind und was sie am liebsten trinken. Und wie gesagt gibt es sogar Toprestaurants, die sich merken, ob ein Gast Links- oder Rechtshänder ist. «Venga» ist kein günstiges System; es kostet etwa zwischen €120 und €220 pro Monat und Lokal. Aber immer mehr Gastronomen sind den Preis zu zahlen bereit, um ihren Gästen eine besondere Behandlung zuteilwerden zu lassen. Hier noch ein schöner Blick in die Zukunft der Restauration: «In dem Augenblick, in dem der Gast durch die Tür des *Ping Pong Dim Sum* in Washington tritt, kann die Marketingmanagerin Myca Ferrer schon mit einiger Sicherheit voraussagen, was er oder sie bestellen wird.» Vielleicht kann ja eine prognostische Software in Zukunft dazu beitragen, die enormen Mengen an Essensabfällen, die Tag für Tag in den meisten Restaurants anfallen, zu reduzieren.[4]

Wenn Sie Ihr Abendessen personalisieren wollen, fangen Sie doch einfach damit an, Namenskärtchen aufzustellen. Sie könnten auf diese Weise auch die Langweiler in einer Ecke bündeln, wie es der Veranstaltungsplaner der Queen empfiehlt. Wer weiß, vielleicht genießen Ihre Gäste den Abend noch ein wenig mehr.

AN EINEM TISCH MIT DEM CHEF

Unter den gastronomischen Praktiken, die sich auf der Höhe des Zeitgeists befinden, liegt folgendes Konzept aus mehreren Gründen relativ weit vorn. Eine kleine Gruppe von Gästen sitzt an einem zentralen Tisch, an dem der Küchenchef die Gerichte zubereitet oder zumindest letzte Hand anlegt. Der Alleinspeisende bekommt etwas zu sehen – mehr noch, er hat einen Menschen, mit dem er reden kann. Die Gäste sehen, dass ihre Speisen frisch zubereitet werden. Und je nach Charakter des Kochs gibt es auch inszenierte Momente oder gar ein Spektakel. Entscheidend ist, dass das Konzept vielfältige Möglichkeiten der Personalisierung bietet. Wenn der Gast dem Koch aus der Nähe in die Augen schauen kann, wird der Abend zwangsläufig persönlich. Normalerweise wird dieses Format als Menü zu einem Festpreis angeboten, etwa im Dreisternerestaurant *Brooklyn Fare* in New York oder dem *12 Chairs* in Shanghai.

Das ultimative Erlebnis im Bereich des personalisierten Speisens ist natürlich ein eigener Koch, den man ganz für sich allein hat. Das gibt es nicht nur bei einigen wenigen Reichen, auch ein paar Restaurants bieten diesen Service an. Im *Fuad's* in Houston zum Beispiel kommt der Chefkoch Joseph Mashkoori zu Ihnen an den Tisch und fragt Sie, was Sie essen möchten. Vielleicht spricht er ein paar Empfehlungen aus, vor allem aber wird er Ihnen versichern, dass er mit Freuden kochen wird, was immer Sie bestellen – ob Chateaubriand oder Tofusandwich. Jehangir Mehta macht in New York in seinem Lokal *Me and You* etwas Ähnliches. Auf seiner Website wird den Gästen versprochen: «Ein einzigartiges privates Dinner, wie Sie es noch nie erlebt haben. Jedes Gericht wird eigens zubereitet, um ganz und gar Ihren Wünschen zu entsprechen, auf Ihrer Geschmackspalette zu spielen und Ihre Körpersäfte anzuregen.» Das Restaurant *Solo Per Due* im italienischen Vacone bietet ein höchst intimes Erlebnis an: Dort gibt es nur einen einzigen Tisch für zwei Personen.

DIE FRAGE DER WAHL

In gewisser Hinsicht steht der Trend zur Personalisierung des gastronomischen Erlebnisses dem immer häufiger anzutreffenden Degustationsmenü entgegen, bei dem die Gäste im Grunde keinerlei Wahl mehr haben, was sie essen. Der Kellner fragt sie zwar nach Allergien oder Diäten, damit hat es sich aber. Die einzige noch zu treffende Entscheidung besteht darin, ob sie der Weinempfehlung folgen möchten oder nicht. Wie lässt sich aber nun die wachsende Beliebtheit des Degustationsmenüs erklären, der Antithese zur Personalisierung?

Solche Menüs umfassen für gewöhnlich mehr Gänge, als der Gast bei einer Bestellung à la carte genommen hätte. Nun kann man sich wiederum leicht vorstellen, dass ein eigenes Gemeinschaftsgefühl entsteht, wenn alle Gäste zur selben Zeit dieselben Speisen essen. Und aus der Perspektive des Küchenchefs spricht für die Einschränkung der Wahlmöglichkeiten, dass er nur eine bestimmte Auswahl saisonaler Produkte einkaufen muss, wodurch er wiederum Geld spart und sich nicht zuletzt auf wenige Kreationen konzentrieren kann. Natürlich gibt es auch böswillige Stimmen, dass es bei alledem nur darum gehe, dem Kunden noch mehr Geld aus der Tasche zu ziehen, weil Degustationsmenüs in der Regel teurer sind. Die positive Kehrseite ist, dass den Gästen die Qual der Wahl abgenommen wird, denn wer sich für ein Gericht entscheidet, entscheidet sich zugleich gegen all die anderen köstlichen Speisen.

Und vielleicht spielt auch die ungeschriebene Gastronomieregel mit hinein, die da lautet: Je kleiner die Speisekarte, umso besser das Restaurant.[5] Für manche Gäste ist die abnehmende Wahlmöglichkeit eine Zumutung. So schreibt Tim Hayward in der *Financial Times*: «Ein Menü ohne Wahl spottet allen Regeln des Essengehens.»[6] Die Wahlmöglichkeiten der Gäste werden aber nicht nur durch das Degustationsmenü eingeschränkt. Mir kommt es so vor, als halte deren Reduzierung in allen Bereichen Einzug, vom Essen à la carte bis hin zu Lokalen, in denen ohnehin nur noch ein Gericht serviert wird. In gewisser Weise sind all das nur Spielarten des Festpreismenüs oder der Table d'Hôte. Apropos, ein besonders erfolgreiches Restaurantkonzept hat die Kette *L'Entrecôte* aus Frankreich, die schon lange existiert und sich unter anderem in London, New York und Bogotá etabliert hat. Auf der Speisekarte steht zwar eine größere Auswahl an Getränken und Nachspeisen, aber Vorspeise und Hauptgericht sind immer gleich: Salat und Steak. Der Gast kann lediglich auswählen, wie er sein Steak gebraten haben möchte. Zum Fleisch gibt es eine köstliche Soße mit Geheimrezept und Pommes frites *à volonté*, wie der Franzose sagt. Keine Wahl, keine Personalisierung. Und trotzdem stehen die Leute bis zu einer Stunde Schlange, denn auch reservieren kann man im *L'Entrecôte* nicht. Da frage ich mich, wie viel Wahl hätte der Gast denn nun gern?

Auf der einen Seite müssen wir uns eingestehen, dass der alte Glaubenssatz der Werbefachleute «Je größer die Auswahl, desto besser» nicht mehr stimmt – falls er je gestimmt hat. Das Sprichwort «Wer die Wahl hat, hat die Qual» kommt nicht von ungefähr. Wenn ein Gastwirt seinen Gästen die Wahl geben möchte, scheint die magische Zahl die sieben zu sein, sieben Vorspeisen, sieben bis zehn Hauptspeisen und sieben Nachspeisen. Bietet er weniger an, könnte die Auswahl zu klein sein. Bietet er mehr an, läuft der Gast Gefahr, sich nicht mehr entscheiden zu können. Wollen Restaurants mehr

Wahlmöglichkeiten anbieten, können sie aber einen Trick anwenden und das Menü sozusagen in kleinere Portionen einteilen. Wie viele? Sie erraten es, auch hier ist die Sieben die Zahl der Wahl. Verhaltensökonomen wissen, dass uns eine zu große Auswahl lähmen kann. Und bedenken Sie, dass wir umso mehr essen, je größer die Auswahl ist. Dieses Phänomen hat übrigens sogar einen völlig neuen Berufsstand aus der Taufe gehoben, den des «Gewürz-Sommeliers», den Sie schon hier und da in New York antreffen. Dieser Fachmann hilft Ihnen dabei, sich zwischen Senf und Mayonnaise zu entscheiden, wenn die Liste der Wahlmöglichkeiten Sie zu erschlagen droht.

DER «IKEA-EFFEKT»

Sie kennen das: Sie stehen in Ihrer Küche und bereiten für Freunde ein Abendessen vor. Diesmal haben Sie sich selbst übertroffen. Und höflich, wie Ihre Gäste sind, preisen sie Ihr Essen als besonders köstlich. Nun gut. Aber was denken Ihre Gäste wirklich? Ich als Gastrophysiker kann Ihnen leider nur raten, nichts von dem zu glauben, was sie sagen. Beobachten Sie lieber, wie sie sich verhalten. Sind Ihre Gäste vielleicht nur höflich? Oder nehmen sie das Essen anders wahr als Sie, einfach weil sie es nicht selbst gekocht haben?

Marketingfachleute haben einen Namen dafür, wenn wir Dingen, die wir selbst gemacht haben, einen höheren Wert beimessen. Sie nennen das den «Ikea-Effekt». Mit anderen Worten, weil Sie Ihren Tisch selbst zusammengebaut haben, hat er für Sie mehr Wert, als wenn Sie ihn fertig montiert gekauft hätten. Für uns stellt sich nun die Frage, ob bei dem Essen, das Sie für Ihre Freunde zubereiten, dasselbe Phänomen auftritt. Und wäre die Antwort auf diese Frage dieselbe, wenn Sie alles selbst zubereiten oder aber schon vorbereitete Zutaten oder gar ein Fertiggericht verwenden?

Norwegische Forscher haben sich genau damit befasst. In einer Reihe von Experimenten ließen sie in einem Küchenlabor verschiedene Gruppen von Einzelpersonen (die nicht alle Studenten waren) aus einer Fertigpackung eine Mahlzeit kochen. Die Forscher notierten, was die Probanden sagten, wenn sie das Essen selbst zubereitet hatten oder wenn man ihnen sagte, ein anderer Teilnehmer habe es gekocht. Interessanterweise schmeckten ihnen die selbst zubereiteten Gerichte oder, um genau zu sein, die Gerichte, von denen ihnen gesagt worden war, sie hätten sie selbst zubereitet, viel besser als die der anderen Teilnehmer. Tatsächlich aber aßen alle ein und dasselbe Gericht, ein indisches Tikka Masala. Mehr noch, mussten die Probanden das Fleisch selbst anbraten und das Essen wie auf der Packung beschrieben zubereiten, fanden sie es schmackhafter, als wenn sie das Gericht nur unter Rühren erhitzen mussten. Je mehr der Koch also an der Herstellung des Gerichts beteiligt war, umso besser schmeckte es ihm am Ende.

Wenn Sie also für Ihre Freunde kochen, wird Ihnen das Essen zumindest ein wenig anders schmecken als Ihren Gästen. Und zwar – was wohl leider die schlechte Nachricht ist – ein bisschen besser, weil ja Sie die Speisen zubereitet haben und nicht Ihre Gäste. Praktischerweise könnten Sie daraus die Konsequenz ziehen, Ihre Freunde ein wenig in der Küche mithelfen zu lassen, da ihnen das Essen dann ebenfalls besser schmecken wird.

DIE BACKMISCHUNG

Nun gibt es eine interessante Verbindung zu einer Fallstudie über eine Keksmischung von Betty Crocker, die die Werbefachleute immer besonders gern zitieren. Die Legende geht so: Das pudrige Fertigpulver, aus dem man Kekse backen konnte, fiel Mitte des letzten Jahrhunderts bei der Markteinführung durch. Erst als Ernest Dichter, ein leitender Mitarbeiter der Werbeabteilung und langjähriger Kollege von Luis Cheskin, die Rezeptur dahingehend änderte, dass der Kunde der Fertigmischung am heimischen Herd noch ein Ei hinzufügen musste, begann sich das Produkt zu verkaufen. Jede rationale Analyse hätte den zusätzlichen Aufwand, den der Konsument in das Backen der Kekse stecken muss als unsinnig bemängelt. Aber die Verkaufszahlen sprachen eine andere Sprache. Die Intention war, dass der Backende mehr in die Zubereitung involviert war, wenn er ein Ei dazugeben musste. Das heißt, es kam ihm zumindest ein bisschen so vor, als backe er selbstständig.[7] Gut möglich, dass die Kekse dem Bäcker tatsächlich besser schmeckten, weil er mehr zu ihrem Gelingen beigetragen hatte.

Interessanterweise wurde 1935 einem Unternehmen namens P. Duff & Sons ein Patent ausgestellt für eine «Keksmischung, der ein frisches Ei zugegeben werden muss». In den Fünfzigerjahren kam der Verkauf von Keksmischungen mit oder ohne Frischei quasi zum Erliegen. Die Glasur und nicht das Ei steigerte dann die Beliebtheit wieder, das heißt die tausend bunten Möglichkeiten, Kekse und Gebäck individuell zu gestalten.

Bevor ich dieses Thema abschließe, muss ich leider noch einen Streit vom Zaun brechen, und zwar nicht mit irgendwem, sondern mit dem Nobelpreisträger Daniel Kahneman, einem Experimentalpsychologen und Verhaltensökonom. Er behauptet tatsächlich in der *New York Times*, dass «Sandwiches besser schmecken, wenn jemand anderes sie gemacht hat». Die Sache wurde in Zeitschriften jedweder Art aufgegriffen. Verfolgt man die Geschichte bis zu ihrer Quelle zurück, entdeckt man, dass die Behauptung ausschließlich auf Spekulationen beruht. Bisher hat, soweit ich es überblicke, noch niemand eine entsprechende Studie durchgeführt. Angesichts des Ikea-Effekts sehe ich auch wenig Grund zu glauben, dass wir tatsächlich von anderen gemachte Sandwiches den eigenen vorziehen. Ich weiß nicht, wie es Ihnen geht, aber ich finde meine Sandwiches einfach sagenhaft. Wie dem auch sei, dieses wichtige Forschungsfeld muss die Gastrophysik dringend beackern.

Warum ist nun die Kundenanpassung bei bestimmten Gerichten in Ordnung und bei anderen nicht? «Kundenanpassung» ist eine andere Form der Personalisierung, bei der die Kontrolle allerdings in der Hand des Konsumenten liegt. Sie soll nicht abschreckend, sondern im Gegenteil motivierend sein. Bei den Backmischungen führte gerade die Kundenanpassung, also die Möglichkeit, den Keks mit einer individuellen Glasur zu überziehen, zu einer Wiederbelebung des Produkts. In der Gastronomie wiederum spricht man von Kundenanpassung, wenn der Kunde bestimmte Entscheidungen fällen kann, wie sein Gericht zubereitet wird, zum Beispiel wie scharf es gewürzt sein soll oder wie stark das Fleisch durchgebraten wird. Auch wenn Ihr Italiener Ihnen anbietet, Parmesan über Ihre Pasta zu reiben, ist das ein Beispiel für Kundenanpassung. In welchen Fällen ist sie angebracht und in welchen nicht?

«KÖNNTE ICH BITTE SALZ UND PFEFFER BEKOMMEN?»

Marco Pierre White, der erste britische Starkoch mit drei Michelin-Sternen, stammt aus meiner Heimatstadt Leeds in Nordengland. Meine Schwester hat mir sein Kochbuch *White Heat* (Weißglut) zu meinem sechzehnten Geburtstag geschenkt. Unter anderem mit diesem Buch habe ich kochen gelernt. Heute, dreißig Jahre später, steht es bei mir im Regal und wird noch oft hervorgeholt, weil es ein wahrhaft himmlisches Rezept für Zitronentarte enthält. Bekannt wurde der Mann dadurch, dass er die Gäste aus seinem Restaurant warf, wenn sie nach Salz und Pfeffer fragten. White erklärte, es sei eine Beleidigung für den Koch, wenn der Gast die Gerichte nachwürzen - oder, wie wir heute sagen würden, den Kundenwünschen anpassen - wolle. Das Würzen der Speisen falle ja wohl eindeutig in seinen Aufgabenbereich. Verlange ein Gast also nach Salz und Pfeffer, sage er implizit, dass die Küche ihren Job nicht ordentlich gemacht habe. Rückblickend können wir diese Begebenheit als ein frühes Beispiel für die aufkommenden Starallüren der Küchenchefs ansehen, die sich nicht mehr damit abfinden wollen, unbeachtet in einem stickigen, überhitzten Hinterzimmer vor sich hin zu werkeln, um gelegentlich ein Lob des Publikums zugeworfen zu bekommen, den Gästen aber nie von Angesicht zu Angesicht zu begegnen. Im Grunde verweist sie auch schon auf die heutige Situation, wo Gäste dem Chefkoch in seiner offenen Küche mitten im Restaurant zusehen können. Heute ist er der Star der Show.

Jedenfalls hat Marco Pierre White mit seinem Wutanfall erstmals die Frage der Kundenanpassung auf den Tisch gebracht, und mir scheint, dass Salz und Pfeffer in den Restaurants allmählich auszusterben scheinen. In den meisten Etablissements mit moderner Küche findet man sie jedenfalls nicht mehr. Ich würde vermuten, dass der Anspruch der Küche mit dem Nichtvorhandensein von Salz und Pfeffer korreliert. Gleichzeitig steigern die Spitzenrestaurants das Level an Personalisierung in anderen Bereichen des gastronomischen Erlebnisses.

WO IST KUNDENANPASSUNG ANGEMESSEN (UND WO NICHT?)

Wenn ich genauer darüber nachdenke, würde ich in der *Fat Duck* nie auf die Idee kommen, nach Salz und Pfeffer zu fragen. Warum eigentlich nicht? Und warum gibt es keinen Zuckerstreuer und keinen Zitronensäurespender fürs Dessert? Ein Grund ist sicher das Vertrauen des Gastes in die Künste des Kochs beziehungsweise des gesamten in der Küche arbeitenden Teams. Ein anderer wichtiger Grund hat aber mit der Art der servierten Speisen zu tun. Viele Gerichte sind derart ungewöhnlich, dass ich kaum erahnen kann, was der Koch bei ihrer Kreation im Sinn hatte. Insofern gibt es für mich keinen mir innewohnenden Maßstab, mit dem ich die

Gerichte beurteilen könnte. Ich weiß nur, sie sind überaus köstlich. Da ich also gar nicht weiß, was ich nach Absicht des Kochs schmecken soll, weiß ich auch nicht, was ich erreichen würde, wenn ich seine Gerichte nachwürzte.

Vergleichen wir nun diese mit einer anderen Situation. Sie gehen in ein Restaurant, um ein Steak zu essen. Natürlich nicht irgendein Restaurant und irgendein Steak. Stellen wir uns vor, Sie haben gerade im *Cut*, dem Lokal des österreichischen Starkochs Wolfgang Puck im Dorchester Hotel auf der Park Lane in London, das € 150 teure Ribeye-Steak vom japanischen Wagyu-Rind bestellt. In diesem Fall würde ich persönlich dringend erwarten, dass ich gefragt werde, wie ich das Steak möchte. Und ich würde einen mittleren Aufstand machen, wenn mir kein Salz und kein Pfeffer gebracht würden. Preislich gesehen sind wir hier nicht allzu weit von der *Fat Duck* entfernt, zumindest wenn Sie noch Pommes frites, Beilagen, Vorspeisen und so weiter bestellt haben. Trotzdem wird in dem einen Fall die Möglichkeit der Kundenanpassung geradezu erwartet, und im anderen ist sie verpönt. Das heißt, der Preis oder die Kochkünste der Küchenmeister scheinen hier nicht ausschlaggebend zu sein.

Worin liegt dann der Unterschied? Ich selbst habe schon einige Steaks in meinem Leben gebraten und weiß daher ziemlich gut, wie ich sie am liebsten mag. Ich habe sozusagen einen inneren Maßstab. Täuscht mich mein Essensgedächtnis auch bisweilen, so habe ich doch eine sehr genaue Vorstellung davon, wie ein Steak schmecken muss. Und wenn eine Pfeffermühle auf dem Tisch steht, greife ich fast unwillkürlich danach und gebe eine großzügige Portion auf mein Steak, noch bevor ich es überhaupt probiert habe. Wie lässt sich ein solches Verhalten erklären? Könnte es sein, dass ich das Gericht durch diese schlichte Handlung zu meinem eigenen Gericht mache, es also meinen Kundenwünschen anpasse? Worauf es mir fast automatisch besser schmeckt? Und könnte es sein, dass diese Vorgehensweise ähnlich funktioniert wie bei dem Gast, der nur leicht den Teller dreht, nachdem der Kellner ihn vor ihm abgestellt hat? Eine andere mögliche Erklärung wäre, dass wir die eigenen Vorlieben eher am Ende eines bestimmten Geschmacksspektrums sehen – ich etwa denke, dass ich mein Steak schärfer mag als die meisten anderen Menschen – und dass uns daher die meisten massengefertigten Gerichte besser schmecken, wenn wir sie unserem persönlichen Profil anpassen.

Vielleicht aber ist der entscheidende Aspekt, inwieweit die rohen Zutaten während der Zubereitung verwandelt wurden, ehe sie als Gericht auf der Speisekarte und am Ende auf meinem Teller landen. Bei relativ gering verarbeiteten Speisen wie Steaks wäre es demnach in Ordnung oder sogar ausdrücklich gestattet, sie nachzuwürzen. Doch sobald das Fleisch mit Sauce beträufelt serviert wird, erscheint das Nachwürzen weniger gerechtfertigt, vor allem wenn das Gericht aus der Küche eines Spitzenkochs kommt. Und die sagenhaft elaborierten Speisen der *Fat Duck* schließlich sind auf derart hohem Niveau verarbeitet, dass wir kaum mehr herausschmecken, was die ursprünglichen Zutaten überhaupt gewesen sind; sie wurden in etwas vollkommen Neues verwandelt. Unter diesen Umständen besteht also kaum ein Grund für Kundenanpassung. Nebenbei bemerkt bedeutet das aber nicht, dass es in derartigen Lokalen keine Personalisierung gäbe. Sie zeigt sich nur in anderen Aspekten des Service oder des Menüs.

MEINE PERSÖNLICHE ANTWORT

Um dieses Kapitel endlich abzuschließen, möchte ich auf die Frage zurückkommen, ob Marco Pierre White recht hat, wenn er den Gästen nicht gestattet, sein Essen nachzuwürzen. Sollten wir das Würzen eines Gerichts tatsächlich dem Küchenchef überlassen – vorausgesetzt, er hat die entsprechende Zahl an Michelin-Sternen? Oder gilt nicht das Diktum «Der Kunde hat immer recht»? Jeder von uns lebt in einer eigenen Geschmackswelt. Insofern dürfen wir nach allem, was wir wissen, eigentlich nicht mehr hinter die Tatsache zurückgehen, dass unsere Geschmacks- und Geruchswahrnehmung, ja sogar die Wahrnehmung von Aromen, individuell höchst unterschiedlich sind. Aber heißt das denn, dass die in Restaurants servierten Speisen und Getränke in Zukunft auf unser persönliches Geschmacksprofil zugeschnitten sein sollten? Auch das war eine der weitreichenden Ideen der Futuristen. Marinetti schrieb: «Wir werden Mahlzeiten mit den vielfältigsten Eigenschaften kreieren, bei denen für jede Person Gerichte geschaffen werden, die ihr Geschlecht, ihren Charakter, ihren Beruf und ihr Empfindungsvermögen berücksichtigen». Inzwischen wird uns Konsumenten immer häufiger die Gelegenheit eingeräumt, den Geschmack verschiedenster Lebensmittel zu personalisieren, von der Schokolade (Maison Cailler) bis hin zum Champagner (Duval-Leroy), und Illy hat sogar ein System entwickelt, mit dem der Kunde das sensorische Profil seines Kaffees einstellen kann.[8]

Nach all diesen Erkenntnissen werden Sie sicher verstehen, wenn ich Ihnen empfehle, beim nächsten Abendessen für Ihre Freunde ruhig Salz und Pfeffer auf den Tisch zu stellen, ganz gleich wie schmackhaft Ihren Geschmacksknospen zufolge die Speisen sind und was Sie mit den Zutaten alles Zauberhaftes angestellt haben.

11.

DAS EXPERIMENTELLE MAHL

«War es ein schönes Erlebnis für Sie?» Immer wieder stellte das Servicepersonal den Gästen diese Frage, während es sie durch die verschiedenen Etappen des Abends «About 50 days» von Albert Adrià im Londoner *Café Royal* geleitete. Seit wann ist das die Frage? Warum werden die Gäste nicht gefragt, ob ihnen das Essen geschmeckt hat? Das liegt wohl am allgegenwärtigen Aufstieg der «Erlebnisindustrie», die Alvin Toffler schon 1970 in seinem Bestseller *Der Zukunftsschock* vorausgesagt hat.

B. J. Pine II und J. H. Gilmore gebührt die Ehre, ausgehend von Philip Kotlers frühen Ideen über Atmosphäre und Ambiente von 1974 die «Erlebnisökonomie» als einen wirtschaftlichen Sektor erkannt zu haben. Ihnen zufolge kauft der Konsument keine Speisen oder Getränke und auch keine anderen Produkte oder Dienstleistungen, sondern was die Menschen genießen und zunehmend auch teilen wollen, sind «Erlebnisse». Und Erlebnisse sind per Definition multisensorisch. Die oben genannte Frage hören wir also heute so häufig, weil es beim Essen im Restaurant nur nachrangig um das Stillen von Hunger geht.

Wenn Sie sich in der gehobenen Gastronomie umsehen, werden Sie feststellen, dass Ihnen immer mehr Chefköche und Restaurantbesitzer ein multisensorisches Erlebnis versprechen. Zum Beispiel sagte Andoni Aduriz, der heutige Küchenchef des *Mugaritz* in San Sebastián, über seine Zeit im *elBulli* unter Ferran Adrià: «Für ihn war das Wichtigste das Erlebnis, das, was man fühlt, wenn man im *elBulli* speist.»[1] Oder in einer Zeitung steht zur Beschreibung eines Franchise-Restaurants von Marco Pierre White: «Über das vor zwei Jahren eröffnete Steakhouse heißt es auf der Website, alles gehe um das Erlebnis: ‹die Freude, die Atmosphäre und die Gesellschaft mit den Freunden und der Familie in einer prachtvollen, angenehmen Umgebung›.»²

DAS INSZENIERTE ESSERLEBNIS

Die Restaurantküche wandelt sich gerade von ihrer traditionellen Funktion der Restauration oder des Restaurierens – des «Wiederherstellens» durch Nahrungsaufnahme – hin zu einem Medium künstlerischen Ausdrucks. Das Restaurant wird zur Bühne, auf der die Köche und Kellner der weltweiten Spitzenadressen zunehmend zu Zauberkünstlern und Schauspielern werden. Erst war nur die Rede von Atmosphäre, dann kamen Begriffe wie Inszenierung, Geschichtenerzählen oder Magie hinzu. Dadurch wird ein gastronomisches Erlebnis geschaffen, das über den Tellerrand hinausgeht. Damit befassen sich die Küchenchefs heutzutage vorrangig, um endlich einen Platz in der San-Pellegrino-Liste der fünfzig besten Restaurants der Welt einzunehmen. Es gibt aber Stimmen, die derartigen Listen einen unguten Einfluss zusprechen. «Daniel Humm und Will Guidara vom *Eleven Madison Park* in New York führten eine ganze Reihe von Änderungen ein, nicht zuletzt ausgelöst dadurch, dass ‹die San-Pellegrino-Jury Restaurants bevorzugt, die ortsspezifisch und mit Inszenierung arbeiten›. Sie nahmen ein Kümmelblättchendessert auf ihre Karte sowie, um den Locavore-Trend zu befeuern, einen Käse-Bier-Gang, der in einem nostalgischen Central-Park-Picknickkorb daherkam.» Jemand formulierte es einmal so: «Wenn die Weinindustrie parkerisiert wurde, dann kann man mit Fug und Recht behaupten, dass die Restaurantwelt pellegrinoisiert wurde.» David Chang, der Gründer des berühmten *Momofuku*, beschreibt das typische Top-50-Restaurant so: «Ein chinesisches Restaurant, geleitet von einem Mann, der bei Adrià, Redzepi und Keller gearbeitet hat. Er kocht über offenem Feuer. Alles dreht sich um sein Terroir. Er hat einen eigenen Bauernhof und fängt die Seeigel selbst mit der Hand.»³ Tatsächlich meinen einige, die derzeitigen Trends in der Spitzengastronomie seien von der Intention getrieben, unter allen Umständen ein Erlebnis zu verkaufen.

Im *Sublimotion* auf Ibiza gibt es die derzeit teuerste Mahlzeit, die überhaupt in einem Restaurant zu haben ist. Wenn Sie das Glück haben, dort einen Platz zu bekommen, müssen Sie an die € 1500 pro Kopf rechnen. Angesichts eines solchen Preises kann sich das Degustationsmenü auch mit zwanzig Gängen nicht allein ums Essen drehen, oder? Man kann davon ausgehen, dass die Gäste für ein Erlebnis viel eher einen derart saftigen Preis zu zahlen bereit sind als nur für eine Mahlzeit, so köstlich sie auch sein mag.

Die offene Küche und der am Tisch kochende Küchenchef – beides Trends von wachsender Beliebtheit – sind Anzeichen dafür, dass die Zubereitung der Speisen zum Theater wird. Auch eine Führung durch die Küche gehört in vielen Toprestaurants immer häufiger, ja fast schon selbstverständlich zum Abend dazu. Juliet Kinsman schrieb im *Independent on Sunday*: «Hätten Sie damals den Eigentümern gesagt, dass die Gäste irgendwann einmal darum bitten werden, dem Küchenteam bei der Arbeit über die Schulter zu schauen, wären sie erbleicht. Heute liegt das Fleisch vor dem Essen auf dem Präsentierteller und das Werkeln des Kochs ist die Würze des Gerichts – wir wollen etwas gezeigt bekommen, während wir essen. Im *ABaC Restaurant & Hotel* in Barcelona wird Ihnen gleich zu Beginn ein echter Kick geboten, da Sie durch die zweihundert Quadratmeter große Küche zu Ihrem Tisch geführt werden, wo Sie dann Ihr 14- oder 21-Gänge-Menü des mit zwei Michelin-Sternen ausgezeichneten Jordi Cruz goutieren. Und dass ich im *Typing Room* in London zusehen durfte, wie Lee Wescott mein Dessert mit Maronencreme garnierte, hat seine Speisen noch köstlicher gemacht.»⁴

Selbst das Schwinden der Auswahl können Sie durch die Brille

Abb. 41 Chefkoch Jesse Dunford Wood säbelt den Korken von einer Flasche Schaumwein. Ein höchst dramatischer Beginn für das Essen am Chef's Table im Londoner *Parlour*.

des Erlebnisdesigns sehen. Das alles aber ist nur ein Anfang – es gibt noch tausend andere Möglichkeiten. Einem Lehrbuch über Restaurantdesign von 2011 zufolge sind Restaurants zu über 50 Prozent Theater (siehe Abb. 41).

INSZENIERUNG AUF DEM TELLER

Seit ein paar Jahren beginnt man das Servieren der Speisen in ein kleines Theaterstück zu verwandeln, indem diese direkt am Tisch auf den Teller gegeben werden. Im *Alinea* in Chicago bekommen Sie bei manchen Desserts eine mehrminütige Show geboten. Bei einem Gericht breiten die Kellner zuerst eine wasserdichte Tischdecke auf dem Tisch aus und bringen dann alle möglichen Saucen und Zutaten. Als Nächstes kommt ein Koch aus der Küche, um vor den Augen der erstaunten Gäste «den Tisch zu garnieren», wozu er die festen Zutaten zerbröselt und den Tisch mit den Saucen nach Art Jackson Pollocks spritzend und tropfend bemalt. Die Köche sind sehr geübt darin, jedenfalls wurde das Dessert mit großer Kunstfertigkeit auf den Tisch gepinselt. Ähnliches können Sie im Sublimotion in Shanghai erleben, wo «die Bedienung mit einer Palette von Zutaten am Tisch erscheint und eine essbare Version von Gustav Klimts ‹Der Kuss› auf den Tisch ‹malt›».

Der Küchenchef Jesse Dunford Wood, mit dem ich zusammengearbeitet habe, ist damit berühmt geworden, dass er im *Parlour* in Kensal Rise im Londoner Norden das Dessert in großer Inszenierung direkt auf den Chef's Table gemalt hat, der sich im Übrigen in einer abgetrennten Nische zwischen Küche und Speisesaal befindet. Der Chef schwingt eine gefährliche Waffe: einen Schweißbrenner! Jeder Gast bekommt einen Kopfhörer, über den speziell für diesen Anlass ausgewählte Songs abgespielt werden, die ihm hoffentlich vertraut sind und eine emotionale Reaktion auslösen. Als ich das letzte Mal dort war, gab es als Erstes die berühmte Melodie aus *2001: Odyssee im Weltraum*, danach sang Gene Wilder etwas aus *Charlie und die Schokoladenfabrik*. Dazu kam aus einem Loch in der Wand parfümierter Rauch angeweht – ein wahrhaft multisensorisches Erlebnis. Interessant an dieser Inszenierung ist, dass der Koch während seiner Arbeit am Tisch dieselbe Musik hört wie die Gäste. Durch das Klangerlebnis, das jeder für sich und zugleich alle gemeinsam haben, sind alle miteinander verbunden.

Natürlich besteht die Gefahr, das Ganze zu weit zu treiben. Ein Beispiel dafür wäre das *Dive!*, Steven Spielbergs Restaurant in Los Angeles, in dem sich alles um U-Boote drehte. Ein Besucher erzählte mir, dass die Beleuchtung ziemlich übertrieben war. Eine Wand war komplett mit Bildschirmen bedeckt, auf denen permanent Filmausschnitte zum Thema liefen. In einer anderen Beschreibung der Atmosphäre im Restaurant heißt es: «Regelmäßig wurden alle Lichter gelöscht mit Ausnahme der tiefroten Lampen, die surrten

Abb. 42 *Oben:* Das Unterwasserrestaurant *Ithaa* wurde im April 2005 eröffnet. Es gehört zum Resort Conrad Maldives Rangali Island, liegt fünf Meter unterhalb des Meeresspiegels und bietet Platz für vierzehn Personen. *Unten:* «*Dinner in the Sky*», ein einzigartiges gastronomisches Erlebnis zehn Meter über dem Boden.

und blinkten, während ein Lautsprecher ‹Dive! Dive!› bellte.»[5]
Kein Wunder, dass das Restaurant schließen musste.

Man kann seinen Gästen natürlich auch ein unvergessliches gastronomisches Erlebnis bescheren, indem man einen besonders
spektakulären oder ungewöhnlichen Ort wählt: Mir würden da das
Unterwasserrestaurant auf den Malediven oder das Konzept «Dinner in the Sky» einfallen (siehe Abb. 42). Ein vielleicht nicht ganz
so extremes, aber ähnlich erfolgreiches Konzept ist das des *Electro-
lux Cube*. Dieser komplett verglaste Würfel stand eine Zeit lang auf
der *Royal Festival Hall* in der Londoner South Bank, und verschiedene britische Sterneköche verwöhnten dort abwechselnd die acht-
zehn Gäste. Wenn man den großartigen Ausblick hinzunimmt,
übertrifft dieses Erlebnis unzweifelhaft jedes gewöhnliche Pop-up-
Event. Inzwischen hat der Würfel an verschiedenen atemberauben-
den Orten in ganz Europa Station gemacht: auf einem Dach mit
Blick auf die Piazza del Duomo in Mailand, in Stockholm auf der
Königlichen Oper und in Brüssel. Dabei hat sicher auch die begrenzte Dauer zum Erfolg beigetragen.

DAS DRUMHERUM

Würden Sie gern ein Restaurant besuchen, in dem sich die Atmosphäre mit jedem Gang ändert? Die besten Sterneköche, für die
Geld keine Rolle spielt, setzen dazu neueste Technologien ein. Küchenchefs mit kleinerem Budget erreichen einen ähnlichen Effekt,
indem sie ihre Gäste nach jedem Gang in einen anderen Raum
schicken. Als Grant Achatz darüber nachdachte, wie er das gastronomische Erlebnis in seinem Restaurant *Alinea* verbessern könnte,
meinte er: «Vielleicht erleben die Gäste einen Teil des Degustationsmenüs im einen Raum und wechseln dann in eine andere
Umgebung, die von der Gestaltung, den Designelementen, dem
Licht und sogar dem Aroma her vollkommen anders ist.»[6] Heute

sehen wir einen oft durch Technologie befeuerten Trend hin zu einer dynamischeren, wagemutigeren Konzeption des gastronomischen Erlebnisses, zum Geschichtenerzählen und zu mehr Theater, gewürzt vielleicht noch mit etwas Magie – herzlich willkommen in der wunderbaren neuen Welt des experimentellen Mahls! Wobei wir an dieser Stelle natürlich nicht darüber reden, dass ein bisschen mit den Farben der Beleuchtung gespielt oder die Musik und die Klanglandschaften auf die einzelnen Gänge abgestimmt werden. Wir haben ja bereits anhand mehrerer Beispiele erfahren, wie Umgebungsaromen als Begleitung für bestimmte Gerichte eingesetzt werden können. Küchenchefs wie Paco Roncero im *Hard Rock Hotel* auf Ibiza sind noch einen Schritt weiter gegangen und experimentieren im wörtlichen Sinne mit der Atmosphäre in ihren Räumen, mit Raumtemperatur und Luftfeuchtigkeit.

Die nächste Generation der Erlebnisanbieter trachtet nun danach, ein an sich schon großartiges Angebot nicht einfach zu verbessern, sondern, sagen wir, zu ergänzen. Dazu sehen sie sich das Drumherum noch etwas genauer an. In dieser Hinsicht sind die innovativsten Köpfe tatsächlich unter den Spitzenköchen mit zwei oder drei Michelin-Sternen zu finden, die Jahr für Jahr in der San-Pellegrino-Liste der fünfzig besten Restaurants der Welt stehen. Manchen von ihnen ist aufgefallen, dass ihr Essen noch so gut sein kann, sie aber ihren Gästen niemals ein optimales Erlebnis bescheren können, solange das Drumherum nicht genauso stimmt. Natürlich könnte man den Spieß wieder umdrehen und sagen, dass sich diese Köche auf die Aspekte jenseits des Tellerrands konzentrieren, weil darauf auch das vorrangige Interesse der San-Pellegrino-Jury gerichtet ist: «Die Küchenchefs schielen nach der Liste und wissen um die entsprechenden ästhetischen Präferenzen und methodischen Schwächen.»[7] Die Köche selbst haben in dieser Hinsicht eine klare Haltung. Paul Pairet vom *Ultraviolet* in Shanghai etwa besteht darauf, dass er durch die Abstimmung der multisensorischen Atmosphäre auf jeden einzelnen Gang «den Fokus noch

mehr auf das Essen richten kann, anstatt dadurch vom Essen abzulenken».[8] An anderer Stelle sagt er: «Sie können sich dem, was
ich zu vermitteln versuche, nicht entziehen. Alles bringt Sie dazu,
dass Sie sich noch stärker auf das Essen konzentrieren.»[9] Die tech-
nologielastigen atmosphärischen Projektionen an den Wänden und
auf den Tischen einiger futuristischer Gasträume bieten gewiss viel
Raum für Inszenierung und Narration – beides hervorragende
Möglichkeiten, um die Aufmerksamkeit des Gastes während eines
Degustationsmenüs mit fünfzehn oder gar zwanzig Gängen auf-
rechtzuerhalten.

Wenn Sie gern genauer wüssten, was Sie bei einem solchen Besuch erwartet, dürfen Sie sich an der Beschreibung eines Journalisten ergötzen, der einen Platz im *Ultraviolet* von Pairet ergattert hat:
«Der Abend beginnt spektakulär mit einem gefrorenen, in Schei-
ben geschnittenen Apfel-Wasabi-Sorbet. Auf die Wände wird eine
gotische Abtei projiziert, die Luft ist mit heiligem Weihrauch erfüllt, und wir werden mit ‹Hells Bells› von AC/DC beschallt.»[10] Ein
Besuch im *Sublimotion* wurde beschrieben als ein «hoch emotiona-
les ‹Theater der Sinne› … ein Abend aus Gastronomie, Barkultur
und Technologie.»[11] Das *Ultraviolet* selbst preist sich als das erste
Restaurant an, das neueste Technologien einsetzte, um den Gästen
ein intensives multisensorisches Erlebnis zu bescheren. Als es im
Mai 2012 eröffnete, zog es das Interesse der Medien weltweit auf
sich.

Ein weiteres gastronomisches Event, bei dem alle nur erdenk-
lichen Mittel eingesetzt werden, ist das einmalige Gelinaz!-Dinner.
Das Essen wird von einigen der weltbesten Spitzenköche zubereitet,
und in die einzelnen Gänge werden Musik, Tanz, Magie und Videos
eingebaut. Mir scheint der Aufwand gerechtfertigt, da dieses Event
bis zu acht Stunden dauern kann. Das *El Celler de Can Roca* in
Spanien war in den letzten Jahren regelmäßig in der Liste der 50
besten Restaurants der Welt zu finden. Im Mai 2013 holten sich die
beiden Küchenchefs, die Brüder Roca, den Dirigenten Zubin Mehta

und den bildenden Künstler Franc Aleu ins Boot, um eine großartige kulinarische Oper mit zwölf Gängen zu komponieren, unter dem Titel «El Somni» (Der Traum). Dieses einmalige Abendessen wurde für zwölf sorgfältig ausgewählte Gäste in einer speziell dafür eingerichteten Rotunde in Barcelona abgehalten – exklusiver geht es nicht, ein buchstäblich einmaliges Erlebnis! Es wurde eigens für das Event ein Soundsystem installiert, und die Gäste waren von betörenden Projektionen umgeben. Die Veranstalter hatten keine Kosten und Mühen gescheut. Ich mag gar nicht darüber nachdenken, was das Ganze gekostet hat. Schwarze Zahlen kann man mit einem solchen Abend sicher nicht schreiben, dazu müssten die Gäste ein Vermögen ausgeben (was sie nicht getan haben). Ich vermute, dass die diversen Marken, die das Event gesponsert haben, auf die internationale Publicity gesetzt haben.

DIE SHOW AM TISCH

Glauben Sie, dass Sie Ihr Dessert mehr genießen würden, wenn ein Cellist neben Ihrem Tisch säße und ein eigens für diesen Moment komponiertes Stück oder vielleicht auch nur einen durchgehenden Akkord spielte? Zumindest wäre das ein besonderes Erlebnis.[12] Dass Musik als Begleitung zum Essen komponiert wird, ist indes nichts Neues. Schon Mitte des 16. Jahrhunderts wurde für Festessen und andere besondere Ereignisse sogenannte Tafelmusik komponiert. Heutzutage greifen Komponisten, Künstler und Klangdesigner die Idee wieder auf, um Musik speziell für eine Mahlzeit zu entwickeln. Doch während die Musik damals vor allem für den Anlass komponiert wurde, geht es heute darum, sie auf das Essen selbst zuzuschneiden.

Welchen Einfluss haben die Musik und die atmosphärischen Klanglandschaften, die immer häufiger in Restaurants ertönen, auf Ihr gastronomisches Erlebnis? Wir haben bereits gesehen, dass

Austern durch den begleitenden Klang von Meeresrauschen besser schmecken. Darauf aufbauende Studien des experimentellen multisensorischen Designteams Condiment Junkie haben gezeigt, dass Erdbeeren durch Geräusche eines englischen Sommers fruchtiger und frischer schmecken. Wenn man diese Erkenntnis nun mit der Literatur über akustisches Würzen vergleicht, stellt man fest, dass die sensorische Unterscheidung – was es ist – und die Genussbewertung – wie wir es mögen – offenbar durch Geräusche beeinflusst werden können. Ein Aspekt, mit dem man sich genauer befassen sollte.

Eine interessante Herausforderung bei der Entwicklung von Musik oder Klanglandschaften als Begleitung für ein bestimmtes Gericht oder die gesamte Mahlzeit besteht darin, dass sich die einzelnen Stücke in Dauer und Struktur womöglich stark von traditioneller Musik unterscheiden müssen. Tatsächlich hat die Musik, die speziell für ein Gericht oder Mahl komponiert wird, mehr mit dem Soundhintergrund in Videospielen als mit einem Top-40-Hit gemein. Idealerweise ist sie repetitiv und mehr oder weniger gleichbleibend, entwickelt sich aber zugleich weiter, während die Gäste von einem Gang – oder Level – zum nächsten gelangen. So etwas hat der Sounddesigner Ben Houge mit seinen innovativen Klanginstallationen im Sinn. Zum Beispiel erarbeitete Houge 2012 mit dem Chefkoch Jason Bond in dessen Restaurant *Bondir* in Cambridge, Massachusetts, eine Reihe von begleiteten Gerichten. Jedem Gast wurde ein Lautsprecher zugeteilt, sodass es insgesamt dreißig Kanäle mit abgestimmten algorithmischen Raumklängen gab, was auch dann funktionierte, wenn die Tische zu verschiedenen Zeiten besetzt wurden.

GESCHICHTENERZÄHLEN AM TISCH

In einem Artikel in der *New York Times* hieß es 2012: «Restaurants der obersten Kategorie – das *Noma* in Kopenhagen, das *Alinea* in Chicago, das *Mugaritz* und das *Arzak* in Spanien – verkaufen ihre Kochkünste heute als ein abstraktes Kunstwerk oder als experimentelles Erzählen.»[13] Ein hervorragendes Beispiel dafür ist «Alice im Wunderland» als Thema, das sich in der *Fat Duck* durch mehrere Gänge zieht – der Name des Gerichts «Mad Hatter's Tea Party» stammt aus dem Buch. Als das Restaurant Ende 2015 nach einer Renovierung wieder eröffnete, wandte sich Blumenthal an Lee Hall, den Drehbuchautor des Films *Billy Elliot*, um das Menü in eine Geschichte einzubinden: «Das Menü wird zu einer Erzählung. Es hat eine Einleitung und mehrere Kapitel, und die Kapitelüberschriften vermitteln jeweils eine Vorstellung davon, was als Nächstes zu erwarten ist.» Blumenthal ging noch weiter. Der Presse gegenüber sprach er davon, dass er das Wesen seines Restaurants von Grund auf verändern wolle, wobei er größten Wert auf das Narrative lege: «Es ist so, in der *Fat Duck* dreht sich alles um das Erzählen. Ich wollte unseren Ansatz einmal gründlich überdenken.»[14] So erklärt sich auch, weshalb auf den Tischen wie zufällig Bücher liegen, in denen der Küchenchef Jozef Youssef die Gerichte seines neuen Konzepts mit dem Namen «Gastrophysics» in allen Details erläutert. Grant Achatz vom *Alinea* wiederum fragte sich, was geschähe, wenn er das Essen in seinem Restaurant wie die Kulisse eines Theaterstücks behandelte.

Magie und Zauberkunst halten immer häufiger Einzug in die Gastronomie. Im *Eleven Madison Park* in New York gibt es zum Dessert einen Kartentrick. Blumenthal wiederum holte sich Rat bei einem Zauberer: «Jetzt bieten wir ein Gerstensorbet an, das in einer Schüssel mit verborgenen Hohlräumen serviert wird und sich entzündet, wenn der Kellner mit den Fingern schnippt. Außen wird es

Abb. 43 Die *Tickets Bar* in Barcelona, ein neues Lokal der Brüder Ferran und Albert Adrià.

warm, innen bleibt es aber eiskalt. Während das Feuer um das Sorbet züngelt, steigt ein Dampf mit dem Geruch von Whisky und Leder auf, der Sie in eine weihnachtliche Jagdhütte in Schottland versetzt.»[15] Diese Schüsseln sollen angeblich über € 1000 das Stück kosten.

THEATER AM TISCH

Warum werden Shows mit vorangehendem Abendessen angeboten? Warum kann man nicht beides kombinieren? Wir essen, während wir die Show sehen – oder das Essen wird zur Show. Die Essensevents in *Madeleines Madteater* in Kopenhagen werden oft als experimentelles Esstheater bezeichnet: «Das ist Kunst, die Sie mit allen fünf Sinnen erleben, die überzeugendste Show der Stadt. Das *Madteater* ist, wie der Name schon sagt, Essenstheater. [...] Wir haben den Akt des Essens als das erlebt, was er ist, als einen Akt.

Ich fühlte mich zu gleichen Teilen als speisender Gast, Darsteller und Zuschauer, und das Restaurant war zugleich Oper, Galerie und die Praxis eines Psychiaters. Es war seltsam. Es war köstlich.»[16] Was glauben Sie, was Sie vor sich haben, wenn Sie an dem Schaufenster in Abb. 43 vorbeigehen? Dieser Laden ist eine Tapas-Bar. «Die Atmosphäre ist vom Theater wie vom Zirkus inspiriert und spielt mit einem Augenzwinkern auf Charlie und seine ergötzliche Schokoladenfabrik an. Die Köche werkeln an verschiedenen Arbeitsplatten, die Kellner tänzeln wie Platzanweiser durch den Saal und die Leckerbissen werden mit der geheimnisvollen und andeutungsreichen Gestik wie in einem Varieté an den Tisch gebracht.» Wenn das Essen im Restaurant inszenierter und showmäßiger wird, ist es nur folgerichtig, dass das Restaurant selbst wie ein Theater aussieht.

Und könnte man noch weiter gedacht nicht auch Tickets für die Show verkaufen? Tatsächlich hat der amerikanische Chefkoch Grant Achatz genau das in seinem Restaurant *Next* in Chicago gemacht. Wenn Sie dort speisen möchten, müssen Sie auf der Website ein Ticket erwerben. Und genau wie im Theater gibt es billigere Plätze für Shows alias Essen zu Zeiten, zu denen das Restaurant weniger überlaufen ist; zum Beispiel kostet eine Eintrittskarte für ein Mittagessen am Montag deutlich weniger als für ein Abendessen am Samstag. Ein spannendes Konzept – inzwischen haben eine Reihe anderer Restaurants und Pop-up-Events etwas Ähnliches gemacht. So heißt es auf der Website des *Ultraviolet*: «Jetzt Karten bestellen.»

Meine Prognose für die nächsten Jahre ist, dass die Grenze zwischen Theater und gastronomischem Erlebnis immer weiter aufweichen wird. Sehen Sie sich nur die innovative Theaterkompanie Punchdrunk an. Mir ist wie sicher vielen anderen «Sleep no more» noch in lebhafter Erinnerung, eine Nacherzählung von Shakespeares *Macbeth*, die auf mehreren Etagen eines Lagerhauses in einer verlassenen New Yorker Gegend stattfand – ein immersives Theater-

erlebnis sondergleichen. Angesichts der Schauspieler, Sänger und
Zauberkünstler, die in unseren Speisesälen auftauchen, stellt sich
die Frage, ob man nicht das Theater von Punchdrunk mit multisensorischer Gastronomie kombinieren könnte? Und lustigerweise
haben die Macher hinter Punchdrunk tatsächlich ein Restaurant
eröffnet. Wie der Gründer Felix Barrett sagt, haben sie für dieses
Restaurant ursprünglich eine Erzählung entwickelt, die von zwölf
Schauspielern dargestellt wird. Doch als sie das Konzept ausprobierten, stellten sie fest, «dass ‹die Leute gar nicht bereit waren, während des Essens ein Theaterstück zu sehen›. Außerdem spielten
auch die Kosten eine Rolle. Deswegen gibt es jetzt eine sparsamere,
weniger dramatische Begleitung zum Essen.»[17]

Das außergewöhnlichste Restaurant in dieser Hinsicht ist das
Andrés Carne de Res in Kolumbien, das am Stadtrand von Bogotá
liegt. Dort laufen Schauspieler, Musiker, Zauberer und diverse
andere Darsteller durch den kunterbunt verzierten Raum, der mit
Tand, Holzpfählen und Lichtern eine knisternde Atmosphäre kreiert. Ich empfehle Ihnen, abends hinzugehen, weil die Tische nach
dem Essen zu einer Tanzfläche zusammengeschoben werden. Gäste
durch verschiedene Räume zu geleiten, anstatt ihnen mithilfe aufwendiger Technologien verschiedene Ambiente zu bieten, kann eine
technikarme wie kostengünstige Lösung für ein experimentelles
Mahl sein. Nicht alle Gastronomen verfügen über das Budget oder
die Ausstattung eines Paul Pairets, Paco Ronceros oder der drei
Roca-Brüder. Hält man bei der Planung eines multisensorischen
Erlebnisses die Kosten niedrig, lässt sich ein Event kreieren, das zumindest etwas besser kalkulierbar ist.

Ein Beispiel für eine Lösung ohne großen technischen Aufwand
ist das Event «Chambers of Flavour» (Aromakammern) im Londoner *Gingerline*. Die Gäste bekommen in kleinen Gruppen ein Vier-
oder Fünf-Gang-Menü serviert, wobei jeder Gang in einem anderen
Raum mit einer darauf abgestimmten Inszenierung abgehalten
wird. Suz Mountford, die Mitgründerin dieses immersiven gastrono-

mischen Erlebnisses, sagt: «Die Gäste buchen uns, ohne zu wissen, was sie erwartet. Sie können durch einen Zauberwald reisen, ein Raumschiff betreten und bei Sonnenuntergang am Strand sitzen. Währenddessen begegnen ihnen alle möglichen verrückten Figuren ... Wir wollten das kulinarische Erlebnis unbedingt in einen kreativen Raum einbinden, um nicht nur die Geschmacksknospen, sondern alle Sinne zu stimulieren.» Auch hier wirken Schauspieler, Tänzer und andere Darsteller mit.[18]

Nachdem ich nun so viel über Show und Spektakel am Tisch berichtet habe, darf ich nicht versäumen, ein wahrhaft spektakuläres Mahl zu erwähnen, das im Februar 1783 in Paris abgehalten wurde. Alexandre Balthazar Laurent Grimod de la Reynière, Sohn eines gut betuchten Steuerbauern und Neffe eines Ministers von Ludwig XVI., gab ein Abendessen, bei dem Hunderte von Zuschauern auf einer Galerie dem Geschehen zusehen konnten – Gastfreundschaft als Theatervorstellung. Die Einladungen klangen wie die pathetische Ankündigung eines Begräbnisses. Hier eine Beschreibung des Abends:

Wie bei einem Bankett der Freimaurer, womit Zeitgenossen es verglichen, führte Grimod bei seinem Essen arkane Rituale und halbdemokratische Regeln ein [...]. Grimods Gäste mussten zunächst durch eine Eingangshalle und dann durch verschiedene Kammern gehen, bevor sie in einen abgedunkelten Warteraum und schließlich in das Allerheiligste gelangten, den Speisesaal. In einem Raum prüften Herolde in römischen Roben die Einladungen der Gäste; im nächsten wurden diese eingehender von einem «seltsamen, furchterregenden Mönch» mit Waffe und Helm untersucht; schließlich begrüßte und befragte sie ein Herr im Richtergewand, wobei er sich Notizen machte [. . .]; und auf der letzten Etappe ihrer Initiation wurden sie von zwei Dienern, die als Chorknaben verkleidet waren, in Weihrauch gehüllt.

Abb. 44 «Make a Salad» (1962) von Alison Knowles, partizipatorische Performance-Kunst mit Essen für mehrere Hundert Personen.

Diese spektakuläre Einladung ist Performance-Kunst, bei der das Essen im Mittelpunkt steht.

PERFORMANCE-KUNST MIT MAHLZEIT

In den letzten fünfzig Jahren finden wir viele Beispiele für Performance-Künstler, die mit Essen gearbeitet und entweder die Zubereitung oder das Verspeisen eines Gerichts auf die Bühne gebracht haben. Die Idee geht – wie könnte es anders sein – auf die Futuristen zurück. Sie wollten «Kunst und Gastronomie vermählen und das Speisen in Performance-Kunst verwandeln».[19] Heute gibt es zahlreiche Vertreter dieser Richtung. Die amerikanische Experimentalkünstlerin Alison Knowles zum Beispiel servierte in der Tate Modern in London einen Salat für 300 Personen, während im Hintergrund Mozart zu hören war (siehe Abb. 44). Das partizipatorische Event «Make a Salad» (Einen Salat machen) stammt aus der Künstlerbewegung Fluxus aus den Sechzigerjahren. Die Künstle-

rin selbst sagt: «Der Salat wird für mehrere Hundert Zuschauer gemacht [...]. Am Anfang des Events ist ein Duo für Violine und Cello
von Mozart zu hören, dann bereitet die Künstlerin den Salat zu,
der anschließend vom Publikum gegessen wird. Der Salat ist immer
anders, während Mozart immer gleich bleibt.»[20]

Doch nichts ließe sich mit jener Tortur vergleichen, die die sechzehn Gäste von Barbara Smiths sechsgängigem «Ritual Meal» (Ritu-
elles Mahl) von 1969 durchleben mussten. Dieses performative Event
begann damit, dass man die geladenen Gäste eine Stunde lang vor
einem Haus warten ließ. Über eine Lautsprecheranlage wurde ihnen
gebetsmühlenartig verkündet: «Bitte warten. Bitte warten.» Als sie
endlich eintreten durften, wurden sie mit dem lauten Pulsieren
eines Herzschlags beschallt, und auf Wände und Decke wurden
Videos einer Operation am offenen Herzen projiziert.

Acht Kellner, vier Männer mit OP-Kittel und Maske und vier Frauen
mit Maske, schwarzer Strumpfhose und Trikot, führten sie an einen
Tisch. Bevor die Gäste das Haus betraten, mussten sie selbst einen
OP-Kittel anziehen [...]. Dann wurde den Gästen ein Mahl serviert,
wie sie es noch nie erlebt hatten. Passend zum Thema «Operations-
saal» bestand das Essbesteck aus chirurgischen Instrumenten. Das
Fleisch musste mit dem Skalpell geschnitten werden. Der in Rea-
genzgläsern servierte Wein sah aus wie Blut oder Urin. In dieser
aufgeladenen Atmosphäre bekam gewöhnliches Essen eine außergewöhnliche Bedeutung, ein Effekt, den Smith noch durch die Zubereitung und Darbietung der Speisen verstärkte. Pürierte Früchte
wurden in Plasmaflaschen serviert. Rohe Lebensmittel wie Eier oder
Hühnerleber, die am Tisch zubereitet werden mussten, gehörten
ebenso zum Essen wie Käseplatten, die mit kleinen roten, Organen
ähnelnden Paprikas garniert waren. Obwohl die Speisen durchaus
schmackhaft waren, war das Esserlebnis für die Gäste, die ihre Wein-/
Reagenzgläser nicht abstellen konnten und bisweilen gezwungen
waren, mit den Fingern zu essen, in höchstem Maße unbehaglich.[21]

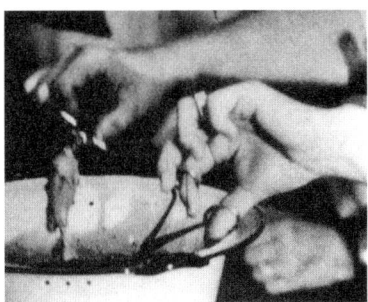

Abb. 45 «Ritual Meal» von
Barbara Smith (1969).

Einen Eindruck, wie sich die Gäste an diesem Abend gefühlt haben
müssen, vermittelt Ihnen Abb. 45 mit einer Nahaufnahme von der
Performance.

Ist Essen Kunst? Im herkömmlichen Sinne ist die Antwort eindeutig Nein, da der Hauptunterschied, um es mit Ludwig Wittgenstein
zu sagen, darin besteht, dass der Zuschauer beziehungsweise Spei-
sende nicht «interesselos» ist. Viele Chefköche lassen sich zunehmend von der Kunst inspirieren und nennen sich sogar selbst
Künstler. Wenn wir uns einmal von der merkwürdigen Vorstellung
lösen, essen zu gehen hätte ausschließlich mit Nahrungsaufnahme
zu tun, sehen wir das Aufkommen künstlerischer Gerichte, die nicht
unbedingt gut schmecken müssen. Dafür gibt es ein grandioses Beispiel. Bei einem Gericht in einem der letzten Menüs des *Mugaritz*
in San Sebastián – gottlob nur bei einem! – weiß der Koch, dass es
den Gästen nicht sonderlich munden wird. Es handelt sich um
Trockenfisch. Diese regionale Spezialität spielt aber für die Geschichte, die über dieses Mahl in dieser ländlichen Gegend erzählt
wird, eine wichtige Rolle, weshalb das Gericht trotz negativer
Online-Kommentare nicht aus dem Menü genommen wurde. Küchenchef Andoni schreibt dazu in seinem Buch: «Es gab in der Entwicklung des *Mugaritz* einen Schlüsselmoment, in dem uns klar
wurde, dass wir bestimmte Speisen servieren, die objektiv betrachtet nicht unbedingt schmackhaft sind, aber eine große emotio-

nale Kraft haben. Zum Beispiel wird das Gericht ‹Gebratenes und rohes Gemüse, wilde und kultivierte Sprossen und Blätter› gleichsam in einem anderen Bewusstseinszustand gegessen [...]. Bitter schmeckende Pflanzen sind für den Gast eine echte Herausforderung, und aus dem Kontext genommen könnte man dieses Gericht tatsächlich als unangenehm bezeichnen. Es ist zugegebenermaßen ein Angebot, das für leichtes Unbehagen sorgt.»

Ob man Essen als Kunstform und – zumindest die besten – Köche als Künstler bezeichnen kann, ist eine Frage, die sicher noch lange diskutiert werden wird. Ich persönlich glaube, dass es uns immer selbstverständlicher vorkommen wird, Spitzenköche als Künstler anzusehen.

DIE ZUKUNFT DES EXPERIMENTELLEN ESSENS

Das Restaurant, wie wir es kennen, ist eine ziemlich neue Erscheinung, die in der zweiten Hälfte des 17. Jahrhunderts in Paris aufkam. Eine weniger radikale Zukunftsvision könnte zum Beispiel sein, dass sich die relative Verteilung und die Preisgestaltung verschiedener Restaurantkonzepte ändern werden. Forscher, die sich mit der derzeitigen Situation beschäftigen, unterscheiden zwischen der *fête spéciale*, «bei der das Essen zu einem Event von außergewöhnlichem Format erhoben wird», dem Vergnügungsrestaurant und dem Schnellrestaurant.[22] Dabei werden vermutlich die ersten beiden Kategorien durch die zunehmende Verbreitung multisensorischer experimenteller Events auf Kosten der dritten Kategorie wachsen.

Seien Sie unbesorgt – beziehungsweise seien Sie besorgt. Alles hängt von der Perspektive ab. Schon bald werden wir in vielen alltäglichen Situationen, in denen wir Speisen und Getränke zu uns nehmen – in der Restaurantkette, im Hotel, beim Bäcker oder in der Weinbar, zu Hause oder in der Luft –, von multisensorischen experimentellen Reizen umgeben sein. Meine Hoffnung ist, dass

diese atmosphärischen Impulse auf der Grundlage gastrophysikalischer Erkenntnisse entwickelt worden sein werden, um bestimmte
Aspekte des Geschmackserlebnisses zu verändern und zu verbessern. Angesichts unseres Wissens über die begrenzten Kapazitäten
des Gehirns sollten Gastrophysiker, die sich für multisensorische
Erlebnisgestaltung interessieren, möglichst Erlebnisse entwickeln,
die stimulierend und denkwürdig sind, ohne den Speisenden zu
überfordern.

Übrigens ist ein Trend zu beobachten, der vom «Eatertainment» –
Essen als Unterhaltung – hin zum «Edutainment» – der lehrreichen
Unterhaltung – geht. Ein gutes Beispiel dafür ist das Dinner von
Heston Blumenthal in London. Da werden die Geschichten hinter
den Gerichten erzählt und damit auch eine Geschichte des britischen Essens. Eine ähnliche Form der Narration gab es im Konzept-
menü «Mexico» des Chefkochs Jozef Youssef aus der *Kitchen Theory*.
Nehmen Sie zum Beispiel das Gericht «The Venison Dance» (Der
Wildbrettanz), bei dem als Einleitung ein kurzes Video des Tanzes
gezeigt wird, aufgeführt vom mexikanischen Staatsballett. Und
auch beim Gericht «Memories of Oaxaca» im selben Menü werden
die Gäste durch ein Video für das Essen sensibilisiert.

An dieser Stelle möchte ich kurz auf die besondere Problematik
von Themenrestaurants kommen. Da die Gäste bei ihrem zweiten
Besuch schon wissen, was sie erwartet, muss der Gastronom, so er
ihnen weiterhin ein Erlebnis bieten möchte, sein Menü regelmäßig
umstellen. Der erfolgreiche New Yorker Restaurantbetreiber Danny
Meyer sagt dazu: «Die Schaustellerei ist kein leichtes Unterfangen,
denn je theatralischer es wird, umso eher kommt der Gast an den
Punkt, an dem er keine Lust mehr hat, das Stück noch einmal zu
sehen.»[23]

12.

DIGITALES ESSEN

Würde Ihnen Ihr Cocktail oder Ihr Abendessen genauso gut schmecken, wenn Sie wüssten, dass es von einem Roboter zubereitet worden ist? Würden Sie es einem Roboterkoch überlassen, Ihre Speisen für Sie zu würzen? Und wie fänden Sie es, von einem Roboterkellner bedient zu werden? Klingt nach Science-Fiction, ist aber bereits Realität, wenn auch nur in einer Handvoll von Lokalen. Die digitalen Technologien sind auf dem Vormarsch und dringen auch beim Essen und Trinken in unseren Alltag ein. Zum Beispiel gibt es bereits digitale Speisekarten, die Ihre Bestellung direkt an die Bar oder in die Küche senden. Pizza Hut hat eine «unbewusste» Speisekarte getestet, die magischerweise Ihre Gedanken lesen kann und Ihnen die drei Zutaten sagt, mit denen Sie Ihre Pizza belegen möchten, ohne dass Sie einen Ton gesagt haben. Der Trick ist der, dass die Augenbewegungen des Gastes verfolgt werden, während er das digitale Angebot auf dem Bildschirm durchgeht. Für mich klingt das mehr nach einem Marketing-Gimmick als nach dem ernsthaften Versuch, das Restaurant der Zukunft zu denken. Aber es gibt auch schon Ankündigungen wie die vom «‹Star-Trek›-Replikator», der *jedes* Essen in 30 Sekunden zubereiten kann».

Schon bald werden wir vermutlich keine Zuckerstreuer mehr benötigen. Nach neuesten Erkenntnissen lässt sich das Würzen einfach akustisch über das Handy steuern. Ohnehin werden digitale Werkzeuge schon in naher Zukunft im multisensorischen Erleben unserer Speisen und Getränke allgegenwärtig sein, zuerst in den Restaurants und Cocktailbars, die als Vorreiter immer die neuesten Errungenschaften ausprobieren wollen. Ein frühes Beispiel, wie der digitale Speisesaal der Zukunft aussehen könnte, führt Buster

Keatons Kurzfilmkomödie *Das vollelektrische Haus* von 1922 vor. Aber auch viele globale Lebensmittel- und Getränkemarken möchten ein Stück vom Kuchen abhaben. Schauen wir uns einmal genauer an, wie wir uns das Mahl von morgen vorstellen können und wer beziehungsweise was es uns kredenzen wird.

ESSEN AUS DEM 3-D-DRUCKER

Wenn ich Zeitung lese, bin ich stark versucht, den 3-D-Drucker für Lebensmittel für das Gerät der Zukunft zu halten, ein Muss für jeden ordentlichen Haushalt. Sollten Sie noch nie vom «Foodini» oder dem «Bocusini» oder dem Gerät mit der etwas profaneren Bezeichnung «3D Systems ChefJet Pro 3D» gehört haben, sind Sie vermutlich kein IT-Koch. Inzwischen gibt es tatsächlich Chefköche, die 3-D-Drucker einsetzen, um ihre Gäste mit Speisen zu beeindrucken, die sie garantiert noch nie zuvor gesehen haben (siehe Abb. 46). Ist der 3-D-Essensdrucker also die Mikrowelle von morgen? Ich glaube nicht. Nicht etwa, weil ich ihn als völlig nutzlos erachte, sondern weil ich ihn am ehesten in einigen wenigen ausgefallenen Molekularrestaurants und bei innovativen Nahrungsentwicklern sehe und nicht in der heimischen Küche.[1]

Ein Küchenchef, der sich offenbar in die Möglichkeiten des 3-D-Druckers verliebt hat, ist Paco Perez. In seinem Restaurant *La Enoteca* im Hotel Arts in Barcelona setzt er ihn ein, um den Speisen Formen zu geben, die anders nicht herzustellen wären – zum Beispiel Kopien berühmter Gebäude. Ich muss sagen, mich reizt es auch, wenn ich wie kürzlich von einem Tintenstrahldrucker höre, mit dem der Barista «Latte Art» mit lebensnahen Porträts von Stars kreieren kann. Und Homaru Cantu war bis zu seinem viel zu frühen Tod für die essbaren Speisekarten in seinem Chicagoer Restaurant *Moto* berühmt. Der findige Koch hatte dafür einen ganz normalen Drucker gehackt. Die NASA bot ihm im Mai 2013 einen

Abb. 46 «Caesar's Flower of Life» – mit ausgesuchten Blüten und Gemüsesorten gewürztes Brot aus dem 3-D-Drucker als «Blumen des Lebens» der Heiligen Geometrie. Ein Acht-Gänge-Menü wurde hier mit frischen natürlichen Zutaten und mithilfe innovativer multisensorischer Techniken der Molekularküche von 3-D-Druckern der Firma Flow Focus hergestellt.

Vertrag für eine sechsmonatige Phase-I-Forschung an. Er sollte Drucktechnologien entwickeln, um aus haltbar gemachten Makro- und Mikronährstoffen in Kombination mit Aromen Lebensmittel für Langzeitmissionen herzustellen. Cantu sorgte dann für einigen Wirbel, als er sagte, in Zukunft werde man im Weltall Pizza per 3-D-Drucker backen. Die NASA dagegen war etwas irritiert, als die Sache herauskam. Viele, die auf diesem Gebiet arbeiten, sahen in dem Presserummel eine Herabwürdigung der Wissenschaft und Ablenkung von dem ernsthaften Ansinnen, geeignete Lebensmittel für Langzeitunternehmungen im Weltraum zu entwickeln. Insofern verwundert es nicht, dass Cantus Projekt die Finanzierung gestrichen wurde und es nicht mehr in die nächste Phase ging.

Kommerzielle Lebensmitteldrucker sind derzeit noch zu teuer,

um sich in den privaten Haushalten durchzusetzen. Der Einstiegs-
preis liegt bei ca. € 1000. Doch selbst wenn es sie geschenkt gäbe,
frage ich mich, wer so verrückt sein soll, sich ein solches Gerät in
die Küche zu stellen. Vermutlich müssten Sie Ihre selbst ausge-
dachte Nudelform schon Tage vor dem Abendessen mit Ihren
Freunden vorbereiten. Und dann überlegen Sie mal, wer die ganzen
Röhren reinigen soll, nachdem Sie Ihre funkelnde neue Küchen-
maschine benutzt haben! Oder wer die Stromrechnung bezahlt!
Glauben Sie, dass sich der Aufwand wirklich lohnt?

Natürlich haben Lebensmittel aus dem 3-D-Drucker den Reiz
des Neuen. Aber welches kulinarische Erlebnis können sie uns davon abgesehen bieten? Besitzen sie irgendein Alleinstellungsmerk-
mal? Was können wir mit ihnen herstellen, was uns nicht auch auf
andere Weise möglich wäre? Wenn Sie mich fragen, werden diese
Geräte in einigen Jahren im Schrank verstauben, ungeliebt, traurig,
verlassen; sie werden wie so viele andere Küchengeräte der Neuzeit
enden, die jeder von uns unbedingt haben wollte.

Was ich mir aber vorstellen kann, ist ein Drucker, der die perfekt
geformte Schokolade kreiert. Eine Schokolade, die sich geschmei-
dig an die Konturen der menschlichen Zunge anschmiegt und mir
ein höchst intensives Aroma beschert. Eine Schokolade, die all den
anderen, offensichtlich willkürlichen Formen des derzeit erhält-
lichen Zuckerwerks überlegen ist. Stellen Sie sich eine Schokolade
vor, die alle Ihre Geschmacksknospen gleichzeitig stimuliert. Und
ist die perfekte Form – sofern es sie gibt – einmal gefunden, darf sie
von mir aus gern in industriellen Fertigungsanlagen als Massenware produziert werden.

Wenn Sie mir also glauben, dass wir in naher Zukunft nicht zu
Hause mit einem 3-D-Drucker kochen werden, in welchen Bereichen könnten dann digitale Technologien Einzug in unsere gastronomische Welt halten?

BESTELLUNG PER DIGITALER SPEISEKARTE

Heutzutage treffen wir in trendigen Bars und Restaurants auf digitale Speisekarten. Zunächst klingt das gut, finden Sie nicht? Endlich müssen Sie sich keine Sorgen mehr machen, dass der Kellner irgendwas vergisst, weil er sich beim Aufnehmen der Bestellung hartnäckig weigert, den Notizblock zu zücken. Zudem haben digitale Speisekarten den Vorteil, dass sich die Weinkarte unmittelbar aktualisieren lässt; das würde zumindest einem meiner Hauptärgernisse Abhilfe schaffen, wenn auf der Weinkarte ein bestimmter Jahrgang steht, mir aber ein schlechterer jüngerer Jahrgang gebracht wird, weil der andere aus ist – oft sogar, ohne es überhaupt zu erwähnen. Theoretisch kann der Restaurant- oder Barbesitzer auf der digitalen Speisekarte auch die saisonalen Gerichte und Getränke verzeichnen, sodass auf die Tafel mit dem Tagesangebot verzichtet werden kann.

Aber vielleicht geht es Ihnen ja wie mir, und Sie finden, dass sich das alles irgendwie nicht richtig anfühlt. Vielleicht bin ich für solche neumodischen Technologien einfach schon zu alt. Jedenfalls schmälert es mein kulinarisches Erlebnis, wenn ich meine Bestellung per digitaler Speisekarte aufgeben soll. Warum ist das so? Zum einen – und das ist mir wichtig –, weil das Essen im Restaurant eine soziale Angelegenheit ist. Wir gehen nicht zuletzt auch in ein Restaurant oder eine Bar, um mit den Leuten dort zu sprechen. Danny Meyer, einer der erfolgreichsten Gastronomen unserer Zeit, hat das einmal folgendermaßen auf den Punkt gebracht: «Trotz aller Verbesserungen durch Hightech werden Restaurants immer ein interaktives Geschäftsfeld bleiben, bei dem die Beziehung und Nähe wichtig sind und der Mensch im Mittelpunkt steht. Dem Gast die Hand zu schütteln, ihn anzulächeln, ihm in die Augen zu sehen, all das ist und bleibt unersetzlich, wenn es um die Frage geht, wie willkommen er ist. Und deshalb lässt sich Gastfreundschaft – im Gegensatz zu technischen Gimmicks – nicht am Fließband herstellen.»[2]

In dieser Hinsicht kann es keine zwei Meinungen geben: Digitale Speisekarten stutzen die soziale Interaktion und machen den Restaurantbesuch zur Transaktion. Ich persönlich bin froh, dass viele Restaurant- und Barbesitzer allmählich zur Vernunft kommen und ihre digitalen Speisekarten wieder abschaffen. Allerdings kann man sie zum Beispiel auf Flughäfen, wo es vor allem darauf ankommt, möglichst schnell und effizient bedient zu werden, sinnvoll einsetzen. Interessanterweise sind solche anonymen Lokale besonders häufig in Japan anzutreffen, wo Sie Ihr Gericht beim Betreten des Restaurants oder der Nudelbar auf einer bebilderten Speisekarte auswählen und dann einfach warten, bis es irgendwer an den Tisch bringt.

Die meisten digitalen Speisekarten sehen fast genauso aus wie die gedruckte Version. Mir ist das ein Rätsel. Gerade die Digitalisierung eröffnet doch die Möglichkeit, die Dinge radikal anders zu machen. Würde ein Spitzenkoch wie Grant Achatz in Chicago oder Juan Maria Arzak in Spanien eine digitale Speisekarte einführen, könnten man sicher sein, dass die keine einfache Kopie der Papierfassung wäre. Eines der wenigen positiven Beispiele ist die digitale Speisekarte im *Inamo,* einem asiatischen Restaurant in London. Dort können Sie auf der Tischoberfläche eine Projektion aller Gerichte sehen und Ihre Bestellung aufgeben, indem Sie den jeweiligen Namen berühren. Die Abbildungen sind dank der Digitalisierung einigermaßen stilvoll, was sich wohltuend von den würdelosen Ausdrucken auf den meisten papierenen Speisekarten abhebt. Das heißt, die neue Technik ist tatsächlich ein Zugewinn für den Gast. Ja, er kann sich sogar durch ein Tippen auf den Tisch ein Taxi bestellen. Natürlich könnte man angesichts des zunehmenden Interesses, woher unser Essen kommt, auch darüber nachdenken, Informationen über einzelne Zutaten anzuzeigen, von welchem Bauernhof sie kommen und Ähnliches.

Digitale Speisekarten bieten dem Koch zudem die Möglichkeit, das Mahl seiner Gäste zu begleiten. Im *Mother* in Stockholm wird die Speisekarte auch auf den Tisch projiziert, und die Gäste werden gefragt, welche Speisen sie mögen. Daraufhin werden ihnen Empfehlungen ausgesprochen. Das einzige Manko dabei ist, dass das Mothers die Chance nicht nutzt, die Daten vorheriger Besuche im System zu speichern.

Ein interessanter Einsatz digitaler interaktiver Speisekarten ist im Restaurant *The Weeny Weaning* zu erleben, das 2014 von Ella's Kitchen eröffnet wurde. Das erste sensorische Restaurant für Babys hat es sich zum Ziel gesetzt, gesundes Essen von klein auf zu fördern, wie es im Werbetext heißt: «Die Kleinen sitzen auf Hochstühlen an interaktiven Tischen, auf denen ihnen eine digitale Speisekarte angezeigt wird, von der sie ihr Hauptgericht und ihren Nachtisch auswählen können [...]. Die digitale Speisekarte reagiert darauf, wie oft sie innerhalb von 30 Sekunden auf ein bestimmtes Essenssymbol tippen. Anschließend bringt ihnen der Kellner diese Speisen.»[3] Ich denke, die nachkommenden Generationen werden für die digitale Benutzeroberfläche in der Gastronomie um einiges offener sein als ich.

TABLET STATT TABLETT

Warum ein Tablett nehmen, wo es doch auch Tablets gibt? (Oder wäre die Frage andersherum richtig gestellt?) Jedenfalls haben die neuen Technologien auch auf diesem Gebiet Einzug in die Spitzengastronomie gehalten und beeinflussen unser optisches Erleben. Es gibt tatsächlich Chefköche, die manche ihrer Gerichte auf einem Tablet servieren. Andreas Caminada hat zum Beispiel kürzlich in seinem Schweizer Restaurant einen Gang seines Menüs auf einem Tablet servieren lassen. Darauf war ein runder weißer Teller abgebildet – digitales Servieren mit ikonischem Charakter.

Abb. 47 «Im Arzak in San Sebastián werden bestimmte Gerichte auf einem Tablet serviert, gegrillte Zitronen mit Krabben und Patschuli auf einem Grill mit prasselndem Feuer. [...] Wir haben viel experimentiert und das Gericht einmal auf einem Teller, einmal auf einem Tablet serviert. Die Gäste sagten aber alle, dass mit Bild und Geräuschen der Geschmack intensiver sei und ihnen das Gericht besser schmecke. Wir möchten unbedingt neue Technologien einsetzen, um das Mahl weiter zu verbessern.»[4]

Vor einigen Jahren haben wir mit der Idee gespielt, Meeresfrüchte auf einem Tablet anzubieten (siehe Abb. 47).[5] Die Darstellung der auf dem Meer glitzernden Sonne und des feinen Sandstrands war dabei so realistisch, dass die Gäste meinten, sie anfassen zu können. Und genau das war unsere Hoffnung gewesen. Der Blick über den Strand mit dem Rauschen des Meeres – mehr dazu unten –, und schon schmecken die Meeresfrüchte doppelt so gut. Grundsätzlich gibt das Servieren per Tablet dem kreativen Geist Freiheiten für eine Geschichte, die er über das Gericht erzählen will. Während wir das bislang nur aus einigen innovativen Restaurants kennen, könnte ich mir durchaus vorstellen, dass wir in Zukunft unsere Tablets zu den Mahlzeiten vorübergehend umfunktionieren.

Ich vermute, dass jetzt einige von Ihnen geschockt sind. Warum sollten Sie sich ein teures Tablet anschaffen, nur um dann davon zu essen? Was in aller Welt ist so falsch am guten alten weißen runden Teller? Bitte verstehen Sie mich nicht falsch, ich bin sicher kein Technologieverfechter, der das Tablet für den idealen Untersatz jeglichen Essens hält. Selbst ich kann mir nicht vorstellen, davon mit Vergnügen ein großes, saftiges Steak zu essen; wahrscheinlich eignet sich für Steaks immer noch am besten ein Holzbrett. Kanapee und anderes Fingerfood könnten besser passen. Man sollte allerdings bedenken, dass der digitale Teller noch in der Anfangsphase steckt und es wohl seine Zeit brauchen wird, bis die Spitzenköche ihn gekonnt bei ihren Speisen einsetzen.

Lassen Sie mich noch anführen, dass es wasserfeste Tablets gibt, die Sie nach Gebrauch in die Spülmaschine stellen können. Übrigens könnte sich auf einer solchen Unterlage auch der ideale Farbkontrast zwischen Speise und Teller herstellen. Doch letzten Endes wird das Essen vom Tablet nur dann allgemein üblich werden, wenn der Gast die Speisen dadurch radikal anders wahrnimmt, sich also sein gastronomisches Erlebnis entscheidend verbessert. Und falls Sie denken, dass das Ganze einfach zu teuer wäre, möchte ich Sie daran erinnern, dass in einigen Spitzenrestaurants spezielle Teller, die nur für ein einziges Gericht da sind, auch mal € 1000 das Stück kosten können. Da kommt den Wirt das Tablet noch vergleichsweise günstig zu stehen.

KÄSEKUCHEN AUF DEM MARS

Ist das ein Angebot? Die Erfinder des «Project Nourished» machen es möglich, indem sie virtuelle Realität und Essen miteinander verbinden. Das von den Kokiri Labs aus Los Angeles entwickelte Projekt ist ein «‹gastronomisches VR-Erlebnis›. Dank der Mischung aus Molekularküche und virtueller Realität können die Nutzer ‹exquisite Küche genießen, ohne sich wegen der Kalorienaufnahme oder anderer gesundheitlicher Fragen zu sorgen.›» Ihr Werbeslogan lautet: «Wer äße nicht gern Käsekuchen auf dem Mars?» Klingt nach einer rhetorischen Frage – wer könnte da schon widerstehen? Wenn wir daran denken, wie viel Einfluss Kontext, Atmosphäre und Umgebung auf unser Esserlebnis haben, wird dieser Käsekuchen mit dem VR-Headset auf dem Kopf sicher eine besondere Note haben, vorausgesetzt, das immersive Moment ist überzeugend und Ihnen fliegt nicht allzu viel virtueller kosmischer Staub in die Augen. Und wenn wir vielleicht noch etwas weiter in die Zukunft schauen, könnte es durchaus interessant sein, dank der erweiterten und der virtuellen Realität («ER» und «VR») das eine Gericht zu essen und ein anderes dabei zu sehen.

Was haben wir also von dieser neuen Kombination aus Essen und virtueller Realität zu erwarten? «Beim ‹Project Nourished› funktioniert das so: Sie setzen Ihr VR-Headset auf, nehmen Ihren ‹Essensdetektor›, der in dieser Entwicklungsphase wie eine Holzgabel mit zwei in Aluminiumfolie gewickelten Zinken aussieht, und essen etwas Hydrokolloid – eine ‹zähflüssige, emulgierbare und kalorienarme› Substanz –, das im 3-D-Drucker geformt wurde, um ‹dem Pseudoessen eine physische Hülle zu geben.› Dann dürfen Sie mithilfe eines Bewegungssensors, eines Aromazerstäubers und eines Knochenleitungswandlers ein Gourmetmahl genießen, ohne sich wegen Kalorien, Kohlehydraten oder allergener Zutaten zu sorgen.»[6] Erzählen Sie mir nicht, Sie sind noch nicht überzeugt!

Aber grundsätzlich ist die Idee, auf dem Mars Käsekuchen essen zu wollen, nicht gerade sehr nahe liegend. Das heißt, wir müssten Essen und virtuelle Umgebung vielleicht besser aufeinander abstimmen. Man könnte zum Beispiel einen Weltraumwürfel mit Erdbeergeschmack nehmen, was Astronauten tatsächlich auf Weltraummission gegessen haben. Das Ding soll aber scheußlich schmecken. Vielleicht ist das also auch keine so gute Idee.

Die Simulation einer Umgebung durch eine rein optische VR ist äußerst eingeschränkt. Stellen Sie sich vor, Sie müssten damit ein Mahl im Flugzeug nachempfinden! Ihnen würden die Hintergrundgeräusche fehlen, die niedrige Luftfeuchtigkeit und der geringere Kabinendruck. Außerdem natürlich das herrlich eingeklemmte Gefühl, wenn der Vordermann plötzlich den Sitz nach hinten kippt. Es wären also wohl doch zwei arg unterschiedliche Situationen. Der Gesichtssinn ist sicher wichtig, aber wenn die anderen Sinnesreize fehlen, kann kaum ein immersives Erleben stattfinden – zumindest nicht bei den extremen Umgebungen, die uns gerade vorschweben.

ESSEN MIT ERWEITERTER REALITÄT

Bei der erweiterten Realität werden künstliche optische Reize über die tatsächliche Szenerie gelegt. Zum Beispiel kann das ER-System, das mein Kollege Katsuo Okajima in Japan verwendet, die Optik einer Speise oder eines Getränks in Echtzeit verändern. Stellen Sie sich vor, Sie besorgen sich ein Headset, setzen es auf und verwandeln den Thunfisch auf Ihrem Sushi mit nur einer Handbewegung über den Teller – Abrakadabra! – in Lachs. Noch eine Handbewegung, und er wird zu Aal. Aber es kommt noch besser: Die Illusion bleibt nämlich bestehen, wenn Sie Ihr Aal-Sushi essen. Und wozu soll der ganze Hokuspokus dienen? Nun, womöglich werden wir uns in einigen Jahren nach einem solchen virtuellen Sushi sehnen, wenn nämlich die Meere leergefischt sind und uns nur noch eine blasse Erinnerung an all die maritimen Köstlichkeiten geblieben ist. So bitter das klingt, es wird Realität.

Einen anderen intelligenten Einsatz von ER-Headsets beim Essen haben Forscher ersonnen, damit sich der Benutzer schneller satt fühlt. Das Bild des im Headset dargestellten Essens, etwa eines Kekses, wurde einfach vergrößert. Doch so interessant einem die Idee von ER- oder VR-Essen auch erscheinen mag, wird es vermutlich selbst in den avantgardistischsten Restaurants noch Jahre dauern, bis wir tatsächlich mit solchen Geräten am Tisch sitzen. Das Hemmnis sind zum einen die hohen Kosten und zum anderen die Störung der sozialen Interaktion.

MEERESRAUSCHEN

Der unmittelbar einfachere Einsatz digitaler Technologien, mit denen sich unser gastronomisches Erlebnis personalisieren lässt, liegt im Bereich des Klangs. Ich denke dabei an Klanglandschaften oder Kompositionen, die wir während des Essens oder Trinkens hören. Nachdem wir Heston Blumenthal im Crossmodal Research Laboratory unsere akustischen Chips haben knabbern lassen, begann er sich für diesen wichtigen, bisher vernachlässigten Sinn zu interessieren. Mit seinem hoch talentierten Team in Bray forschte er an Möglichkeiten, Klang digital an den Tisch zu bringen. Die erste Ausführung eines «akustischen Bestecks» testete er nur an einigen Stammkunden. Leider saß da auch ein Journalist im Restaurant, den seine Mitarbeiter nicht erkannten. Als der Schreiberling sah, dass die Gäste am Nebentisch etwas bekamen, was ihm vorenthalten wurde, zitierte er die Bedienung herbei, lüftete sein Inkognito und beschwerte sich über die Ungleichbehandlung. Dem Personal blieb nichts anderes übrig, als ihm ebenfalls Kopfhörer zu bringen. Als ich ein paar Tage später die *Sunday Times* aufschlug, grinste mir der Reporter aus den Seiten entgegen und «enthüllte» das neueste Esswerkzeug des technikinfizierten 21. Jahrhunderts.

Das Problem an den Bügelkopfhörern indes war, dass sie die teuren Frisuren der Gäste zerstörten, worunter deren Attraktivität arg litt. Und das Personal nahm die Kopfhörer ohne viel Aufhebens wieder mit, sobald die Gäste sie auf dem faltenfreien weißen Tischtuch abgelegt hatten. Die Sache musste also überdacht werden. Ein paar Jahre später konnten die Gäste der *Fat Duck* dann ein Gericht erleben, bei dem der Kellner auf der einen Hand eine Meeresfrüch-

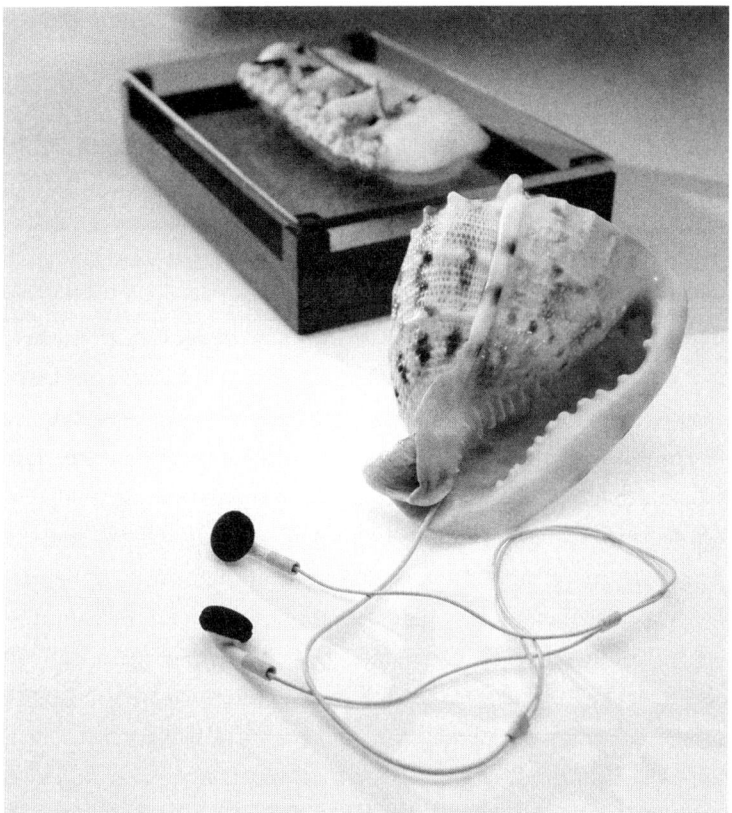

Abb. 48 Das Gericht «Sound of the Sea» mit Meeresfrüchten war jahrelang das Aushängeschild im Degustationsmenü von Heston Blumenthals *Fat Duck*. Ein grandioses Beispiel dafür, wie sich das multisensorische Esserlebnis durch digitale Technologien verbessern lässt.

teplatte mit Sashimi auf einem «Strand» aus Tapioka mit Brotkrumen und Schaum brachte und dem Gast mit der anderen Hand eine Muschel überreichte, von der MP3-Kopfstecker baumelten (siehe Abb. 48), die man sich bitte vor dem Essen in die Ohren stecken möge. Und was bekam der folgsame Gast zu hören? Meeresrauschen, Wellen, die sanft ans Ufer plätschern, und Schreie von Möwen. Für einige Gäste war die Kombination aus Klang und Essen so überwältigend, dass sie weinen mussten. Übrigens konnten wir auch zeigen, dass das Gericht durch die eingespielte Klanglandschaft besser, aber nicht salziger schmeckte.

Seit «Sound of the Sea» in Bray auf der Speisekarte steht, haben auch andere Küchenchefs digitale Klänge personalisiert in Gerichten eingesetzt, allen voran der Spitzenbarista Rasmus Helgebostad, der bei der norwegischen Baristameisterschaft 2011 eine klanglich verzierte Kaffeespezialität präsentierte. Im *El Celler de Can Roca* in Girona, das zur spanischen Bewegung *nueva cocina* gehört, kreierte das kulinarische Team ein Dessert, das mit MP3-Player und Lautsprecher an den Tisch gebracht wird. In diesem Fall dürfen die Gäste während des Nachtischs einem Fußballkommentator lauschen, der Lionel Messis Siegtor im Clásico zwischen dem FC Barcelona und Real Madrid 2012 im Bernabéu-Stadion kommentiert. Brillant – große Emotionen und Narration in einem –, wobei das Dessert sicher vor allem von Barça-Fans goutiert wird. Beziehungsweise funktioniert es überhaupt nur, wenn Sie gern Fußball schauen. Die Küchenchefs des Sternerestaurants *Casamia* in Bristol servieren übrigens einen Picknickkorb mit MP3-Player, aus dem die Geräusche eines englischen Sommers dringen, sobald Sie den Korb öffnen.

ÜBERRASCHENDE LÖFFEL

Beeindruckend ist die Idee, digitale Klänge direkt im Mund des Gastes zu erzeugen. Verschiedene Küchenchefs, Musiker, Designer und Essenskünstler haben bereits versucht, kulinarische Erlebnisse durch derartig personalisierte Musik oder ebensolche Klanglandschaften zu begleiten. Da sind zum Beispiel die Baked-Beans-Löffel von Bompas & Parr in der Limited Edition, erhältlich für circa € 63. In jedem Löffel ist ein MP3-Player verborgen, der aber erst abgespielt wird, wenn Sie den Löffel in den Mund nehmen.

Dann reisen die Schallwellen über Ihre Zähne und Ihren Kiefer hinauf in Ihr Innenohr. Die Kombinationen aus Aroma und Musik waren in diesem Fall Cheddar mit einem berauschenden Stück von Elgar, feuriger Chili mit Samba, Blues für die Barbecuebohnen und indische Sitarmusik für die Currybohnen. Und während der Gast der Musik lauschte, hörte sein Tischnachbar rein gar nichts. Allerdings steht noch die Antwort auf die Frage aus, wie passend die Musikauswahl war und ob sich dadurch tatsächlich das Essen geschmacklich verbesserte.

Die niederländische Pianistin Karin van der Veen hat ein digitales Bonbon entwickelt, das sie «De Muziekbonbon» nennt – eine einfache, wenn auch vielleicht etwas merkwürdige Idee. Wenn Sie das an einem Draht hängende schokoladenüberzogene Bonbon zwischen die Zähne nehmen, beginnt der piezoelektrische Streifen darin zu vibrieren, da nun ein elektrischer Strom hindurchfließt, und Sie hören den leisen Klang eines Klaviers. Der ertönt zunächst in Ihren Kieferknochen und wird von dort weiter in Ihr Innenohr geleitet. Ich muss sagen, es ist ein sehr angenehmes, aber auch sehr ungewöhnliches Erlebnis. Ich habe meine multisensorische Süßigkeit durchaus genossen, bin mir aber nicht sicher, ob sich der Aufwand lohnt. Außerdem ist das Vergnügen ziemlich unsozial, weil ich mich nämlich nicht unterhalten kann, während mir das «Musikstück» zwischen den Zähnen klemmt. Auf der anderen Seite kann ich dem Bonbon zugutehalten, dass sich der Auserwählte dadurch mehr auf das Erlebnis konzentriert und zu einem aufmerksameren Verhalten gegenüber seinem Essen angeregt wird.

DIGITALE AROMAÜBERMITTLUNG

Japanische Forscher haben versucht, Essensaromen zu entwickeln, die kongruent sind zu dem, was Sie über Ihr ER-Headset sehen. Dabei genügt ein Blick auf das Gerät (siehe Abb. 49), um zu wissen,

Abb. 49 Das brandneue
«Nosulus Rift»-Headset kann
Aromen über ein ausgesprochen
schickes Kopfstück aus dem
Weltraumzeitalter übermitteln.

dass wir dieses Prachtexemplar nicht allzu bald in einem Spitzenrestaurant oder Haushaltsladen zu Gesicht bekommen werden. Manchmal scheint mir, dass Forscher im Bereich der Mensch-Maschine-Interaktion (kurz MMI) zu viel darüber nachdenken, was an der Schnittstelle zwischen Technologie und Essen möglich ist, und zu wenig darüber, was in der realen Welt anwendbar oder gar wünschenswert wäre. Denn es gelingt ihnen nur selten, die entwickelte Technologie ästhetisch ansprechend zu präsentieren.

Was ich mir als verbreitete Möglichkeit für die Übermittlung von Essensdüften vorstellen kann, sind Plug-ins. «Scentee» wurde zum Beispiel mit Duft von gebratenem Speck von Oscar Meyer in den USA in der Marketingkampagne für eine Wecker-App eingesetzt. Sie schließen ein kleines Plug-in-Gerät an Ihr Handy an, stellen sich wie gewohnt den Wecker und werden vom Geräusch und Geruch brutzelnden Specks geweckt. Der spanische Spitzenkoch Andoni hat digitale Geruchsübermittlung eingesetzt, um die Interaktion mit den Gästen auszuweiten. Im *Mugaritz* können Sie die Handlungen, Aromen und Geräusche, von denen ein ausgesprochen multisensorisches Gericht im Degustationsmenü begleitet wird, im Vorhinein als App herunterladen (siehe Abb. 50). Wenn Sie die auf Ihrem Handybildschirm abgebildeten Gewürze per Kreisbewegung virtuell mahlen, hören Sie nicht nur den Stößel in der Reibschale, sondern bekommen über das Geruchs-Plug-in auch eine Prise pikanten Aromas in die Nase. Dieselben Handlungen, Geräu-

Abb. 50 Diese geruchsübermit-
telnde App regt die Vorfreude
bei den Gästen des *Mugaritz*
an.

sche, Düfte und Aromen erleben Sie, wenn sie das Gericht im Restaurant schließlich essen.

Solche digitalen Geruchsübermittlungen sind zweifellos praktisch. Nur werden die meisten Kunden vermutlich keine Nachfüll-
packung kaufen. Aus genau diesem Grund hat DigiScents, das
während des ersten Internetbooms ein Gerät für digitale Geruchs-
gaben entwickelt hat, Pleite gemacht.[7] Die Technologie funktioniert
meiner Ansicht nach zwar gut, aber noch besteht kein Kundenin-
teresse oder Kundenbedürfnis nach derlei digitalen Innovationen.
Deshalb wird der Traum vom digitalen Geruch wohl vorerst ein
solcher bleiben.

DIE VIBRIERENDE GABEL

Wie ich schon gesagt habe, ist die Welt des Besteckdesigns reif für
eine Revolution. Neue Formen, Materialien und Texturen sind das
eine – eine weitere Entwicklungslinie könnte im Bereich digitali-
sierter oder erweiterter Essutensilien entstehen. Jedenfalls meinen
die Freunde der Mensch-Maschine-Interaktion, dass sich dadurch
in den nächsten Jahren ein radikaler Wandel in unserem Umgang
mit Essen vollführen könnte. Stellen Sie sich zum Beispiel vor, Ihre
Gabel würde jedes Mal, wenn Sie Ihr Essen zu schnell in sich
hineinschaufeln, vibrieren! (siehe Abb. 51)

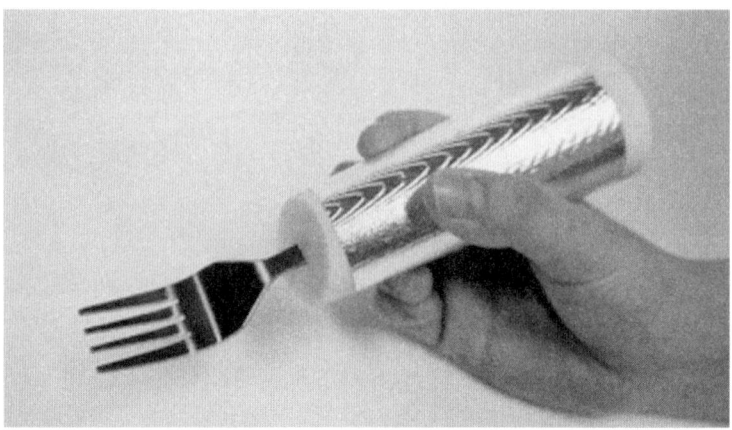

Abb. 51 Ein früher Prototyp der japanischen «HAPIfork», mit der unser Essverhalten beeinflusst werden soll.

Das vielleicht interessanteste Beispiel für digital erweitertes Besteck trägt den Namen «Gravitamine». Dieses Utensil gibt dem Benutzer die Illusion, einen schweren Gegenstand in der Hand zu halten. Ich kann mir vorstellen, dass eine solche digitale Lösung unser Esserlebnis verbessert. Verständlicherweise werden Sie jetzt einwenden, dass man ebenso gut in schweres Besteck investieren kann, anstatt ständig dieses Gerät aufladen zu müssen. Ein anderer Bereich, in dem digitales Besteck eine aussichtsreiche Zukunft haben könnte, sind Patienten mit unkontrollierten Handbewegungen wie etwa bei Parkinson, die oftmals ihr Essen verschütten. Ein findiges Unternehmen hat übrigens bereits ein Antizitterbesteck entwickelt.

ELEKTRISCHER GESCHMACK

Zumindest rudimentäre Geschmackserlebnisse können Forscher schon heute auf der Zunge produzieren, indem sie ihr einen elektrischen Stoß versetzen. Einige Journalisten jubeln bereits, dass hier ein wahrer Quell neuer Aromasequenzen verborgen liege, die per digitalem Gerät geliefert würden. Man braucht dazu nur einen Stromanschluss und den Stimulator, den man sich auf die Zunge drückt. Weltweit stand die Presse vor Kurzem sogar Kopf, als Forscher einen digitalen Lutscher herausbrachten. Aber halt, ehe wir diesem ganzen Hype Glauben schenken, sollten wir fragen, ob die Journalisten den durch das Gerät erwirkten elektrischen Geschmack überhaupt selbst erlebt haben. Allzu oft verlassen sie sich auf Berichte aus zweiter Hand, und zwar von denen, die die Geräte vermarkten.

Ich persönlich habe mehrere Geräte ausprobiert und fand die Erfahrung gelinde gesagt enttäuschend. Vielleicht habe ich aber auch einfach Pech, weil elektrischer Geschmack auf meiner Zunge nicht funktioniert; das kommt in den besten Familien vor. Doch selbst die leidenschaftlichsten Verfechter dieses Ansatzes räumen ein, dass sich salzig, süß oder umami nicht so leicht vermitteln lassen wie saure oder metallische Geschmackseindrücke. Hier scheint also noch ein Problem ungelöst zu sein. Die Palette digitaler Geschmacksrichtungen, mit denen wir derzeit bestenfalls arbeiten können, ist also sehr eingeschränkt. Und ich habe wenig Hoffnung, dass sich daran etwas ändern wird, solange das Gerät zur elektrischen Stimulation in den Löffel, das digitale Besteck oder Glas eingesetzt werden muss.

Wichtiger aber ist, selbst wenn alle Geschmackseindrücke perfekt wiedergegeben würden, wäre das kulinarische Erlebnis immer noch unbefriedigend. Wer schon einmal einen reinen Geschmacksträger in einer Lösung probiert hat, weiß, wie eindimensional das Zeug schmeckt. Und wie wir bereits gesehen haben, ist der Geschmack nur ein bescheidener Teil unseres multisensorischen Erlebnisses. All die fruchtigen, blumigen, fleischigen und grasigen Aromen nehmen wir beim Essen und Trinken ja vor allem in der Nase wahr. Wir müssten also letztlich unserem Riechorgan ebenfalls einen elektrischen Schlag verpassen.

Ursprünglich hatten die Entwickler des digitalen Geschmacks im Sinn, auf diese Weise physische Geschmacksträger überflüssig zu machen. Inzwischen aber geht es bei diesem Ansatz auch um erweiterten Geschmack. So haben Forscher untersucht, was bei der Stimulation Ihrer Zunge passiert, wenn Sie währenddessen ein appetitliches Gericht ansehen oder verspeisen. Tatsächlich ändert sich die emotionale Reaktion auf den elektrischen Geschmack, wenn der Proband dabei Gastroporn guckt. Auch weist einiges darauf hin, dass die Reaktion auf echte Speisen und Getränke durch gleichzeitige elektrische Stimulation beeinflusst werden kann. Heißt das nun, dass wir weniger Salz benötigen, wenn uns während des Essens per Elektrostimulation ein salziges Gefühl vermittelt wird? Das jedenfalls war die Idee hinter dem *No Salt Restaurant*, einem zweitägigen Pop-up in Tokio. Die Gäste aßen mit einer elektrifizierten Gabel, die verschiedene elektrische Würzungen vermitteln konnte. In einem Testlauf bot das Restaurant ein salzloses Fünfgangmenü mit Salat, Schweineschnitzel, gebratenem Reis, Hackbraten und Kuchen an. Meine leise Vermutung ist, dass es vielen Gästen reicht, diese Erfahrung einmal in ihrem Leben zu machen.

Ich frage mich, ob es hier vielleicht doch mehr um Marketing als um gesundheitsfördernde Ideen geht. Wir sollten nicht vergessen, dass Salz nicht nur als Geschmacksverstärker dient, sondern auch für die Textur und Struktur des Essens von zentraler Bedeutung ist – was sich durch elektrischen Geschmack nicht einfach simulieren lässt. Ein weiteres Problem an dieser Technologie ist, dass unser Gehirn offenbar genau verfolgt, wie sich das durch eine bestimmte Komponente im Essen ausgelöste Gefühl im Lauf der Zeit verändert. Deshalb können wir zum Beispiel Zucker von künstlichem Süßstoff unterscheiden; im einen Fall ist der Geschmack viel schneller präsent und hält oftmals auch länger an. Das heißt, selbst wenn es uns gelänge, den Zeitverlauf des elektrischen Geschmacks dem echten Geschmack anzugleichen, würde die Simulation wohl immer hinter dem Original zurückbleiben.

NEUE ESSENSLANDSCHAFTEN DURCH DIGITALE TECHNOLOGIEN

Im Internet finden Sie inzwischen alle möglichen Apps, die Hilfe, Wissen und Anleitungen rund ums Essen und Trinken versprechen. Starköche und Lifestyle-Blogger erklären uns bereitwillig, was wir essen sollen und wie wir ihr neues Rezept am besten zubereiten. Das Ganze ist zu einem lukrativen Markt geworden. Darüber hinaus gibt es die verschiedensten Apps für Smartphones, die Sie mit Ihren Küchengeräten koppeln können, um diese per Handy zu steuern. Als ein repräsentatives Beispiel möchte ich die App «Bright Grill» (cleverer Grill) nennen, die Ihnen anhand von Temperatursensoren auf dem Smartphone mitteilt, wann Ihr Grillgut gar ist. Fragen Sie sich nicht auch, wie wir eigentlich zurechtgekommen sind, als es die schöne neue Welt der Apps noch nicht gab?

Der «Egg-Calculator» kocht höchst präzise mithilfe von Sensoren Ihr Frühstücksei für Sie. Eine ganz besonders tolle App ist dagegen leider nicht im Handel erhältlich: «Evercrisp», von der japanischen Firma Kayac Inc. auf der Grundlage unserer Studien zum akustischen Chip entwickelt, verstärkt die knusprigen, knackigen Geräusche beim Essen. Übrigens gibt es inzwischen auch jede Menge Preisvergleich-Apps, mit denen der gewiefte Gast seine Bestellung im Restaurant scannen und mit anderen Lokalen vergleichen kann. In größeren Städten kommt es durchaus vor, dass Sie an einem Ort das Vierfache für denselben Wein bezahlen wie im Restaurant um die Ecke. Es könnte Sie ja interessieren zu wissen, wo Sie Wucherpreise zahlen.

Die smarten Leute bei Google haben sogar eine App entwickelt, mit der die Gäste im Restaurant ihre Rechnung untereinander aufteilen können – wenngleich mir scheint, dass die Zielgruppe für diese App gerade schrumpft. Und man darf sich natürlich fragen, ob es ein einfacher Taschenrechner nicht auch getan hätte.

Eine andere interessante Entwicklung sind sensorische Apps, mit denen Sie auf digitale Inhalte zugreifen können, indem Sie das Etikett des Produktes scannen. Die Palette reicht vom Eisbecher von Häagen-Dazs bis zum Champagner von Krug. Zum Beispiel kann sich der Kunde mit der App «Concerto» die Zeit vertreiben, nachdem er sein Eis aus dem Gefrierfach geholt hat. Mit dem Handy scannt er den QR-Code – das schwarz-weiße Muster an der Seite der Verpackung –, worauf sich wie von Geisterhand spielende Musiker über sein Häagen-Dazs bewegen. Jedes Musikstück dauert annähernd zwei Minuten, also genauso lange, wie das Eis braucht, um die richtige Cremigkeit zu bekommen, wie uns der Werbetext erklärt. Die Musik ist aus, und das Eis servierbereit.

Andere «intelligente» Apps behaupten, die Kalorien in einem Gericht zählen zu können, indem sie ein Bild der Speise analysieren. Zudem sind zahlreiche weitere Technologien rund ums Essen und um Lebensmittel in Entwicklung. In einem von Philips Research finanzierten Projekt wurde untersucht, ob sich eine digitale Waage in einen Teller integrieren ließe, um die gegessene Menge zu messen. Die Google-App «Im2Calories» lernt sogar mit jedem Bild dazu und hat mittlerweile eine Genauigkeit von ± 20 Prozent. Aber wollen Sie wirklich, dass eine App Ihnen sagt, wie viel Sie gegessen haben? Jedes Gramm und jede Kalorie? Zudem ist noch ganz und gar ungewiss, wie präzise solche Informationen sein können. Immerhin haben sich unser Sehsystem und Gehirn im Laufe der Menschheitsgeschichte in höchstem Maße darauf spezialisiert, den Energiegehalt einer Nahrungsquelle schnell und genau zu bemessen. Diese Fähigkeit ist eine zentrale Errungenschaft unserer Evolution, und im Grunde erleben wir alle tagtäglich, dass wir nahrhafte Lebensmittel mit einem Wimpernschlag erkennen – wobei sich das kleine feingetunte Gerät in unserem Kopf zugegebenermaßen sicher auch manchmal irrt.

KOCHENDE ROBOTER

Zum Abschluss dieses Kapitels möchte ich noch einmal auf die Frage zurückkommen, wie Sie reagieren würden, wenn Sie hören, dass ein Roboter Ihr Essen gekocht hat? Auf der einen Seite wäre das sicher ein Beispiel für Präzisionskochen; das Essen hätte garantiert immer denselben Geschmack. Wenn andererseits unsere Speisen und Getränke ohnehin nur noch von Maschinen hergestellt werden, warum sollen wir dann überhaupt ausgehen? Wir können uns das Essen ebenso gut aus dem Supermarkt holen, wo die kulinarischen Köstlichkeiten der Spitzenköche als Massenware in den Regalen stehen. Aber obwohl uns die Vorstellung, dass ein Roboter für uns kocht, uns Cocktails kredenzt, uns bedient und den Abwasch für uns macht, gar zu futuristisch erscheint, ist das bereits Gegenwart. So arbeiten im Robot Restaurant in Harbin in China zwanzig Roboter, die an die € 30 000 das Stück gekostet haben. Sie kochen die Knödel und Nudeln und bedienen sogar die Gäste (siehe Abb. 52). Nur müssen sie leider alle fünf Stunden aufgeladen werden. KFC hat vor Kurzem ebenfalls in China ein Restaurant eröffnet, in dem Roboter bedienen. Royal Caribbean International hat zusammen mit Makr Shakr sein Quantum of the Seas um die erste «bionische Bar» der Welt ergänzt, in der Roboter die Cocktails mixen. «Die Gäste können ihre Bestellung per Tablet aufgeben und den Roboter-Barkeepern dabei zusehen, wie sie die Cocktails mixen. Nach Angaben von Royal Caribbean kann jeder Roboter ein Getränk pro Minute und bis zu 1000 Drinks pro Tag herstellen.»[8]

Vor einiger Zeit wurde ich von dem Start-up Momentum Machines angesprochen, das die ersten Roboterköche für Restaurantküchen entwickelt hat. Sie wollten von mir wissen, wie die Gäste reagieren, wenn sie hören, dass ihr Essen von einem Roboter gekocht wird. Ich vermute, dass sie die Speisen und Getränke anders, das heißt negativer, bewerten werden. Der entscheidende Punkt ist,

Abb. 52 Werden in Zukunft Roboter unser Essen kochen?

dass Roboter womöglich Schwierigkeiten haben, die Speisen abzuschmecken.[9] Maschinen funktionieren am besten, wenn sie mit standardisierten Zutaten, also Fertiggerichten arbeiten, da bei frischen Produkten Qualität und Reife variieren. Außerdem würde ich denken, dass die Vorhersehbarkeit einer Robotermahlzeit im Unterschied zu einer leibhaftigen Zubereitung das Vergnügen doch ein wenig schmälert.

Aber ob es uns gefällt oder nicht, in der Zukunft werden beim Essen mit Sicherheit immer häufiger digitale Technologien eingesetzt werden, selbst in den privaten Haushalten – der Roboterkoch von Moley Robotics für den Privatgebrauch soll in Kürze für etwa € 55 000 auf den Markt kommen.[10] Ich sehe schon die glänzenden Augen meiner Frau …

13.

ZURÜCK ZU DEN FUTURISTEN

Derzeit schwelt ein Streit unter den Spitzenköchen. Paul Pairet beschuldigt Paco Roncero, seine Ideen zu einem multisensorischen Erlebnisformat geklaut zu haben. Beide Chefköche bieten ein mehrgängiges Degustationsmenü für einen einzelnen Gast an, das in einem futuristischen Speisesaal abgehalten wird, mit Projektionen an den Wänden und auf dem Tisch, die passend zu den Gerichten mit jedem Gang wechseln. Mehr noch, selbst die Musik und die Klanglandschaften, ja sogar der Duft im Raum und die Temperatur sind auf die Speisen abgestimmt. Oberflächlich betrachtet ist das Angebot der beiden Gastronomen tatsächlich ähnlich. Beide haben sich Gedanken über die Atmosphäre gemacht, um ein wahrhaft multisensorisches kulinarisches Erlebnis zu kreieren. Sozusagen Atmo hoch ultimo unter Einsatz neuester Technologien.

Aber wer ist nun das Original? Meiner Ansicht nach keiner von beiden. Die Erfinder der modernen Küche sind meiner bescheidenen Meinung nach die italienischen Futuristen. Gut, sie mögen vielleicht nicht das Wissen gehabt haben, um ihre geschmacklichen Träume Wirklichkeit werden zu lassen, aber genau dafür ist ja die Wissenschaft der Gastrophysik ins Leben gerufen worden. Sie ermöglicht den Spitzenköchen und letztlich auch Ihnen daheim, all diese großartigen Ideen umzusetzen. Zum Beispiel haben die Futuristen schon in den Dreißigerjahren als Begleitung zu ihren Speisen Klanglandschaften kreiert. In ihrem Fall quakten Frösche zu «Totalreis», einem Gericht aus Reis und Bohnen, das mit Salami und Froschschenkeln garniert war. Auf Michelin-Ebene dauerte es dann noch bis 2007, bis Heston Blumenthal als Erster auf die Idee kam, sein Meeresfrüchtegericht «Sound of the Sea» auf multisensorische Art und Weise zu präsentieren.

Auch die neueste Mode unter den Chefköchen, die mit den Erwartungen ihrer Gäste spielen, indem sie die Farben ihrer Speisen manipulieren – ob nun das weiße Sorbet aus dunkler Schokolade von Joan und Jordi Roca oder Blumenthals «Beetroot and Orange Jelly» («Rote-Bete-Orangen-Gelee») –, geht auf die Futuristen zurück. Die verrückten Italiener haben vor achtzig Jahren in Turin verschiedene Lebensmittel eingefärbt, um ihre Gäste zu verwirren. Was würden Sie sagen, wenn Sie blauen Wein, orange Milch oder rotes Mineralwasser trinken sollten? Übrigens verstanden sich die experimentierfreudigen Südländer auf farbenfrohe Cocktails.

Auch für den Tastsinn interessierten sich die Futuristen. Sie schufen das erste Gemälde, das man streicheln kann (*Sudan-Paris*, 1920). In ihrer *Taverna del Santopalato* (Taverne zum heiligen Gaumen) mussten die Gäste ohne Besteck auskommen und wurden angehalten, den Teller direkt abzuschlecken. Nicht zuletzt stammt von den Futuristen die Idee, während des Essens des Nachbarn Nachthemd zu befühlen, um die verschiedenen Materialien zu erspüren.

Experimente mit Düften und Essensaromen unternahmen die Futuristen auch. Zum Beispiel sprühten die Kellner den Gästen fein zerstäubtes Parfüm ins Gesicht. In der heutigen modernistischen Küche findet man viele Anklänge an die damaligen Ideen und Entdeckungen. Homaru Cantu erklärt zu einem Gericht, das er in seinem Restaurant Moto in Chicago serviert: «Der Höhepunkt ist für mich, wenn ich unsere Gäste mit Pfefferspray besprühe.»[1] Das erinnert mich an ««Aerofood›, eines der Vorzeigegerichte der Futuristen mit einem taktilen Element. Sie essen mit der rechten Hand eine Mischung aus Oliven, Fenchel und Kumquat, während Sie mit der linken Hand über verschiedene Muster aus Sandpapier, Samt und Seide streichen. Gleichzeitig wird Ihnen mit einem möglichst großen Gebläse, vorzugsweise einem Flugzeugpropeller, Luft ins Gesicht geblasen, und flinke Kellner besprühen Sie mit Nelkenduft. Im Hintergrund spielt eine Wagner-Oper.» Multisensorischer geht es wohl kaum!

Sophie Brickman schreibt im *New Yorker*: «Die Bankette und Abendessen, die Marinetti in *Die Futuristische Küche* beschreibt, sind ebenso kleine Schauspiele wie Festgelage.»[2] Ein anderer Autor meint, die Futuristen wollten «den Küchenchef in den Rang eines Bildhauers, Bühnenbildners und Regisseurs eines performativen Events erheben».[3] Und über ein Abendessen in Bologna heißt es: «Die ‹kulinarische Stratosphäre› war mit ‹nahrhaften Geräuschen› von Flugzeugen erfüllt und diente als Hintergrund für eine Inszenierung mit Essensskulpturen, erfinderischen Lichteffekten und den großartigen Livreen der Kellner, gemacht von Fortunato Depero.»[4] Wohlgemerkt, dieser Abend fand am 12. Dezember 1931 statt.

WURDE DIE MOLEKULARKÜCHE IN DEN DREIßIGERJAHREN ERFUNDEN?[5]

Je deutlicher wird, wie viele hochmoderne Praktiken heutiger Spitzenköche schon von Marinetti und seinen Kollegen ausprobiert worden sind, umso mehr stellt sich die Frage, ob die moderne Küche nicht im Grunde in den Dreißigerjahren erfunden wurde.[6] Tatsächlich gibt es überraschend viele Parallelen zwischen dem, was damals in Norditalien passierte, und dem, was man heute in Spitzenrestaurants rund um die Welt zu Gesicht bekommt.

Den Futuristen zufolge gehören zu einem perfekten Mahl:

1. Originalität und Harmonie beim Eindecken des Tischs (Kristall, Porzellan, Dekoration), auch bezogen auf Aromen und Farben der Speisen.
2. Absolute Originalität der Speisen.
3. Die Erfindung appetitanregender Essensskulpturen, die durch das originelle Zusammenspiel von Formen und Farben den

Augen Nahrung geben und die Fantasie anregen, bevor sie die
Lippen verführen.

4. Die Abschaffung von Messer und Gabel beim Verzehr der Essensskulpturen für ein prälabiales taktiles Vergnügen.

5. Die Verwendung von Parfüm zur Verbesserung des Geschmacks.
Jedem Gericht muss ein Parfüm vorangestellt werden, das mit
Ventilatoren über den Tisch geweht wird.

6. Der Einsatz von Musik ausschließlich zwischen den Gängen,
um die Empfindsamkeit der Zunge und des Gaumens nicht zu
stören, sondern nur den zuletzt genossenen Geschmack zu neu-
tralisieren und die gustatorische Jungfräulichkeit wiederherzu-
stellen.

7. Die Abschaffung von Tischreden und politischen Gesprächen.

8. Die Verwendung vorgeschriebener Dosen an Dichtung und Musik als Überraschungszutaten, um die Aromen eines bestimmten Gerichts durch sinnliche Intensität zu betonen.

9. Die kurze Präsentation zwischen den Gängen vor den Augen
und unter den Nasen der Gäste von Gerichten, die sie essen,
und Gerichten, die sie nicht essen werden, um ihre Neugierde,
ihr Erstaunen und ihre Fantasie zu steigern.

10. Die Darreichung verschiedener *Kanapees* mit zehn oder zwanzig
Aromen, die in wenigen Sekunden gekostet werden müssen. In
der Küche der Futuristen haben diese *Kanapees* die gleiche ergän-
zende Funktion wie Bilder in der Literatur. Ein bestimmter Geschmack kann einen ganzen Lebensabschnitt heraufbeschwö-
ren, die Geschichte einer leidenschaftlichen Liebe oder eine
Reise in den Nahen Osten.

11. Eine Batterie wissenschaftlicher Instrumente in der Küche: Ozo-
nisatoren, die Flüssigkeiten und Nahrungsmitteln Ozongeruch
verleihen; Lampen mit ultravioletter Strahlung, da viele Lebensmittel durch die Bestrahlung angeregt werden, leichter verdaut
werden können, bei kleinen Kindern gegen Rachitis vorbeugen
et cetera; Elektrolyseure zur Herstellung unter anderem von

Säften und Extrakten, um aus einem bekannten Produkt ein neues Produkt mit neuen Eigenschaften herzustellen; Kolloidmühlen zum Zermahlen von Getreide, getrockneten Früchten, Drogen et cetera; atmosphärische und Vakuumdestillierapparate; zentrifugale Dampfkochtöpfe; Dialysatoren. Alle diese Geräte müssen nach wissenschaftlichen Vorschriften verwendet werden, um zum Beispiel den verbreiteten Fehler zu vermeiden, Lebensmittel unter Dampfdruck zu kochen, da durch hohe Temperatur aktive Substanzen wie Vitamine zerstört werden. Chemische Indikatoren zeigen an, wie sauer oder basisch die Saucen sind, um mögliche Mängel zu beheben: zu wenig Salz, zu viel Essig, zu viel Pfeffer oder zu viel Zucker.[7]

Im Grunde sind wir inzwischen zu jedem einzelnen dieser Punkte einem Spitzenkoch begegnet, der genau daran arbeitet. Und der letzte Aspekt klingt eindeutig nach Molekularküche. Die Namen der neuesten Küchenapparaturen mögen heute andere sein, die zugrunde liegende Idee ist indes die gleiche: die Wissenschaft in die Küche zu holen und die Nährstoffe und Aromen zu bewahren – was übrigens ein Hauptverkaufsargument von Vakuumbeuteln ist. Ich frage mich, was die Futuristen wohl alles angestellt hätten, wenn es damals schon Sous-vide gegeben hätte oder den «Anti-Griddle», den Grant Achatz populär gemacht hat; mit diesem modernen Küchengerät können jegliche Lebensmittel schock- oder halbgefroren werden, indem man sie einfach auf dessen gekühlte Oberfläche stellt.

Es gibt aber auch fundamentale Unterschiede zwischen den Zielen der Futuristen und dem, was vielen Spitzenköchen heutzutage vorschwebt. Die Futuristen interessierten sich zum Beispiel überhaupt nicht dafür, ob das Essen schmeckt. Im Gegenteil, sie wollten provozieren und die Menschen aus ihrer Komfortzone locken. Sie sollten aufhören, in der Vergangenheit zu schwelgen, und aus ihren versteinerten kulturellen und politischen Institutionen herauskommen. Die Topköche heutzutage beschäftigen sich dagegen vor allem deshalb mit dem ganzen Drumherum, weil sie das anregendste, denkwürdigste und hoffentlich genussreichste gastronomische Erlebnis kreieren möchten. Das Ziel ist, ein so schmackhaftes Essen wie irgend möglich zuzubereiten, jenseits des Tellerrands von der intensivsten und beeindruckendsten multisensorischen Stimulation begleitet.

Angesichts einiger besonders verrückter Ideen der Futuristen muss ich immer an das Diktum von Albert Einstein denken: «Wenn eine Idee am Anfang nicht absurd klingt, dann gibt es keine Hoffnung für sie.»[8] Nehmen Sie nur den aufwieglerischen Vorschlag, aus der italienischen Küche die Nudeln zu verbannen. Marinetti erklärte, sie störten das kritische Denken, weil sie zu schwer im Magen lägen. Auch gefiel ihm nicht, dass sie «heruntergeschlungen werden, ohne gekaut zu werden».[9] Oder das Dessert «Libysches Flugzeug»: glasierte Kastanien, mariniert in Eau de Cologne, gefolgt von Milch auf einem *Pâté*, aus Äpfeln, Bananen, Datteln und Erbsen in Form eines Flugzeugs – die Futuristen liebten Maschinen (siehe Abb. 53).

Marinetti schwebte eine Welt vor, in der der Nährstoffbedarf der Menschen durch Pillen und Pulver gedeckt wird, die dem Körper «so schnell wie möglich die benötigten Kalorien zuführen». Wenn die Ernährung auf diese Weise gesichert sei, werde uns viel freie Zeit bleiben, um «mit Mund und Zunge, Fingern, Nase und Ohren neue Erfahrungen zu machen».[10] Die Aspekte der futuristischen Gerichte, die den Tast-, Hör- und Geruchssinn stimulierten, waren letztlich als Substitute für die Ernährungsfunktion des Essens gedacht. Folgerichtig sprach Marinetti von «einem Gericht, das ich Hungrigen nicht empfehlen würde».[11] Dagegen soll die Küche der heutigen Spitzenköche natürlich nicht nur gut aussehen und unsere Fantasie nähren, sondern auch ganz profan den Hunger stillen – obwohl mir, wer sich noch an die Hochzeiten der Nouvelle Cuisine erinnert, vermutlich widersprechen wird.

Natürlich kamen Marinettis Ideen zur Gastronomie der Zukunft

Abb. 53 Ein futuristisches Festmahl in Tunis um 1931. Filippo Tomaso Marinetti im regen Austausch mit dem Kellner.[12]

nicht aus dem Nichts. Apollinaire, ebenfalls ein Futurist, gab im September 1912 in Paris ein besonderes Abendessen (siehe Abb. 54), dessen neuen Kochstil er in Anlehnung an den Astronomen Laval aus dem 18. Jahrhundert «*gastro-astronomisme*» (Gastroastronomie) nannte. Sie ahnen schon, dass auch hier vor allem dem Kopf Nahrung zuteilwerden sollte. «Diese protofuturistischen gastronomischen Neuerer kochten im eigentlichen Stil der Nouvelle Cuisine nicht, um den Magen zu füllen, sondern um die Begierden des Geistes zu befriedigen. Ihr Ziel war es, Kunstwerke zu schaffen; daher ‹ist es besser, keinen Hunger zu haben, wenn man diese neuen Gerichte probiert›.»[13] Mit diesem Kommentar nimmt Apollinaire im Grunde Marinettis Position vorweg. Und doch gilt nach wie vor der Italiener als der unbestrittene Gründer des Futurismus.

Frische Veilchen ohne Stengel, verfeinert mit Zitronensaft
In Eukalyptus gekochter Seeteufel
Leicht angebratenes Rückensteak mit Tabakwürze
Speckumwickelte Wachtel in Lakritzsauce
Salat mit Öl und Marc (Brandy)
Reblochon mit Walnüssen und Muskat
Obst

Abb. 54 Menü eines protofuturistischen Mahls, ausgerichtet von Guillaume Apollinaire.

LUST AUF EINE FUTURISTISCHE PARTY?

Wenn Sie selbst eine futuristische Party geben möchten, kann ich Ihnen ein paar Empfehlungen geben. Da sich schon die modernen Spitzenköche so viel von den Futuristen abgeschaut haben, gibt es keinen Grund, warum Sie das nicht auch tun sollten.

1. Wickeln Sie den Tisch mit Aluminiumfolie ein, und falls der Vorrat reicht, bedecken Sie auch die Wände damit. Zu Zeiten der Futuristen war das ein aufregendes neues Material, visionär und technisch hochmodern.
2. Reichen Sie als Amuse-Gueule eine Diätpille. Sie wissen ja, beim futuristischen Essen geht es um Nahrung für den Geist, nicht für den Körper.
3. Kaufen Sie ein paar Zerstäuber und legen Sie darin kleine Men-

gen der Kräuter, Gewürze oder Früchte, die Sie in Ihren Gerichten verwenden, in Öl oder Wasser ein. Bitten Sie Ihre Gäste, vor dem Essen die Flüssigkeit zu versprühen und tief einzuatmen. Eine gute Idee ist auch, einen Ventilator auf den Tisch zu richten und voll aufzudrehen (sofern Sie keinen Flugzeugpropeller zur Hand haben).

4. Verwenden Sie unterschiedlich texturierte Sets, oder geben Sie Ihren Gästen verschiedene Muster aus Materialien wie Sandpapier, Samt oder Seide. Bitten Sie sie, während des Essens und Trinkens alle Materialien zu befingern, um dem nachzuspüren, ob und wie sich dadurch das Geschmackserlebnis verändert. Wenn Ihre Gäste im Samtsmoking oder Seidenkleid antanzen, umso besser!

5. Legen Sie zwischen den Gängen Wagner auf, und zwar laut.

6. Kochen Sie eine wohlriechende Sauce, und halten Sie Ihren Gästen reihum die Pfanne unter die Nase, damit sie den Duft einatmen. Anschließend bringen Sie die Pfanne wieder in die Küche, ohne dass die Gäste davon gekostet haben.

7. Lassen Sie das Besteck weg. Bitten Sie Ihre Gäste, mit den Händen zu essen oder direkt mit dem Mund vom Teller.

8. Besorgen Sie sich Lebensmittelfarben, und manipulieren Sie alle Getränke, die Sie servieren.

9. Benutzen Sie, wo immer Sie möchten, die knackigen silbernen Kügelchen, mit denen man Kuchen dekorieren kann.

10. Lassen Sie zu jedem Gericht die passende Klanglandschaft aus der Natur erklingen, bei Meeresfrüchten das Rauschen des Meeres, bei Froschschenkeln das Quaken der Frösche, und wenn es Rindfleisch geben soll, das Muhen von Kühen.

11. Wie wäre es mit einem Hauch akustischer Würzung? Servieren Sie etwas Zartbitteres, zum Beispiel gesüßten schwarzen Kaffee mit dunkler Schokolade. Dann spielen Sie einmal hell tönende Klaviermusik und einmal tiefe Klänge von Blechbläsern, um zu überprüfen, ob sich der Geschmack verändert.

12. Was das Essen selbst angeht, rate ich Ihnen zu möglichst schlichter Nouvelle Cuisine, anstatt sich auf den futuristischen Jahrmarkt zu begeben. Und wenn die Neunmalklugen unter Ihren Gästen fragen, warum sie keinen «Kolonialfisch mit Trommelwirbel», kein «exaltiertes Schwein» oder keine «geronnene Blutsuppe» serviert bekommen, oder sagen, dass sie sich so sehr auf die «italienischen Brüste im Sonnenschein» gefreut hätten, erwähnen Sie nur, dass die futuristische Küche mit Apollinaires protofuturistischem Festmahl 1912 in Paris begonnen hat!

13. Ganz wichtig: keine Nudeln!

Ich verspreche Ihnen, es wird ein unvergesslicher Abend werden.

DIE ZUKUNFT DES ESSENS

Mit dem Aufkommen von Roboterköchen steht die Frage im Raum, wer unser Essen wie herstellt. Ein verwandtes Problem sind Restaurantfilialen, die von immer mehr Spitzenköchen unter deren Marke eröffnet werden. Was genau bekommen wir dort eigentlich vorgesetzt? Was glauben wir zu essen? Inwiefern sind die Speisen, die wir in diesen Filialen bestellen, durch des Meisters Hand gegangen? Und würden ein Roboter oder ein Fließband dann nicht nachhaltigere Qualität bieten? Womöglich könnte man Maschinen sogar so programmieren, dass sie die Bewegungen und Ticks der Starköche imitieren. Aber natürlich sind wir enttäuscht oder fühlen uns hintergangen, wenn wir hören, dass sich unser Lieblingsrestaurant das Essen vorgefertigt liefern lässt. Beunruhigenderweise macht sich genau dieses Vergehens schon heute eine zunehmende Zahl großer Restaurantketten schuldig.

Im Gegenzug dazu spricht Tim Hayward in der *Financial Times* vom «Kult der Unbeständigkeit». Seiner Ansicht nach sollten wir uns nicht grämen, dass unser Essen immer wieder unterschiedlich schmeckt, sondern uns im Gegenteil darüber freuen, da wir daran erkennen, dass eine fehlbare menschliche Hand am Werke war. Und ist es nicht letztlich genau das, was wir wollen? «Die Variation ist integraler Bestandteil eines jeden handwerklichen Produkts. Sie zeigt uns, dass wir keine Massenware essen.» Wie gehen wir also damit um, dass in Zukunft immer öfter Roboter für uns kochen und unsere Cocktails mixen werden? Vermutlich wird sich unsere Meinung, wie Speisen und Getränke hergestellt werden sollten, stillschweigend und allmählich wandeln. Spontan muss ich dabei an den italienischen Kekshersteller denken, der seinem Gebäck den Anschein des Handgemachten verleiht, indem er die Maschine leicht abweichende Formen stanzen lässt. Tatsächlich aber handelt es sich um Fließbandprodukte.

Werden wir die offen einsehbare Küche weiterhin gutheißen, wenn der Chefkoch ein Roboter ist? Gut, momentan hat die Technologie den Reiz des Neuen. Nur fragt sich, wie lange noch? Zudem sprechen einige Trends dafür, dass das Restaurant, wie wir es kennen, dem Untergang geweiht ist. Der Wandel wird kommen, soviel ist sicher. Schon sehen wir in immer mehr Städten immer häufiger Motorräder und Fahrräder mit den schwarz-grünen Lieferboxen von Deliveroo durch die Straßen sausen. Andere Unternehmen sind sogar noch einen Schritt weiter gegangen. Wer im Zentrum von London, in Zone 1, wohnt, bekommt von Supper Sterneküche direkt an die Haustür geliefert. Sollten diese Lieferservices in den nächsten Jahren so rasant weiterwachsen wie bisher und die Preise weiter fallen – was garantiert passieren wird –, werden sich die Gastronomen bald fragen müssen, ob überhaupt noch jemand zum Essen in ihr Restaurant kommt. Das Phänomen wird ähnliche Ausmaße annehmen wie zu der Zeit, als das Heimkino aufkam und alle die neuesten Kinofilme auf einmal auf dem Sofa ansahen, anstatt ins Lichtspielhaus zu gehen.

Aber was genau geht uns verloren, wenn wir Restaurant und Essen trennen? Zum Beispiel – wie in den vorigen Kapiteln gese-

hen – Geschirr, Besteck und Servietten. Die bringt uns der Liefer-
service nicht, was unser Esserlebnis deutlich schmälert, vorausgesetzt, dass die Qualität dieses Beiwerks in Spitzenrestaurants höher
ist als bei uns daheim. Wenn Sie sich also Sterneküche nach Hause
liefern lassen, sollten Sie unbedingt gute Teller und Besteck bereit-
stellen. Sie können ausschlaggebend für den Genuss Ihres Mahles
sein.

Ein neuer Trend ist das Zubereiten von Speisen unter fachkun-
diger Anleitung. Internetfirmen bieten zum Beispiel an, Rezepte
von Sterneköchen auszuprobieren. Sie versenden die Zutaten in
den entsprechenden Proportionen und erklären online Schritt für
Schritt, wie man vorzugehen hat. Sollte sich dieses Konzept durch-
setzen, wird die Zahl der Menschen, die gesundes Essen kochen,
zunehmen. Und dank des Ikea-Effekts werden ihnen die Speisen
auch besser schmecken.

Druck auf das traditionelle Format des Restaurants üben auch
all jene kreativen Chefköche aus, die unser Abendessen in eine
Show zu verwandeln versuchen. Zwar spielt das Essen immer noch
eine Rolle, es steht aber nicht mehr unbedingt im Mittelpunkt des
Geschehens – nennen Sie es ein modernes «Eatertainment», wenn
Sie wollen.[14] Wären Sie bei einem Gastrophysik-Dinner von Jozef
Youssef zugegen gewesen, das der Sternekoch 2016 in London an-
bot, hätten Sie zunächst eine Ente quaken gehört, anschließend
vernommen, wie ihr der Garaus gemacht wird – das aufs Hackbrett
fallende Fleischerbeil, das Knacken von Knorpel und Knochen –, bis
Ihnen schließlich der nächste Gang gebracht worden wäre: Ente.
Youssef sagt dazu: «Wenn dem Gast der Gedanke daran, woher
sein Essen kommt, unangenehm ist, sollte er das Tier am besten
gar nicht essen.» Sicher steht hier die Unterhaltung im Vordergrund, aber dahinter steckt womöglich doch der Gedanke, uns zu
einem gesünderen, nachhaltigeren Essverhalten anzuregen.

Wenn also das Restaurant, wie wir es kennen, vielleicht bald ver-
schwindet oder sich zumindest grundlegend wandelt, sollte uns

das vielleicht gar nicht allzu sehr überraschen – da dieses uns so vertraut erscheinende Etablissement ohnehin erst seit Anfang des 19. Jahrhunderts existiert.

ESSEN UND BIG DATA

Interessant wird sein, in welche Richtung sich unser kulinarisches Erleben durch Big Data und Bürgerwissenschaft weiterentwickeln wird. Linguisten haben bereits Tausende von Online-Speisekarten durchforstet, um herauszufinden, wie viel wir für jeden zusätzlichen Buchstaben in der Beschreibung eines Gerichtes bezahlen müssen – ungefähr fünf Cent.[15] Informatiker vergleichen Rezepte aus aller Welt, um Aromakombinationen zu eruieren, die mit der Küche eines bestimmten Ortes oder einer Region verbunden sind, womit sie gleich ein neues Wissenschaftsgebiet abgesteckt haben, «computergestützte Gastronomie». Eine aktuelle Analyse indischer Rezepte zeigt etwa, dass die Köche dort häufig Zutaten kombinieren, die nicht zueinanderpassen – womit sie genau das Gegenteil dessen tun, was im Rest der Welt üblich ist.[16]

Zu welchen Einsichten könnte uns die Auswertung essensbezogener Daten in großem Maßstab führen? Könnte womöglich eine neue Palette ungewöhnlicher Aromakombinationen entstehen, die unseren Genuss weiter steigert? FoodPairing betreibt bereits eine abonnierbare Website, auf der sich Chefköche, Cocktailmixer und interessierte Laien ansehen können, welche Zutatenkombinationen dieselben aromatischen Verbindungen enthalten. Dazu führt der Supercomputer Watson von IBM eine algorithmische Analyse einer Datenbank mit Tausenden Rezepten sowie einer Datenbank mit aromatischen Verbindungen in Tausenden Zutaten durch. Zudem werden psychologische Erkenntnisse genutzt, wie Menschen verschiedene Kombinationen von Zutaten wahrnehmen. Da der Computer keine Hände hat, fördert er natürlich nur ungewöhnliche

Geschmackskombinationen zutage, die von Menschen erfunden wurden. «IBM weist ausdrücklich darauf hin, dass das Ziel nicht darin besteht, den Menschen durch die Maschine zu übertrumpfen, sondern ihm unterstützend zur Seite zu stehen. Heston Blumenthal sollte sich also in Acht nehmen.»[17] Erwarten uns in Zukunft jede Menge neuer Aromakombinationen? Ich möchte betonen, dass hier kein Wettkampf zwischen Gastrophysikern und Spitzenköchen oder Computern und Menschen stattfindet, sondern dass es hier nur darum gehen kann, durch das Zusammenwirken verschiedener Disziplinen überzeugende neue Vorschläge und Ideen zu entwickeln. Unterdessen haben Forscher in einem Zeitraum von neun Jahren, zwischen 2002 und 2011, über eine Million Online-Bewertungen von Restaurants in allen Staaten der USA untersucht und herausgefunden, dass wir unser Essen bei gutem Wetter mehr genießen als bei schlechtem Wetter.

Das Crossmodal Laboratory hat in den letzten Jahren mehrere bürgerwissenschaftliche Experimente in großem Maßstab unter anderem in Museen und im Internet durchgeführt, um Informationen darüber zu sammeln, welche Designentscheidungen der Restaurants den Gästen gefielen; das reichte von der Anordnung des einzelnen Gerichts über die Wandfarbe bis zur Hintergrundmusik. Vermutlich wird es bald keine Studien im kleinen Maßstab mehr geben, die den Effekt der Umgebung auf das Essverhalten von maximal einigen Hundert Probanden untersuchen (wie im Kapitel «Das stimmungsvolle Mahl» erörtert). Stattdessen werden Big-Data-Studien womöglich sogar mit Daten arbeiten, die über die Mobilgeräte der Gäste übermittelt wurden, sodass auf einen Schlag Zehn- oder gar Hunderttausende Personen in die Analyse einbezogen werden können.

Das wird sich vor allem positiv auf die Entscheidungsfindung bei der Konzeption von Speisen- und Getränkeangeboten auswirken, die nunmehr endlich auf der Grundlage solider Fakten vollzogen werden kann. Ein Paradebeispiel ist für mich unsere Samm-

lung mit Antworten von über fünfzigtausend Besuchern der Ausstellung «Cravings» im Londoner Science Museum, die wir persönlich und online befragt haben. Die Ergebnisse dieser Umfrage haben
einige unserer Vermutungen darüber bestätigt, inwiefern die Präsentation eines Gerichtes unsere Bewertung der Aromen und unsere
Erwartung an den Geschmack beeinflusst. Zugleich konnten wir
einige überkommene Überzeugungen widerlegen wie etwa, dass
Gerichte mit einer ungeraden Zahl von Elementen dem Speisenden besser gefallen. Das haben wir kürzlich noch auf die Frage aus-
geweitet, wie man ein langes, gerades Element wie eine Lauchstange
oder einen ganzen Hummer möglichst optimal auf dem Teller
arrangiert. Wir fanden heraus, dass lineare Elemente am besten
von unten links nach oben rechts zeigen. Eine weitere interessante
Erkenntnis der neuesten Forschung weist auf die Diskrepanz zwischen der Art von Tellern hin, für die wir am meisten zu zahlen bereit wären, und dem Porzellan, das wir am kreativsten finden.

Ein gutes Beispiel für die analytische Nutzung von Big Data
kommt von Rupert Naylor von Applied Predictive Technologies.
Sein Unternehmen hat ein besonderes Angebot für Restaurantketten entwickelt: «Wir führen, genau wie bei der Überprüfung der
Wirksamkeit neuer Medikamente, Vergleichstests in ähnlichen Restaurants durch. Dabei filtern wir alle Störgeräusche heraus – jene
Elemente, die ohnehin Auswirkungen auf das Kaufverhalten gehabt hätten –, um auf diese Weise die entscheidenden Unterschiede
zu ermitteln.» Dank dieser Methode konnte Pizza Hut in Großbritannien die durchschnittlich vom Kunden ausgegebene Summe von
€ 10 auf € 12 steigern.[18]

SYNÄSTHETISCHES ERLEBNISDESIGN

Im Laufe der Jahre haben die multisensorischen Erlebnisdesigner alle uns offensichtlich erscheinenden Verbindungen zwischen den Sinnen gründlich erforscht; denken Sie etwa an das Gericht mit Meeresfrüchten, das vom Rauschen des Meeres begleitet wird. Restaurants wie das *Eleven Madison Park* in New York, das *Casamia* in Bristol oder das *Ultraviolet* in Shanghai haben verschiedentlich versucht, ein Mahl in Form eines Picknicks zu gestalten und vor allem die positiven Gefühle zu vermitteln, die die meisten von uns damit aus der Erinnerung assoziieren. Sie verwendeten Porzellan, das nach Papptellern aussieht, servierten die Speisen aus einem Picknickkorb und ließen womöglich noch die Klänge, Gerüche und Szenerien einer ländlichen Idylle auf ihre Gäste wirken. All das ist ohne Frage effektvoll, aber wenn ich mit Abstand darüber nachdenke, auch ziemlich klischeehaft. Inzwischen interessieren sich viele Küchenchefs, Essenskünstler und Erlebnisdesigner für synästhetische Gestaltung, wobei weniger offensichtliche Verbindungen zwischen unseren Sinnen angesprochen werden. Bei solchen Events werden atmosphärische Farben und Musik eingesetzt, um etwa den Geschmack des Weines zu manipulieren. Das hat insofern etwas Synästhetisches, als zwischen unseren Sinnen oftmals überraschende Verbindungen bestehen. So gilt süß als hell klingend, pinkrot und rund. Trotzdem ist ein solches Vorgehen etwas fundamental anderes als Synästhesie. Synästhesie ist ein Zustand, in dem wir zum Beispiel Buchstaben, Zahlen und Zeiteinheiten als Farben sehen oder in dem Geräusche Gerüche auslösen. Der Hauptunterschied besteht darin, dass die neu entdeckten Verbindungen zwischen den Sinnen bei den meisten Menschen gleich sind. Und genau diese allgemeinen und zugleich überraschenden Assoziationen – auch «kreuzmodale Übereinstimmungen» genannt – ermöglichen die Gestaltung multisensorischer Erlebnisse, die spannend und wirkungsvoll sind. Es gibt immer mehr gastrophysikalische Studien, die Köchen und Erlebnisdesignern in diesem Bereich Erkenntnisse liefern können.

Richtig interessant wird es, wenn man mit diesen Verbindungen in Bezug auf die chemischen Sinne, also mit Geschmack und Aroma zu spielen beginnt. Das heißt aber nicht, dass das Geschmackserlebnis besser wird, je mehr Sinne involviert sind. Zumindest für das multisensorische Erlebnisdesign gilt diese Faustregel nicht. Sean Rogg etwa lud die Besucher eines Events im Rahmen des «Waldorf Project» ein, «Farben zu schmecken». Die Gäste, die gebeten worden waren, sich für den Abend monochromatisch zu kleiden, bekamen guten Wein serviert und sahen eine Tanzperformance. Der Künstler erklärte: «Die Klanglandschaften mussten nicht nur wie die zugehörigen Farben klingen, sondern der Sounddesigner sollte sie auch genau auf den Wein abstimmen.»[19] Das ist viel verlangt. Doch trotz der enormen Schwierigkeiten, denen man bei Experimenten in diesem Bereich begegnet, explodiert das Interesse an synästhetischem Design rund um Speisen und Getränke förmlich.

Das Aufkommen synästhetischen Designs, das auf den überraschenden und zugleich uns allen innewohnenden Verbindungen zwischen den Sinnen basiert, geht mit der sogenannten «Sensploration» einher. Immer mehr Konsumenten möchten die eigene sinnliche Welt, ihr Sensorium, sowie die verborgenen Verbindungen, die in jedem Menschen stecken, erforschen.[20] Und nachdem es beim sensorischen Marketing anfangs ausschließlich um Geld zu gehen schien, hat sich der Fokus inzwischen auf gemeinsame und teilbare multisensorische Erlebnisse verschoben. Für den Essenskünstler sind sie wie eine Entdeckungsreise. Wir alle können die ungewöhnlichen, überraschenden und fast synästhetischen Verbindungen zwischen den Sinnen kennenlernen. In einem aktuellen Bericht heißt es: «70 Prozent aller Millennials in den USA suchen Erlebnisse, die ‹ihre Sinne stimulieren›.» Einer interessanten Ana-

lyse zufolge gelüstet es sie nach immersiven, intensiven Erlebnissen. «Da die Kunden der permanenten digitalen Bombardierung
überdrüssig werden, suchen sie verstärkt nach authentischen Erfahrungen, mit denen sie in eine Marke eintauchen können.»[21]

DAS GESAMTKUNSTWERK

Langsam, aber sicher wird das Essen zu einem Gesamtkunstwerk,[22]
also einer Installation oder einem Erlebnis, das alle Sinne des Betrachters einbezieht – aber ist «Betrachter» dann überhaupt noch
das richtige Wort? Der Begriff des Gesamtkunstwerks jedenfalls
fällt oft im Zusammenhang mit Richard Wagner, weshalb es nicht
überrascht, dass die Futuristen für ihre Veranstaltungen seine
Musik auserkoren. Allerdings scheint es mir kaum vorstellbar, ein
Kunstwerk zu schaffen, das alle Sinne stimuliert, ohne dass dabei
Speisen oder Getränke im Spiel sind.

Das Gesamtkunstwerk, der Futurismus und verschiedene andere
künstlerische Richtungen aus der Zeit von vor hundert Jahren stehen mehr oder weniger direkt mit dem Aufkommen der physiologischen Ästhetik im Europa der Jahrhundertwende in Zusammenhang. Damals trafen sich Künstler wie der Maler Georges Seurat
mit Wissenschaftlern, um auf der Grundlage von Erkenntnissen
der gerade aufkommenden Neurowissenschaften über die geistigen
Vorgänge im Betrachter angenehmere Erlebnisse zu kreieren. Der
Austausch zwischen Künstlern und Wissenschaftlern führte zu
einer phänomenalen Welle an Kreativität, die allerdings wieder im
Sande verlief – vermutlich war es die falsche Wissenschaft zur falschen Zeit.

Heute lassen sich wiederum immer mehr Verbindungen von
Essenskunst mit Verhaltenswissenschaft und Psychologie, die beide
zur neuen Wissenschaft der Gastrophysik gehören, beobachten.
Und im Zusammenspiel mit den neuesten Designs und Technolo-

gien sieht die Zukunft des Essens höchst vielversprechend aus. Wir werden Dinge erleben, die wir nie zuvor gesehen haben und die selbst die wildesten Träume und Ideen der italienischen Futuristen übertreffen werden.

DAS GESUNDE, NACHHALTIGE ESSEN DER ZUKUNFT

Im Grunde können wir nicht mehr über die Zukunft des Essens sprechen, ohne das Problem des Klimawandels, der Nachhaltigkeit und der Ausweitung der Megastädte auch in den Blick zu nehmen. Noch ist es schwer vorherzusagen, ob wir in Zukunft unsere Nahrungsversorgung durch vertikale Landwirtschaft, Laborfleisch, zunehmende Entomophagie oder – Gott behüte – Soylent Green sicherstellen; Soylent Green sind schmackhafte grüne Täfelchen, die angeblich aus energiereichem Plankton, tatsächlich aber aus menschlichen Leichenteilen hergestellt werden. Die dystopische Zukunftsvision stammt aus dem Film ... *Jahr 2022 ... die überleben wollen* von Richard Fleischer. Das liegt also in nicht allzu ferner Zukunft. Wie dem auch sei, ich bin der leidenschaftlichen Überzeugung, dass es das Zweckmäßigste sein wird, die Schnittstelle zwischen moderner Essenskunst und neuesten Technologien und Design zu nutzen. Letztlich ist der entscheidende Punkt, dass wir das Verhalten der Menschen nicht ändern werden, indem wir sie nur darüber informieren, was für sie gut und für den Planeten nachhaltig ist. Wenn wir sie zu einem gesunden, nachhaltigen Essverhalten bringen wollen, benötigen wir andere Strategien unter Berücksichtigung der Tatsache, dass unsere Wahrnehmung des Essens hauptsächlich im Kopf und nicht im Mund stattfindet. Deshalb werden wir in Zukunft vermutlich noch einiges von «Food Hacking» hören.[23]

Noch ein Wort über meine persönliche Sicht: Ich glaube, dass uns die Gastrophysik in Zukunft vor fundamentale Herausforderungen stellen wird, uns aber auch zahlreiche Möglichkeiten bieten kann, um unseren Umgang mit Essen zum Positiven zu verändern. Ich hoffe, dass möglichst viele der aufregenden Entwicklungen, die wir momentan vor allem in der Spitzenküche erleben, für die Allgemeinheit zugänglich werden. Ich sehe ein wachsendes Interesse bei den großen Lebensmittel- und Getränkeunternehmen weltweit. Da auch das Internet zunehmend in unser Essverhalten involviert sein wird, eröffnen sich hier völlig neue Möglichkeiten, Essenstrends und Essverhalten im großen Maßstab zu analysieren. Chris Young, der Gründer von ChefSteps, prognostizierte 2014, dass seine Website bis Ende 2016 über einer Million Privatpersonen geholfen haben wird, besseres Essen zu kochen. Durch diese Interaktion werden riesige Datenmengen generiert, anhand derer sich zum Beispiel herausfinden lässt, wie unsere Essenswahrnehmung und unser Essverhalten am besten personalisiert und optimiert werden könnten.

Die aufstrebende Gastrophysik wird mit ihrer wissenschaftlichen Herangehensweise auch Wichtiges von Nichtigem zu unterscheiden helfen, indem sie Fakten gegen Fiktion und Intuition stellt. Je mehr Menschen begreifen, dass sich das Vergnügen beim Essen hauptsächlich im Kopf abspielt, desto schnellere Fortschritte werden wir machen. Andoni Luis Aduriz sagt: «Das Entscheidende ist: *Sie müssen etwas nicht mögen, um es zu genießen*, oder anders gesagt, findet das Vergnügen nicht nur im Mund statt. Durch meine Empfänglichkeit, meine Fähigkeit, mich zu konzentrieren – die impulsiven Mechanismen des Gehirns –, kann ich die Wahrnehmung einer Sache, die auf den ersten Blick niemand als Nahrung für den Menschen in Betracht gezogen hätte, grundlegend verändern. Letztlich geht es nicht nur ums Essen, sondern auch um Entdeckung. Wir machen uns die Tatsache zunutze, dass wir immer auf dem Grat zwischen unserem bewahrenden Denken – das uns zu Gewohnheitstieren macht, welche Schutz und Sicherheit in der Wiederholung suchen –

Abb. 55 F. T. Marinetti wirft
einen Blick in die Zukunft.

und Neugierde und Wagemut wandeln – der Lust am Unbekannten, an dem Schwindel, den wir verspüren, wenn wir etwas zum ersten Mal ausprobieren, an Risiko und Unvorhersehbarkeit.»[24] Und damit sind wir wieder da, wo wir angefangen haben (siehe Abb. 55).

ZU GUTER LETZT:
TIPPS FÜR EIN GESUNDES LEBEN

Zum Abschluss möchte ich Ihnen noch ein paar Empfehlungen geben, wie Sie gesünder essen und weniger konsumieren können, um schlichtweg insgesamt zufriedener zu sein.

1. Essen Sie weniger! Es klingt selbstverständlich, aber nicht jeder tut es.
2. Verstecken Sie Lebensmittel! Sie sind mehr versucht zu essen, wenn Sie die Kekse in der Schale liegen sehen. Packen Sie sie in einen blickdichten Behälter. Alles, was Sie tun können, um es

Ihren Händen zu erschweren, Essbares zu berühren, ist hilfreich.

3. Erwachsene mittleren und fortgeschrittenen Alters sollten vor den Mahlzeiten viel trinken. Eine halbe Stunde vor dem Frühstück, Mittag- und Abendessen jeweils ein halber Liter Wasser genügt und die zusätzlichen Toilettengänge werden Ihrer körperlichen Aktivität zugutekommen.

4. Falls Sie gern Junkfood essen, sehen Sie sich dabei im Spiegel an, oder besorgen Sie sich einen verspiegelten Teller! Studien haben gezeigt, dass dadurch das Verlangen und der Verzehr von Lebensmitteln wie etwa Schokoladen-Brownies abnehmen. Essen Sie möglichst langsam und bewusst! Und ja, dazu gehört auch, dass Sie den Fernseher ausstellen.

5. Versuchen Sie sich möglichst viele Essenseindrücke bewusst zu machen. Ein starkes Aroma, eine vielfältige Textur – all das kann Ihrem Gehirn helfen, schneller zu erkennen, wann Sie genug haben. In einer meiner Lieblingsstudien zu diesem Thema nahmen die Versuchsteilnehmer deutlich mehr Kalorien zu sich, wenn sie Apfelsaft tranken, statt Apfelmus zu essen bzw. pürierte statt ganze Äpfel aßen. In allen Fällen handelt es sich um ein und dasselbe Lebensmittel; der einzige Unterschied besteht in den texturalen Hinweisen, die das Gehirn über die konsumierte Menge erhält, auch darüber, wie viel gekaut werden muss. Benutzen Sie zum Trinken niemals einen Strohhalm! Dadurch werden alle orthonasalen Geruchseindrücke blockiert und das Vergnügen erheblich geschmälert. Atmen Sie regelmäßig das Aroma Ihrer Speisen ein! Im Geruch liegt das Hauptvergnügen. Und trinken Sie zu den Mahlzeiten kein Eiswasser! Es macht die Geschmacksknospen taub.

6. Essen Sie von kleinen Tellern! Dieser Tipp ist besonders hilfreich, wenn Sie sich das Essen selbst auftun. Ist der Teller doppelt so groß, verzehren Sie 40 Prozent mehr.

7. Essen Sie aus Schalen! Nehmen Sie schwere, randlose Schalen,

und halten Sie sie beim Essen in der Hand. Stellen Sie die Schale nicht auf dem Tisch ab. Das Gewicht in Ihren Händen suggeriert dem Gehirn, dass Sie schon mehr gegessen haben, als es der Fall ist, sodass Sie auch schneller satt werden.

8. Essen Sie von roten Tellern! Sie scheinen eine Vermeidungsmotivation zu sein.

9. Essen Sie mit Stäbchen statt mit normalem Besteck, oder benutzen Sie Ihre nichtdominante Hand oder einen kleineren Löffel bzw. eine kleinere Gabel! Tun Sie alles dafür, dass es Ihnen möglichst schwerfällt, das Essen in den Mund zu bekommen! Aus ebendieser Erwägung heraus beauftragte kürzlich ein Amsterdamer Supper Club Künstler und Designer aus fünfunddreißig Ländern, Tafelgeschirr zu entwerfen, das unseren Essnormen zuwiderläuft und uns dadurch zu langsamerem, bewussterem Essen anregt. Allerdings sollten Sie, wenn Sie wirklich den mit Nägeln gefüllten Löffel probieren wollen, den ein vorwitziger Teilnehmer für das Event kreierte, gut auf Ihre Zähne aufpassen.

10. Ach, und noch ein exzellenter Tipp von Yogi Berra: «Teilen Sie die Pizza bitte in vier Stücke, sechs schaffe ich nämlich nicht.»[25]

DANK

Ohne die dauerhafte Unterstützung und Mentorschaft von Prof. Francis McGlone von Unilever Research wäre ich wohl nie in der Welt der Gastrophysik gelandet. Dafür werde ich ihm auf alle Zeiten dankbar sein. Wie im Laufe des Textes deutlich wurde, hat aber vor allem Heston Blumenthal, mit dem mich Tony Blake von Firmenich bekannt machte, mein Interesse für die Gastronomie geweckt, das bald das an den Ernährungswissenschaften übertrumpfte. In den letzten Jahren bin ich insbesondere Rupert Ponsonby (R&R), Christophe Cauvy (JWT) und Steve Keller (iV Audio Branding) zu Dank verpflichtet, weil sie an den multisensorischen Ansatz der Gastrophysik geglaubt haben und an alles, was Spaß macht. Prof. Barry Smith danke ich für die höchst vergnügliche Weintour *Baz 'n' Chaz*. Möge sie noch lange weitergehen! Entscheidenden Anteil daran, dass meine gastrophysikalische Forschung in den letzten Jahren ein so immenses Vergnügen war, hat die neue Generation von Küchenchefs, allen voran Jozef Youssef von der *Kitchen Theory* und Charles Michel, der ein wahrhaft außergewöhnlicher Kreuzmodalist ist. Von ihren Gerichten und Designs hat der Leser ausführlich erfahren.

Auch möchte ich den zahlreichen Küchenchefs und Kochschulen für ihre Unterstützung danken und dafür, dass sie dem «verrückten Professor» Einlass in ihre Küchen und Restaurants gewährt haben. Ich darf mich glücklich schätzen, in den vergangenen fünfzehn Jahren gastrophysikalische Studien mit einigen der weltweit führenden Spitzenköche durchgeführt zu haben, darunter Heston Blumenthal und das gesamte Team des Restaurants *The Fat Duck* mit seiner Forschungsküche, der Küchenchef Sriram Aylur des *Quilon* in London, der Küchenchef Jesse Dunford Woods des *Parlour* in London, Ben Reade vom *Nordic Food Lab*, Dominique Persoone von *The Chocolate Line*, der Küchenchef Albert Landgraf des

Epice in São Paolo, der Küchenchef Xavier Gamez des *Xavier260* in Porto Allegre die Küchenchefs Andoni und Dani Lasa des *Mugaritz* in San Sebastián, der Küchenchef Joel Braham von *The Good Egg* in London, der Küchenchef Debs Paquette des *Etch* in Nashville und nicht zu vergessen der Küchenchef Paul Fraemohs des *Somerville College* in Oxford. Außerdem durfte ich Studien mit der Alicía Foundation von Ferran Adrià in Spanien, der Paul Bocuse Cookery School in Lyon und dem Westminster Kingsway College in London durchführen. Danken möchte ich außerdem Jelly & Gin, Blanch & Shock, Caroline Hobkinson, Sam Bombas und allen Studierenden, die in meinem Crossmodal Research Laboratory Studien durchgeführt haben oder durchführen.

Zuletzt möchte ich Tony Conigliaro vom *69 Colbrooke Row* in London, Ryan Chetiyawardana alias Mr. Lyan, Neil Perry vom *Rockpool* in Sydney und Maxwell Colonna-Dashwood vom *Colonna & Small's* in Bath danken. Sie alle sind Meister ihrer Kunst. Schließlich und endlich danke ich Fergus Henderson für den denkwürdigen Abend auf der Bühne des Cheltenham Science Festival 2007 (und für den Kübel Kutteln, den meine damalige vegane Doktorandin Maya Shankar so galant präsentiert hat).

ABBILDUNGSVERZEICHNIS

BIBLIOGRAFIE UND
WEITERFÜHRENDE LITERATUR

AMUSE-GUEULE

Allen, J. S.: The Omnivorous Mind: Our Evolving Relationship with Food, London 2012.

Blumenthal, H.: Further Adventures in Search of Perfection: Reinventing Kitchen Classics, London 2007.

Gallace, A. und C. Spence: In Touch with the Future: The Sense of Touch from Cognitive Neuroscience to Virtual Reality, Oxford 2014.

Kotler, P.: Atmospherics as a Marketing Tool, in: Journal of Retailing 49, Winter 1974, S. 48–64.

Shepherd, G. M.: Neurogastronomy: How the Brain Creates Flavor and Why It Matters, New York 2012. Siehe auch meine Besprechung des Buches in Flavour 1, Nr. 21, 2012.

Spence, C. und B.: Piqueras-Fiszman, The Perfect Meal: The Multisensory Science of Food and Dining, Oxford 2014.

Spence, C., M. U. Shankar und H. Blumenthal: «Sound Bites»: Auditory Contributions to the Perception and Consumption of Food and Drink, in: Art and the Senses, hg. von F. Bacci und D. Melcher, Oxford 2011.

Welch, W., J. Youssef und C. Spence: Neuro-Cutlery: The Next Frontier in Cutlery Design, in: Supper Magazine 4, 2016, S. 128–129.

Woods, A. T., C. Michel und C. Spence: Odd Versus Even: A Scientific Study of the «Rules» of Plating, in: PeerJ 4, 2016, e1526.

Zampini, M. und C. Spence: The Role of Auditory Cues in Modulating the Perceived Crispness and Staleness of Potato Chips, in: Journal of Sensory Science 19, 2004, S. 347–363.

1. SCHMECKEN

Bartoshuk, L. M.: Comparing Sensory Experiences Across Individuals: Recent Psychophysical Advances Illuminate Genetic Variation in Taste Perception, in: Chemical Senses 25, 2000, S. 447–460.

Breslin, P. A. S.: An Evolutionary Perspective on Food and Human Taste, in: Current Biology 23, 2013, S. 409–418.

Brillat-Savarin, J. A.: Physiologie des Geschmacks, dt. von Emil Ludwig, Stuttgart 1979.

Chen, J.: Tasting a Flavor That Doesn't Exist, in: Atlantic, 21. Oktober 2015. www.theatlantic.com/health/archive/2015/10/tasting-a-flavor-that-doesnt-exist/411454.

Piqueras-Fiszman, B. und C. Spence: Sensory Expectations Based on Product-Extrinsic Food Cues: An Interdisciplinary Review of the Empirical Evidence and Theoretical Accounts, in: Food Quality and Preference 40, 2015, S. 165–179.

Plassmann, H., et al.: Marketing Actions Can Modulate Neural Representations of Experienced Pleasantness, in: Proceedings of the National Academy of Sciences of the USA 105, 2008, S. 1050–1054.

Plassmann, H. und B. Weber: Individual Differences in Marketing Placebo Effects: Evidence from Brain Imaging and Behavioral Experiments, in: Journal of Marketing Research 52, 2015, S. 493–510.

Prescott, J.: Taste Matters: Why We Like the Foods We Do, London 2012.

Reed, D. R. und A. Knaapila: Genetics of Taste and Smell: Poisons and Pleasures, in: Progress in Molecular Biology and Translational Science 94, 2010, S. 213–240.

Spence, C.: Gastrodiplomacy: Assessing the Role of Food in Decision-Making, in: Flavour 5, Nr. 4, 2016.

Spence, C.: The Price of Everything-The Value of Nothing?, in: The World of Fine Wine 30, 2010, S. 114–120.

Spence, C. und B. Piqueras-Fiszman: The Perfect Meal: The Multisensory Science of Food and Dining, Oxford 2014.

Spence, C., C. B. Smith und M. Auvray: Confusing Tastes and Flavours, in: Perception and Its Modalities, hg. von D. Stokes, M. Matthen und S. Biggs, Oxford 2015.

Stuckey, B.: Taste What You're Missing: The Passionate Eater's Guide to Why Good Food Tastes Good, London 2012.

Yeomans, M. et al.: The Role of Expectancy in Sensory and Hedonic Evaluation: The Case of Smoked Salmon Ice Cream, in: Food Quality and Preference 19, 2008, S. 565–573.

2. RIECHEN

Auvray, M. und C. Spence: The Multisensory Perception of Flavor, in: Consciousness and Cognition 17, 2008, S. 1016–1031.

Dalton, P. et al.: The Merging of the Senses: Integration of Subthreshold Taste and Smell, in: Nature Neuroscience 3, 2000, S. 431–432.

Herz, R. S. und J. W. Schooler: A Naturalistic Study of Autobiographical Memories Evoked by Olfactory and Visual Cues: Testing the Proustian Hypothesis, in: American Journal of Psychology 115, 2002, S. 21–32.

Linscott, T. und J. LiM.: Retronasal Odor Enhancement by Salty and Umami Taste, in: Food Quality and Preference 48, 2016, S. 1–10.

Rozin, P.: «Taste-Smell Confusions» and the Duality of the Olfactory Sense, in: Perception and Psychophysics 31, 1982, S. 397–401.

Spence, C.: Just How Much of What We Taste Derives from the Sense of Smell?, in: Flavour 4, Nr. 30, 2015.

Spence, C.: Oral Referral: Mislocalizing Odors to the Mouth, in: Food Quality and Preference 50, 2016, S. 117–128.

Spence, C. und I. Wan: Beverage Perception and Consumption: The Influence of the Container on the Perception of the Contents, in: Food Quality and Preference 39, 2015, S. 131–140.

Spence, C. und J. Youssef: Olfactory Dining: Designing for the Dominant Sense, in: Flavour 4, Nr. 32, 2015.

Stevenson, R. J., J. Prescott und R. A. Boakes: The Acquisition of Taste Properties by Odors, in: Learning and Motivation 26, 1995, S. 433–455.

3. SEHEN

Barnett, A. und C. Spence: When Changing the Label, (of a Bottled Beer) Modifies the Taste, in: Nutrition and Food Technology, Open Access 2, Nr. 4, 2016.

Bremner, A. et al.: «Bouba» and «Kiki» in Namibia? A Remote Culture Make Similar Shape-Sound Matches, but Different Shape-Taste Matches to Westerners, in: Cognition 126, 2013, S. 165–172.

Bruno, N. et al.: The Effect of the Color Red on Consuming Food Does Not Depend on Achromatic, Michelson Contrast and Extends to Rubbing Cream on the Skin, in: Appetite 71, 2013, S. 307–313.

Dunne, T. E. et al.: Visual Contrast Enhances Food and Liquid Intake in Advanced Alzheimer's Disease, in: Clinical Nutrition 23, 2004, S. 533–538.

Genschow, O., L. Reutner und M. Wanke: The Color Red Reduces Snack Food and Soft Drink Intake, in: Appetite 58, 2012, S. 699–702.

Gvili, Y. et al.: Fresh from the Tree: Implied Motion Improves Food Evaluation, in: Food Quality and Preference 46, 2015, S. 160–165.

Michel, C. et al.: Orienting the Plate: Online Study Assesses the Importance of the Orientation in the Plating of Food, in: Food Quality and Preference 44, 2015, S. 194–202.

Ngo, M., R. Misra und C. Spence: Assessing the Shapes and Speech Sounds That People Associate with Chocolate Samples Varying in Cocoa Content, in: Food Quality and Preference 22, 2011, S. 567–572.

Piqueras-Fiszman, B. et al.: Is It the Plate or Is It the Food? Assessing the Influence of the Color, Black or White and Shape of the Plate on the Perception of the Food Placed on It, in: Food Quality and Preference 24, 2012, S. 205–208.

Piqueras-Fiszman, B. und C. Spence: Does the Color of the Cup Influence the Consumer's Perception of a Hot Beverage?, in: Journal of Sensory Studies 27, Nr. 5, 2012, S. 324–331.

Spence, C.: Managing Sensory Expectations Concerning Products and Brands: Capitalizing on the Potential of Sound and Shape Symbolism, in: Journal of Consumer Psychology 22, 2012, S. 37–54.

Spence, C.: On the Psychological Impact of Food Color, in: Flavour 4, Nr. 21, 2015.

Spence, C. und O. Deroy, Tasting Shapes: A Review of Four Hypotheses, in: Theoria et Historia Scientiarum 10, 2013, S. 207–238.

Spence, C. et al.: Does Food Color Influence Taste and Flavor Perception in Humans?, in: Chemosensory Perception 3, 2010, S. 68–84.

Spence, C. et al.: Eating with Our Eyes: From Visual Hunger to Digital Satiation, in: Brain and Cognition 110, 2016, S. 53–63.

Spence, C. et al.: Plating Manifesto, II, The Art and Science of Plating, in: Flavour 3, Nr. 4, 2014.

Toepel, U. et al.: The Brain Tracks the Energetic Value in Food Images, in: Neuro-Image 44, 2009, S. 967–974.

Van Doorn, G., D. Wuillemin und C. Spence: Does the Color of the Mug Influence the Taste of the Coffee?, in: Flavour 3, Nr. 10, 2014.

Velasco, C. et al.: Colour-Taste Correspondences: Designing Food Experiences to Meet Expectations or to Surprise, in: International Journal of Food Design 1, 2016, S. 83–102.

4. HÖREN

Allen, J. S.: The Omnivorous Mind: Our Evolving Relationship with Food. London 2012.

Deroy, O., B. Reade und C. Spence: The Insectivore's Dilemma, in: Food Quality and Preference 44, 2015, S. 44–55.

Koizumi, N. et al.: Chewing Jockey: Augmented Food Texture by Using Sound Based on the Cross-Modal Effect, Artikel 21 in Proceedings of ACEL '11MNOP, the 8th International Conference on Advances in Computer Entertainment Technology, New York 2011.

Luckett, C. R., J.-F. Meullenet und H.-S. Seo: Crispness Level of Potato Chips Affects Temporal Dynamics of Flavor Perception and Mastication Patterns in Adults of Different Age Groups, in: Food Quality and Preference 51, 2016, S. 8–19.

Spence, C.: Eating with Our Ears: Assessing the Importance of the Sounds of

Consumption to Our Perception and Enjoyment of Multisensory Flavour Experiences, in: Flavour 4, Nr. 3, 2015.

Spence, C.: Music from the Kitchen, in: Flavour 4, Nr. 25, 2015.

Spence, C.: Noise and Its Impact on the Perception of Food and Drink, in: Flavour 3, Nr. 9, 2014.

Spence, C., M. U. Shankar und H. Blumenthal: «Sound Bites»: Auditory Contributions to the Perception and Consumption of Food and Drink, in: Art and the Senses, hg. von F. Bacci und D. Melcher, Oxford 2011.

Spence, C. und Q. (J.) Wang: Sonic Expectations: On the Sounds of Opening and Pouring, in: Flavour 4, Nr. 35, 2015.

Wang, Q. (J.), A. Woods und C. Spence: «What's Your Taste in Music?» A Comparison of the Effectiveness of Various Soundscapes in Evoking Specific Tastes, in: i-Perception 6, Nr. 6, 2015, S. 1-23.

Zampini, M. und C. Spence: The Role of Auditory Cues in Modulating the Perceived Crispness and Staleness of Potato Chips, in: Journal of Sensory Science 19, 2004, S. 347-363.

5. TASTEN

Barnett-Cowan, M.: An Illusion You Can Sink Your Teeth Into: Haptic Cues Modulate the Perceived Freshness and Crispness of Pretzels, in: Perception 39, 2010, S. 1684-1686.

Biggs, L., G. Juravle und C. Spence: Haptic Exploration of Plateware Alters the Perceived Texture and Taste of Food, in: Food Quality and Preference 50, 2016, S. 129-134.

Elder, R. S. und A. Krishna: The «Visual Depiction Effect» in Advertising: Facilitating Embodied Mental Simulation Through Product Orientation, in: Journal of Consumer Research 38, 2012, S. 988-1003.

Gallace, A. und C. Spence: In Touch with the Future: The Sense of Touch from Cognitive Neuroscience to Virtual Reality, Oxford 2014.

Marinetti, F. T.: Il tattilismo, Mailand 1921.

Marinetti, F. T. und L. Colombo: La cucina futurista: Un pranzo che evitò un suicidio [Die futuristische Küche: Ein Mahl, das einen Selbstmord vereitelte], Mailand 1998 (EA 1932).

Michel, C. et al.: The Butcher's Tongue Illusion, in: Perception 43, 2014, S. 818-824.

Michel, C., C. Velasco und C. Spence: Cutlery Matters: Heavy Cutlery Enhances Diners' Enjoyment of the Food Served in a Realistic Dining Environment, in: Flavour 4, Nr. 26, 2015.

Mouritsen, O. G. und K. Styrbaek: Mouthfeel: How Texture Makes Taste, New York 2017.

Piqueras-Fiszman, B. und C. Spence: The Weight of the Container Influences Expected Satiety, Perceived Density, and Subsequent Expected Fullness, in: Appetite 58, 2012, S. 559–562.

Spence, C.: Oral Referral: Mislocalizing Odours to the Mouth, in: Food Quality and Preference 50, 2016, S. 117–128.

Spence, C. und A. Gallace: Multisensory Design: Reaching Out to Touch the Consumer, in: Psychology and Marketing 28, 2011, S. 267–308.

Spence, C. und B. Piqueras-Fiszman: Oral-Somatosensory Contributions to Flavor Perception and the Appreciation of Food and Drink, in: Multisensory Flavor Perception: From Fundamental Neuroscience Through to the Marketplace, hg. von B. Piqueras-Fiszman und C. Spence, Duxford 2016.

Spence, C. und B. Piqueras-Fiszman: The Perfect Meal: The Multisensory Science of Food and Dining, Oxford 2014.

6. DAS STIMMUNGSVOLLE MAHL

Areni, C. S. und D. Kim: The Influence of Background Music on Shopping Behavior: Classical Versus Top-Forty Music in a Wine Store, in: Advances in Consumer Research 20, 1993, S. 336–340.

Bell, R. et al.: Effects of Adding an Italian Theme to a Restaurant on the Perceived Ethnicity, Acceptability, and Selection of Foods, in: Appetite 22, 1994, S. 11–24.

Cho, S. et al.: Blue Lighting Decreases the Amount of Food Consumed in Men, but Not in Women, in: Appetite 85, 2015, S. 111–117.

Dazkir, S. S. und M. A. Read: Furniture Forms and Their Influence on Our Emotional Responses Toward Interior Environments, in: Environment and Behavior 44, 2012, S. 722–734.

Milliman, R. E.: The Influence of Background Music on the Behaviour of Restaurant Patrons, in: Journal of Consumer Research 13, 1986, S. 286–289.

North, A. C., A. Shilcock und D. J. Hargreaves: The Effect of Musical Style on Restaurant Customers' Spending, in: Environment and Behavior 35, 2003, S. 712–718.

North, A. C., D. J. Hargreaves und J. McKendrick: In-Store Music Affects Product Choice, in: Nature 390, 1997, S. 132.

Robson, S. K. A.: Turning the Tables: The Psychology of Design for High-Volume Restaurants, in: Cornell Hotel and Restaurant Administration Quarterly 40, Nr. 3, 1999, S. 56–63.

Spence, C.: The Price of Everything-The Value of Nothing?, in: The World of Fine Wine 30, 2010, S. 114–120.

Spence C. et al.: Store Atmospherics: A Multisensory Perspective, in: Psychology and Marketing 31, 2014, S. 472–488.

Spence C. und B. Piqueras-Fiszman: The Perfect Meal: The Multisensory Science of Food and Dining, Oxford 2014.

Spence, C., M. U. Shankar und H. Blumenthal: «Sound Bites»: Auditory Contributions to the Perception and Consumption of Food and Drink, in: Art and the Senses, hg. von F. Bacci und D. Melcher, Oxford 2011.

Spence, C., C. Velasco und K. Knoeferle: A Large Sample Study on the Influence of the Multisensory Environment on the Wine Drinking Experience, in: Flavour 3, Nr. 8, 2014.

Velasco, C. et al.: Assessing the Influence of the Multisensory Environment on the Whisky Drinking Experience, in: Flavour 2, Nr. 23, 2013.

Wansink, B. und K. Van Ittersum: Fast Food Restaurant Lighting and Music Can Reduce Calorie Intake and Increase Satisfaction, in: Psychological Reports: Human Resources and Marketing 111, Nr. 1, 2012, S. 1–5.

7. ESSEN IN GESELLSCHAFT

Blass, E. et al.: On the Road to Obesity: Television Viewing Increases Intake of High-Density Foods, in: Physiology and Behavior 88, 2006, S. 597–604.

Conklin, A. I. et al.: Social Relationships and Healthful Dietary Behaviour: Evidence from Over-50s in the EPIC Cohort, UK, in: Social Science and Medicine 100, 2014, S. 167–175.

Hammons, A. und B. H. Fiese: Is Frequency of Shared Family Meals Related to the Nutritional Health of Children and Adolescents? A Meta-Analysis, in: Pediatrics 127, 2011, e1565–e1574.

Herman, C. P., D. A. Roth und J. Polivy: Effects of the Presence of Others on Food Intake: A Normative Interpretation, in: Psychological Bulletin 129, 2003, S. 873–886.

Spence, C.: Gastrodiplomacy: Assessing the Role of Food in Decision-Making, in: Flavour 5, Nr. 4, 2016.

Spence, C.: Hospital Food, in: Flavour 6, Nr. 3, 2017.

Tani, Y. et al.: Combined Effects of Eating Alone and Living Alone on Unhealthy Dietary Behaviors, Obesity and Underweight in Older Japanese Adults: Results of the JAGES, in: Appetite 95, 2015, S. 1–8.

Visser, M.: The Rituals of Dinner: The Origins, Evolution, Eccentricities, and Meaning of Table Manners, London 1991.

Zhu, R. (J.) und J. J. Argo: Exploring the Impact of Various Shaped Seating Arrangements on Persuasion, in: Journal of Consumer Research 40, 2013, S. 336–349.

8. ESSEN IM FLUGZEUG

Burdack-Freitag, A. et al.: Odor and Taste Perception at Normal and Low Atmospheric Pressure in a Simulated Aircraft Cabin, in: Journal für Verbraucherschutz und Lebensmittelsicherheit 6, 2011, S. 95–109.

Crisinel, A.-S. et al.: A Bittersweet Symphony: Systematically Modulating the Taste of Food by Changing the Sonic Properties of the Soundtrack Playing in the Background, in: Food Quality and Preference 24, 2012, S. 201–204.

de Syon, G.: Is it Really Better to Travel than Arrive? Airline Food as a Reflection of Consumer Anxiety, in: Food for Thought: Essays on Eating and Culture, hg. von L. C. Rubin, Jefferson 2008.

Foss, R.: Food in the Air and Space: The Surprising History of Food and Drink in the Skies, Lanham 2014.

Green, M. und J. S. Butts: Factors Affecting Acceptability of Meals Served in the Air, in: Journal of the American Dietetic Association 21, 1945, S. 415–419.

Howe, G. I.: Dinner in the Clouds: Great International Airline Recipes, Corona del Mar 1985; Jefferson 2008.

Maga, J. A. und K. Lorenz: Effect of Altitude on Taste Thresholds, in: Perceptual and Motor Skills 34, 1972, S. 667–670.

Ozcan, H. K. und S. Nemlioglu: In-Cabin Noise Levels During Commercial Aircraft Flights, in: Canadian Acoustics 34, 2006, S. 31–35.

Piqueras-Fiszman, B. et al.: Tasting Spoons: Assessing How the Material of a Spoon Affects the Taste of the Food, in: Food Quality and Preference 24, 2012, S. 24–29.

Raudenbush, B. und B. Meyer: Effect of Nasal Dilation on Pleasantness, Intensity and Sampling Behaviors of Foods in the Oral Cavity, in: Rhinology 39, 2001, S. 80–83.

Spence, C., C. Michel und B. Smith: Airplane Noise and the Taste of Umami, in: Flavour 3, Nr. 2, 2014.

Woods, A. T. et al.: Effect of Background Noise on Food Perception, in: Food Quality and Preference 22, 2011, S. 42–47.

Yan, K. S. und R. Dando: A Crossmodal Role for Audition in Taste Perception, in: Journal of Experimental Psychology: Human Perception and Performance 41, 2015, S. 590–596.

9. DAS DENKWÜRDIGE MAHL

Bernstein, D. M. und E. F. Loftus: The Consequences of False Memories for Food Preferences and Choices, in: Perspectives in Psychological Science 4, 2009, S. 135–139.

Carbone, L. P.: Clued In: How to Keep Customers Coming Back Again and Again, Upper Saddle River 2004.

Garbinsky, E. N., C. K. Morewedge und B. Shiv: Interference of the End: Why Recency Bias in Memory Determines When a Food Is Consumed Again, in: Psychological Science 25, 2014, S. 1466–1474.

Hall, L. et al.: Magic at the Marketplace: Choice Blindness for the Taste of Jam and the Smell of Tea, in: Cognition 117, 2010, S. 54–61.

LaTour, K. A. und L. P. Carbone: Sticktion: Assessing Memory for the Customer Experience, in: Cornell Hospitality Quarterly 55, 2014, S. 342–353.

Mojet, J. und E. P. Koster: Flavour Memory, in: Multisensory Flavour Perception: From Fundamental Neuroscience Through to the Marketplace, hg. von B. Piqueras-Fiszman und C. Spence, Duxford 2016.

Robinson, E.: Relationships Between Expected, Online and Remembered Enjoyment for Food Products, in: Appetite 74, 2014, S. 55–60.

Robinson, E. et al.: Eating Attentively: A Systematic Review and Meta-Analysis of the Effect of Food Intake Memory and Awareness on Eating, in: American Journal of Clinical Nutrition 97, 2013, S. 728–742.

Robinson, E., J. Blissett und S. Higgs: Changing Memory of Food Enjoyment to Increase Food Liking, Choice and Intake, in: British Journal of Nutrition 108, 2012, S. 1505–1510.

Rode, E., P. Rozin und P. Durlach: Experienced and Remembered Pleasure for Meals: Duration Neglect but Minimal Peak, End (Recency) or Primacy Effects, in: Appetite 49, 2007, S. 18–29.

Rozin, P. et al.: What Causes Humans to Begin and End a Meal? A Role for Memory for What Has Been Eaten as Evidenced by a Study of Multiple Meal Eating in Amnesic Patients, in: Psychological Science 9, 1998, S. 392–396.

Sela, L. und N. Sobel: Human Olfaction: A Constant State of Change-Blindness, in: Experimental Brain Research 205, 2010, S. 13–29.

Spence, C.: The Price of Everything-The Value of Nothing?, in: The World of Fine Wine 30, 2010, S. 114–120.

Sutton, D. E.: Remembrance of Repasts: An Anthropology of Food and Memory, Oxford 2001.

Woods, A. T., et al.: Flavor Expectation: The Effects of Assuming Homogeneity on Drink Perception, in: Chemosensory Perception 3, 2010, S. 174–181.

10. DAS PERSONALISIERTE MAHL

Cramer, L. und G. Antonides: Endowment Effects for Hedonic and Utilitarian Food Products, in: Food Quality and Preference 22, 2011, S. 3–10.

Kahneman, D.: Why Do Sandwiches Taste Better When Someone Else Makes

Them?, in: New York Times, 2. Oktober 2011. http://query.nytimes.com/gst/fullpage.html?res=9E0DE2DE123EF931A35753C1A9679D8B63.

Meyer, D.: Setting the Table: Lessons and Inspirations from One of the World's Leading Entrepreneurs, London 2010.

Morewedge, C. K. und C. E. Giblin: Explanations of the Endowment Effect: An Integrative Review, in: Trends in Cognitive Sciences 19, 2015, S. 339–348.

Park, M. Y.: A History of the Cake Mix, the Invention That Redefined «Baking», in: Bon Appétit, 26. September 2013. www.bonappetit.com/entertaining-style/pop-culture/article/cake-mix-history.

Schafer, S. et al.: Self-Prioritization in Vision, Audition, and Touch, in: Experimental Brain Research 234, 2016, S. 2141–2150.

Shapiro, S.: Something from the Oven: Reinventing Dinner in 1950s America, London 2005.

Spence, C. und B. Piqueras-Fiszman: The Perfect Meal: The Multisensory Science of Food and Dining, Oxford 2014.

Troye, S. V. und M. Supphellen: Consumer Participation in Coproduction: «I Made It Myself» Effects on Consumers' Sensory Perceptions and Evaluations of Outcome and Input Product, in: Journal of Marketing 76, 2012, S. 33–46.

11. DAS EXPERIMENTELLE MAHL

Kirshenblatt-Gimblett, B.: Playing to the Senses: Food as a Performance Medium, in: Performance Research 4, 1999, S. 1–30.

Kotler, P.: Atmospherics as a Marketing Tool, in: Journal of Retailing 49, Winter 1974, S. 48–64.

Moore, M.: Taste the Difference: Sublimotion vs. Ultraviolet, in: Financial Times, 28. August 2015. www.ft.com/cms/s/2/0a4f62f0-4ca2-11e5-9b5d-89a026fda5c9.html#slideo.

Pine, B. J., II und J. H. Gilmore: Erlebniskauf. Konsum als Ereignis, Business als Bühne, Arbeit als Theater, Berlin 2000.

Spang, R. L.: The Invention of the Restaurant: Paris and Modern Gastronomic Culture, Cambridge 2000.

Weiss, A. S.: Feast and Folly: Cuisine, Intoxication and the Poetics of the Sublime, Albany 2002.

12. DIGITALES ESSEN

Hirose, M. et al.: Gravitamine Spice: A System That Changes the Perception of Eating Through Virtual Weight Sensation, in: Proceedings of the 6th Augmented Human International Conference, ACM, 2015.

Narumi, T. et al.: Augmented Perception of Satiety: Controlling Food Consumption by Changing Apparent Size of Food with Augmented Reality, in: Proceedings of the 2012 ACM Annual Conference on Human Factors in Computing Systems, Austin 2012.

Ranasinghe, N. et al.: Virtual Ingredients for Food and Beverages to Create Immersive Taste Experiences, in: Multimedia Tools and Applications 75, Nr. 20, 2016, S. 12 291–12 309.

Spence, C.: Hospital Food, in: Flavour 6, Nr. 3, 2017.

Spence, C.: Multisensory Meals and Digital Dining, in: The Wired World in 2014, Sonderausgabe, 31. Oktober 2013: S. 71.

Spence, C. und B. Piqueras-Fiszman: Technology at the Dining Table, in: Flavour 2, Nr. 16, 2013.

Weiss, T. et al.: From Nose to Brain: Un-Sensed Electrical Currents Applied in the Nose Alter Activity in Deep Brain Structures, in: Cerebral Cortex 26, 2016, S. 4180–4191.

13. ZURÜCK ZU DEN FUTURISTEN

Bakhshi, S., P. Kanuparthy und E. Gilbert: Demographics, Weather and Online Reviews: A Study of Restaurant Recommendations by WWW 2014, in: Proceedings of the 23rd International Conference on World Wide Web, New York 2014.

Brain, R. The Pulse of Modernism: Physiological Asthetics in Fin-du-siècle Europe, London 2015.

Deroy, O., A.-S. Crisinel und C. Spence: Crossmodal Correspondences Between Odors and Contingent Features: Odors, Musical Notes, and Geometrical Shapes, in: Psychonomic Bulletin and Review 20, 2013, S. 878–896.

Marinetti, F. T.: Die futuristische Küche, dt. von Klaus M. Rarisch, Stuttgart 1983. Das Original stammt aus dem Jahr 1932.

Moore, M.: Taste the Difference: Sublimotion vs. Ultraviolet, in: Financial Times, 28. August 2015. www.ft.com/cms/s/2/0a4f62f0-4ca2-11e5-9b5d-89a026fda5c9.html#slideo.

Spence, C.: Leading the Consumer by the Nose: On the Commercialization of Olfactory Design for the Food and Beverage Sector, in: Flavour 4, Nr. 31, 2015.

Spence, C.: Managing Sensory Expectations Concerning Products and Brands:

Capitalizing on the Potential of Sound and Shape Symbolism, in: Journal of Consumer Psychology 22, 2012, S. 37–54.

Spence, C.: Multisensory Packaging Design: Color, Shape, Texture, Sound, and Smell, in: Integrating the Packaging and Product Experience: A Route to Consumer Satisfaction, hg. von M. Chen und P. Burgess, Oxford 2016.

Spence, C., C. Velasco und K. Knoeferle: A Large Sample Study on the Influence of the Multisensory Environment on the Wine Drinking Experience, in: Flavour 3, Nr. 8, 2014.

Spence, C., Q. (J.) Wang und J. Youssef: Pairing Flavours and the Temporal Order of Tasting, in: Flavour 6, Nr. 4, 2017.

Zoon, H. F. A., C. de Graaf und S. Boesveldt: Food Odours Direct Specific Appetite, in: Foods 5, Nr. 1, 2016, S. 12.

ANMERKUNGEN

AMUSE-GUEULE

1 «Quadratische Teller sind ein ‹Gräuel›», sagt William Sitwell, Juror in der Kochshow *MasterChef*, in: Daily Telegraph (Food and Drink), 13. Mai 2014, www.telegraph.co.uk/foodanddrink/10828052/Square-plates-are-an-abomination-says-MasterChef-judge-William-Sitwell.html.

2 Ich hatte das «Vergnügen», mit Michael auf einem Literaturfestival im Dartmoor National Park aufzutreten, also in für ihn heimischen Gefilden («The Perfect Meal», Professor Charles Spence und Michael Caines, Angehöriger des Ordens des Britischen Weltreiches, im Gespräch, Chagford Literary Festival, 15. März 2015).

1. SCHMECKEN

1 D. P. Hänig: Zur Psychophysik des Geschmackssinnes, in: Philosophische Studien 17, 1901, S. 576–623; E. G. Boring: Sensation and Perception in the History of Experimental Psychology, New York 1942.

2 A. L. Aduriz: Mugaritz: A Natural Science of Cooking, New York 2014, S. 25.

3 S. M. McClure et al.: Neural Correlates of Behavioral Preference for Culturally Familiar Drinks, in: Neuron 44, 2004, S. 379–387.

4 J. Gerard: The Herbal or General History of Plants (1597), Amsterdam 1974.

5 O. Styles: Parker and Robinson in War of Words, in: Decanter, 14. April 2004, www.decanter.com/wine-news/parker-and-robinson-in-war-of-words-102172.

6 C. Sagioglou und T. Greitemeyer: Individual Differences in Bitter Taste Preferences Are Associated with Antisocial Personality Traits, in: Appetite 96, 2016, S. 299–308; A. Sims: How You Drink Your Coffee «Could Point to Psychopathic Tendencies», in: Independent, 10. Oktober 2015, www.independent.co.uk/news/science/psychopathic-people-are-more-likely-to-prefer-bitter-foods-according-to-new-study-a6688971.html.

2. RIECHEN

1 H. T. Fincks: The Gastronomic Value of Odours, in: Contemporary Review 50, 1886, S. 680–695.

2 C. Morran: PepsiCo Thinks Its Drinks Aren't Smelly Enough, Wants to Add Scent Capsules, in: Consumerist, 17. September 2013, https://consumerist.com/2013/09/17/pepsico-thinks-its-drinks-arent-smelly-enough-wants-to-add-scent-capsules.

3 F. T. Marinetti: The Futurist Cookbook, 1932, S. 43.

4 E. Waugh: Lust und Laster, Aus dem Englischen von pociao, copyright der deutschsprachigen Ausgabe © 2015 Diogenes Verlag A 01 Zürich.

5 M. G. Ramaekers et al.: Aroma Exposure Time and Aroma Concentration in Relation to Satiation, in: British Journal of Nutrition 111, 2014, S. 554–562.

6 S. Nassauer: Using Scent as a Marketing Tool, Stores Hope It-And Shoppers-Will Linger: How Cinnabon, Lush Cosmetics, Panera Bread Regulate Smells in Stores to Get You to Spend More, in: Wall Street Journal, 20. Mai 2014, www.wsj.com/articles/SB10001 4 2405270230346870457957 3953132979382.

7 A. Robertson: Ghost Food: An Art Exhibit Shows How We Might Eat After Global Warming, in: The Verge, 18. Oktober 2013, www.theverge.com/2013/10/18/4851966/ghost-food-shows-how-we-might-eat-after-global-warming.

3. SEHEN

1 Schon vor fast 150 Jahren schrieb C. S. Peirce: «Der Sehsinn selbst informiert uns nur über Farben und Formen. Niemand kann behaupten, dass Bilder eine Aussage über den Geschmack treffen. Insofern sind sie allgemein, weder süß noch unsüß, weder bitter noch unbitter, weder geschmackvoll noch geschmacklos» (Some Consequences of Four Incapacities, in: Journal of Speculative Psychology 2, 1868, S. 140–157). Zehn Jahre später schrieb Helmholtz: «Man kann zum Beispiel nicht fragen, ob süß eher rot oder eher blau ist» (The Facts of Perception: Selected Writings of Hermann Helmholtz [Middletown 1878]). Die gegensätzliche Position vertritt zum Beispiel B. Miller, Artist Invites Public to Taste Colour in Ten-Day Event with Dancers and Wine at the Oval, in: Culture 24, 3. Februar 2015, www.culture24.org.uk/art/art516019-artist-invites-public-to-taste-colour-in-ten-day-event%20with-dancers-and-wine-at-the-oval.

2 So schreibt Lyall Watson Anfang der Siebzigerjahre: «Wir haben eine tief sitzende Abneigung gegenüber blauem Essen. Gehen Sie einmal durch

den Supermarkt und schauen Sie, wie viel Blau Sie dort sehen. Die Farbe ist in der Natur ebenso selten wie in unseren künstlichen Jagdgründen. Kein Süßigkeitenhersteller hat jemals erfolgreich blaues Konfekt auf den Markt gebracht, und auch blaue Softdrinks oder blaues Eis haben sich nie lange gehalten» (The Omnivorous Ape, New York 1971, S. 66–67).

3 J. Wheatley: Putting Colour into Marketing, in: Marketing, Oktober 1973, S. 24–29 und S. 67.

4 C. Spence: Assessing the Influence of Shape and Sound Symbolism on the Consumer's Response to Chocolate, in: New Food 17, Nr. 2, 2014, S. 59–62.

5 Siehe C. Michel, C. Velasco und C. Spence: Cutlery Matters: Heavy Cutlery Enhances Diners' Enjoyment of the Food Served in a Realistic Dining Environment, in: Flavour 4, Nr. 26, 2015.

6 Siehe www.instagram.com/chefjacqueslamerde/; D. Galarza, «Revealed: Instagram Sensation Jacques La Merde Is ...», in: Eater, 28. Januar 2016, www.eater.com/2016/1/28/10750642/revealed-instagram-sensation-jacques-la-merde-is.

7 J. Yang: The Art of Food Presentation, in: Crave, 2011, zitiert in C. Spence und B. Piqueras-Fiszman: The Perfect Meal: The Multisensory Science of Food and Dining, Oxford 2014, S. 113.

8 A. Cockburn: Gastro-Porn, in: New York Review of Books, 8. Dezember 1977, www.nybooks.com/articles/1977/12/08/gastro-porn.

9 C. Spence, Q. (J.) Wang und J. Youssef: Pairing Flavors and the Temporal Order of Tasting, in: Flavour 6, Nr. 4, 2017.

10 C. Duboc: Munchies Presents: Mukbang, in: Munchies, 17. Februar 2015, https://munchies.vice.com/videos/munchies-presents-mukbang.

11 F. M. Kroese, D. R. Marchiori und D. T. D. de Ridder: Nudging Healthy Food Choices: A Field Experiment at the Train Station, in: Journal of Public Health 38, 2016, e133–e137.

12 Die Zunahme lag in diesem Fall bei 10 bis 15 Prozent; C. P. Herman, J. M. Ostovich und J. Polivy: Effects of Attentional Focus on Subjective Hunger Ratings, in: Appetite 33, 2009, S. 181–193.

13 S. Howard, J. Adams und M. White: Nutritional Content of Supermarket Ready Meals and Recipes by Television Chefs in the United Kingdom: Cross Sectional Study, in: British Medical Journal 345, 2012, e7607.

14 C. Michel et al.: A Taste of Kandinsky: Assessing the Influence of the Visual Presentation of Food on the Diner's Expectations and Experiences, in: Flavour 3, Nr. 7, 2014.

15 T. M. Marteau et al.: Downsizing: Policy Options to Reduce Portion Sizes to Help Tackle Obesity, in: British Medical Journal 351, 2015, h5863.

16 C. K. Morewedge, Y. E. Huh und J. Vosgerau: Thought for Food: Imagined Consumption Reduces Actual Consumption, in: Science 330, 2010, S. 1530–1533.

4. HÖREN

1 P. Samuelsson: Taste of Sound: Composing for Large Scale Dinners, Grundsatzpräsentation auf dem Sensibus Festival, Seinajoki, Finnland, 13.–14. März 2014; siehe auch C. Spence: Music from the Kitchen, in: Flavour 4, Nr. 25, 2015.

2 Siehe «The Sounds of Massimo Bottura by Yuri Ancarani and Mirco Mecacci», Video, in: New York Times Style Magazine, 2016, www.nytimes.com/video/t-magazine/100000004708074/massimobottura.html.

3 M. Batali: The Babbo Cookbook, New York 2002), zitiert in J. S. Allen: The Omnivorous Mind: Our Evolving Relationship with Food, London 2012, S. 8.

4 M. Batali: The Babbo Cookbook, zitiert in Allen: The Omnivorous Mind: Our Evolving Relationship with Food, S. 8. Es wird viel mehr als angeboren angesehen, als vernünftigerweise anzunehmen ist.

5 Lindstrom: Brand Sense: How to Build Brands Through Touch, Taste, Smell, Sight and Sound, London 2005, S. 12.

6 G. Keeley: Spanish Chefs Want to Take the Din Out of Dinner, in: Times, 4. Mai 2016, S. 33, www.thetimes.co.uk/article/spanish-chefs-want-to-take-the-din-out-of-dinner-cr3fpcg7p.

7 Zitat des Hoteldirektors Edwin Kramer von London's Edition Hotel, in L. Eriksen, Room with a Cue, in: Journal, Herbst 2014, S. 26–27.

5. TASTEN

1 Zitiert in G. Berghaus: The Futurist Banquet: Nouvelle Cuisine or Performance Art?, in: New Theatre Quarterly 17, Nr. 1, 2001, S. 3–17, hier S. 15.

2 W. Welch, J. Youssef und C. Spence: Neuro-Cutlery: The Next Frontier in Cutlery Design, in: Supper Magazine 4, 2016, S. 128–129.

3 Y. Martel: Schiffbruch mit Tiger. © 2001 Yann Mertel. Aus dem Englischen von Manfred Allié und Gabriele Kempf-Allié. © S. Fischer Verlag GmbH, Frankfurt am Main 2003, S. 141.

6. DAS STIMMUNGSVOLLE MAHL

1 Oder wie es ein anderer Gastronom formulierte: «Die Gäste suchen ein kulinarisches Erlebnis, das sich so weit wie möglich vom Essen daheim unterscheiden soll. Dabei ist die Atmosphäre für sie vermutlich wichtiger als das Mahl selbst.» In: More Restaurants Sell an Exotic Atmosphere as

Vigorously as Food, in: *Wall Street Journal*, 4. August 1965, S. 1, zitiert in P. Kotler: Atmospherics as a Marketing Tool, in: Journal of Retailing 49, Winter 1974, S. 48–64, hier S. 58–59.

2 Kotler: Atmospherics as a Marketing Tool, S. 48–64, hier S. 48.

3 M. Sheraton: Eating My Words: An Appetite for Life, New York 2004, S. 172.

4 Zitiert in C. Suddath: How Chipotle's DJ, Chris Golub, Creates His Playlists, in: Businessweek, 17. Oktober 2013, www.bloomberg.com/news/articles/2013-10-17/chipotles-music-playlists-created-by-chris-golub-of-studio-orca.

5 Zitiert in T. Clynes: A Restaurant with Adjustable Acoustics, in: Popular Science, 11. Oktober 2012, www.popsci.com/technology/article/2012-08/restaurant-adjustable-acoustics.

6 A. Shelton: A Theater for Eating, Looking and Thinking: The Restaurant as Symbolic Space, in: Sociological Spectrum 10, 1990, S. 507–526, hier S. 522.

7 Zitiert in Stuckey: Taste What You're Missing: The Passionate Eater's Guide to Why Good Food Tastes Good, S. 85–86.

8 Shelton: A Theater for Eating, Looking and Thinking, S. 507–526, hier S. 525.

9 Welcome to the Experience Economy, in: Harvard Business Review 76, Nr. 4, 1998, S. 97–105, hier S. 104.

10 Zitiert in C. Rintoul: The Next Chef Revolution, in: Food Is the New Internet (Blog), https://medium.com/food-is-the-new-internet/the-next-chef-revolution-dfe75f0820d2.

11 J. Bergman: Restaurant Report: Ultraviolet in Shanghai, in: New York Times, 10. Oktober 2012, www.nytimes.com/2012/10/07/travel/restaurant-report-ultra-violet-in-shanghai.html.

12 M. Steinberger: Au Revoir to All That: The Rise and Fall of French Cuisine, London 2010, S. 78.

13 E. Lampi: Hotel and Restaurant Lighting, in: Cornell Hotel and Restaurant Administration Quarterly 13, 1973, S. 58–64, hier S. 59.

14 J. Johnson und F. M. Clydesdale: Perceived Sweetness and Redness in Colored Sucrose Solutions, in: Journal of Food Science 47, 1982, S. 747–752.

15 David Ashen von Dash Design, zitiert in R. S. Baraban und J. F. Durocher: Successful Restaurant Design, Hoboken 2010, S. 236.

7. ESSEN IN GESELLSCHAFT

1 S. Cockcroft: That Really Is a Happy Meal! McDonald's Staff Throw a Surprise Birthday Party for a Lonely 93-Year-Old Widower Who Has Gone to McDonald's Almost Every Day Since 2013, in: Daily Mail On-

line, 20. November 2015, www.dailymail.co.uk/news/article-3327184/That-really-Happy-Meal-Lonely-93-year-old-gone-McDonald-s-day-death-wife-thrown-surprise-birthday-party-restaurant.html.

2 N. Frizzell: Dinner for One-Now That's My Kind of Date, 14. April 2016, www.theguardian.com/commentisfree/2016/apr/13/dinner-for-one-date-solo-dining-eat.

3 H. F. Harlow: Social Facilitation of Feeding in the Albino Rat, in: Journal of Genetic Psychology 41, 1932, S. 211–220, hier S. 211.

4 C. Steel: Hungry City: How Food Shapes Our Lives, London 2008, S. 212 f..

5 K. Davey: One in Three People Go a Week Without Eating a Meal with Someone Else, Oxford University Professor Finds, in: Oxford Mail, 13. April 2016, www.oxfordmail.co.uk/news/14422266.One_in_three_people_go_a_week_without_eating_a_meal_with_someone_else_Oxford_University_professor_finds.

6 H. Rumbelow: Tired of Takeaways? Try Supper in a Stranger's Home with the Airbnb of Dining, in: Times (Times2), 19. November 2015, S. 6–7.

7 Camille Rumani, Mitgründerin der Website VizEat.

8 Diese von OpenTable durchgeführte Studie wird zitiert in A. Victor: Table for One, Please! Number of Solo Diners Doubles in Two Years as Eating Alone Is Viewed as Liberating Rather than a Lonely Experience, in: Daily Mail Online, 13. Juli 2015, www.dailymail.co.uk/femail/food/article-3156420/Open Table-study-reveals-number-solo-diners-doubles-two-years.html.

9 W. Smale: Your Solo Dining Experiences, in: BBC News (Business), 31. Juli 2014, www.bbc.co.uk/news/business-28542359.

10 Frizzell: Dinner for One-Now That's My Kind of Date.

11 A. S. Levine: New York Today: Where to Eat Alone, in: New York Times, 11. Februar 2016, www.nytimes.com/2016/02/11/nyregion/new-york-to-day-where-to-eat-alone.html.

12 Van Goor sagt außerdem: «Das Alleinessen ist in unserer Gesellschaft der extremste Ausdruck für unser Gefühl, isoliert zu sein.» Beim Eenmaal geht es aber offenbar nicht darum, nur schnell einen Happen zu essen, sondern um ein Statement, ausdrücklich allein essen zu wollen. Beide Zitate in B. Balfour: Tables for One: The Rise of Solo Dining, in: BBC News Online, 24. Juli 2014, www.bbc.co.uk/news/business-28292651.

13 A. J. N. Rosny: Le Péruvian à Paris, 1801, zitiert in R. L. Spang: The Invention of the Restaurant, Cambridge 2000, S. 64.

14 S. B. Mendelsohn: I Eat You Eat Me, in: Feast: Radical Hospitality in Contemporary Art (Blog), 7. Februar 2012, https://blogs.uchicago.edu/feast/2012/02/i_eat_you_eat_me.html.

15 M. Vogelzang: Sharing Dinner, Studio Marije Vogelzang (Blog), http://marijevogelzang.nl/portfolio_page/sharing-dinner.

16 Zitiert in R. Comber et al.: Not Sharing Sushi: Exploring Social Presence and Connectedness at the Telematic Dinner Party, in: J. H.-J. Choi, M. Foth und G. Hearn (Hg.): Eat, Cook, Grow: Mixing Human-Computer Interactions with Human-Food Interactions, Cambridge 2014, S. 65–79, hier S. 71.

9. DAS DENKWÜRDIGE MAHL

1 L. P. Carbone und S. H. Haeckel: Engineering Customer Experiences, in: Marketing Management 3, Nr. 3, 1994, S. 8–19, hier S. 8.
2 O. Franklin-Wallis: Lizzie Ostrom Wants to Transform People's Lives Through Their Noses, in: Wired, 3. Oktober 2015, www.wired.co.uk/magazine/archive/2015/11/play/lizzie-ostrom-smell; J. Morton: How Ode, a «Food Alarm Clock», Is Enforcing Appetite Stimulation in Dementia Patients, in: Med-Tech Engine, 6. Januar 2016, https://medtechengine.com/article/appetite-stimulation-in-dementia-patients.
3 J. A. Brillat-Savarin: Physiologie du goût, Brüssel 1835, S. 14.

10. DAS PERSONALISIERTE MAHL

1 J. A. Heidemann: You've Been Googled-Bon Appetit!, in: Chicago Business, 29. Juni 2013, www.chicagobusiness.com/article/20130629/ISSUE03/306299997/youve-been-googled-bon-appetit; S. Craig: What Restaurants Know (About You), in: New York Times, 4. September 2012, www.nytimes.com/2012/09/05/dining/what-restaurants-know-about-you.html.
2 Lunchtime Poll: Investigating Patrons, in: CNN, 10. August 2010, https://cnneatocracy.wordpress.com/2010/10/28/lunchtime-poll-investigating-patrons.
3 Craig: What Restaurants Know (About You).
4 S. Miles: 6 Tools Restaurants Can Use for Better Guest Intelligence, in: Streetfight, 22. Juli 2013, http://streetfightmag.com/2013/07/22/6-tools-restaurants-can-use-for-better-guest-intelligence.
5 Aus einer Analyse einer großen Zahl von Speisekarten im Internet zog der Linguist Dan Jurafsky den Schluss, dass «teure Restaurants (€€€€) nur halb so viele Gerichte anbieten wie günstige Restaurants (€).» D. Jurafsky: The Language of Food: A Linguist Reads the Menu, New York 2014, S. 12.
6 T. Hayward: Menus Without Choice Blaspheme Against the Doctrine of Dining, in: FT Weekend Magazine, 23. Januar 2016, S. 12.
7 Es war allerdings nicht irgendwer, sondern Ernest Dichter, ein langjähriger Mitarbeiter von Louis Cheskin. Beide waren Mitte des letzten Jahrhunderts aus Mitteleuropa geflohen, um Chaos und Verfolgung

zu entgehen. Ein Abriss jener Zeit findet sich in L. R. Samuel: Freud on Madison Avenue: Motivation Research and Subliminal Advertising in America, Oxford 2010.

8 F. T. Marinetti: Nourishment by Radio, Marinetti, The Futurist Cookbook, S. 67.

11. DAS EXPERIMENTELLE MAHL

1 Zitiert nach Aduriz: Mugaritz: A Natural Science of Cooking, S. 18.

2 J. Simpson und J. Mattson: TV Chef's Grubby Steakhouse Mixed Raw and Cooked Meat, in: Times, 26. Mai 2014, S. 18, www.thetimes.co.uk/tto/news/uk/article4100051.ece.

3 Zitiert nach L. Collins: Who's to Judge? How the World's 50 Best Restaurants Are Chosen, in: New Yorker, 2. November 2015, www.newyorker.com/magazine/2015/11/02/whos-to-judge.

4 J. Kinsman: Give Us a Butcher's ... For Diners, Seeing Is Believing, in: Independent on Sunday, 7. Juni 2015, S. 59. J. R. Walker: The Restaurant: From Concept to Operation, Hoboken 62011, S. 53.

5 S. K. A. Robson: Turning the Tables: The Psychology of Design for High-Volume Restaurants, in: Cornell Hotel and Restaurant Administration Quarterly 40, Nr. 3, 1999, S. 56–63, hier S. 60.

6 G. Ulla: Grant Achatz Plans to «Overhaul the Experience» at Alinea, in: Eater, 23. November 2011, www.eater.com/2011/11/23/6634549/grant-achatz-plans-to-overhaul-the-experience-at-alinea.

7 Zitiert in Collins: Who's to Judge? How the World's 50 Best Restaurants Are Chosen.

8 Bergman: Restaurant Report: Ultraviolet in Shanghai.

9 Zitiert in M. Joe: Dishing It Out: Chefs Are Offering Diners a Multisensory Experience, in: South China Morning Post, 10. Januar 2014, www.scmp.com/magazines/style/article/1393915/dishing-it-out-chefs-are-offering-diners-multisensory-experience.

10 S. Pigott: Appetite for Invention, in: Robb Report, Mai 2015, S. 98–101, hier S. 99.

11 Roncero brüstet sich damit, «die erste gastronomische Show der Welt» inszeniert zu haben. Zitiert in B. Palling: Fork It Over: Are the World's Priciest Restaurants Worth the Expense?, in: Newsweek, 4. Dezember 2015, www.pressreader.com/usa/newsweek/20151204/282089160685916. Siehe auch A. Jakubik: The Workshop of Paco Roncero, in: Trendland: Fashion Blog and Trend Magazine, 23. Juli 2012, http://trendland.com/the-workshop-of-paco-roncero.

12 Das war eine der Ideen, die Grant Achatz bei einem Gespräch zur Neu-

ausrichtung des Alinea 2011 nannte (Ulla: Grant Achatz Plans to «Overhaul the Experience» at Alinea).

13 J. Gordinier: A Restaurant of Many Stars Raises the Ante, in: New York Times, 27. Juli 2012, www.nytimes.com/2012/07/28/dining/eleven-madison-park-is-changing-things-up.html.

14 Zitiert nach J. Rayner: Blue Sky Thinking, in: Observer Food Monthly, 23. August 2015, S. 18–22, hier S. 21–22.

15 J. Gerard: Heston Blumenthal: My New Alice in Wonderland Menu, in: Daily Telegraph, 1. Juli 2009, www.telegraph.co.uk/foodanddrink/restaurants/5700481/Heston-Blumenthal-my-new-Alice-in-Wonderland-menu.html.

16 K. Sekules: Food for Thought: Copenhagen's Coolest Dinner Theater, in: New York Times, 19. Januar 2010, http://tmagazine.blogs.nytimes.com/2010/01/19/food-for-thought-copenhagens-coolest-dinner-theater.

17 A. Soloski: Sleep No More: From Avant Garde Theater to Commercial Blockbuster, in: Guardian, 31. März 2015, www.theguardian.com/stage/2015/mar/31/sleep-no-more-avant-garde-theater-new-york. Felix Barrett erklärt in dem Artikel: «‹Was wir mit der Bar und dem Restaurant machen, sind Experimente, Forschung›, sagte er. ‹Wie kann man mit Essen eine Geschichte erzählen? Wie gibt man einem Dreigangmenü ein Narrativ?›» Siehe auch: Sleep No More Adds High-End Restaurant to Its New York Roster, in: Guardian, 26. November 2013.

18 S. Mountfort: Like Heston Meets Crystal Maze, in: Metro, 9. Dezember 2015, S. 49.

19 P. McCouat: The Futurists Declare War on Pasta, in: Journal of Art in Society, 2014, www.artinsociety.com/the-futurists-declare-war-on-pasta.html.

20 C. A. Jones (Hg.): Sensorium: Embodied Experience, Technology, and Contemporary Art, Cambridge 2006, S. 19.

21 J. Klein: Feeding the Body: The Work of Barbara Smith, in: PAJ: A Journal of Performance and Art 21, Nr. 1, 1999, S. 24–35, hier S. 25.

22 J. Finkelstein: Dining Out: A Sociology of Manners, New York 1989, S. 68.

23 Zitiert in Gordinier: A Restaurant of Many Stars Raises the Ante.

12. DIGITAL ESSEN

1 Andere haben ähnliche Beobachtungen gemacht: «Henry Jenkins, Theoretiker der Medientechnologie, zeigte sich noch 2006 skeptisch, ob eine neue Technologie wie PFP («personal food printer», persönlicher Essensdrucker) die derzeitigen Technologien ersetzen und damit alle Küchengeräte in einer einzigen allmächtigen Blackbox bündeln könnte. Jenkins nennt das den Blackbox-Irrtum.» Zitiert in G. Hearn und D. L. Wright:

Food Futures: Three Provocations to Challenge HCI, in Choi, Foth und Hearn (Hg.): Eat, Cook, Grow: Mixing Human-Computer Interactions with Human-Food Interactions, S. 265–78, hier S. 273–74.

2 D. Meyer: Setting the Table: Lessons and Inspirations from One of the World's Leading Entrepreneurs, London 2010, S. 93.

3 B. London: World's First Sensory Restaurant for Babies Complete with Digital Menus and Interactive Menus Opens Doors, in: Daily Mail Online, 5. Juni 2014, www.dailymail.co.uk/femail/article-2649367/Worlds-sensory-restaurant-babies-complete-digital-menus-interactive-menus-opens-doors.html.

4 Zitiert in Pigott: Appetite for Invention, S. 98–101.

5 C. Spence: Multisensory Marketing, Präsentation, Zeitgeist Curator, Berlin, 30. August 2012.

6 B. Dowell: Listen, This Food Is Music to Your Ears, in: Sunday Times, 29. August 2004, www.thesundaytimes.co.uk/sto/news/uk_news/article 236417.ece.

7 C. Platt: You've Got Smell, in: Wired, 1. November 1999, www.wired. com/1999/11/digiscent/; A. Dusi: «What Does $ 20 Million Burning Smell Like? Just Ask DigiScents!», in: StartupOver, 19. Januar 2014, www.start upover.com/en/20-million-burning-smell-like-just-ask-digiscents.

8 S. Curtis: Robotic Bartender Serves Up Drinks on World's First «Smart Ship»: Royal Caribbean's Quantum of the Seas Is the Most Technologically Advanced Cruise Ship in the World, in: Daily Telegraph, 1. November 2014, www.telegraph.co.uk/technology/news/11198509/Robotic-bartender-serves-up-drinks-on-worlds-first-smart-ship.html.

9 T. Fuller: You Call This Thai Food? The Robotic Taster Will Be the Judge, in: New York Times, 29. September 2014, A1, www.nytimes.com/ 2014/09/29/world/asia/bad-thai-food-enter-a-robot-taster.html.

10 R. Burn-Callender: The Robot Chef Coming to a Kitchen Near You, in: Daily Telegraph, 6. Oktober 2015, www.telegraph.co.uk/finance/business-club/11912085/The-robot-chef-coming-to-a-kitchen-near-you.html.

13. ZURÜCK ZU DEN FUTURISTEN

1 Bei dem Gericht handelte es sich um eine gekühlte Zitrussuppe, die der Kellner am Tisch mit Togarashi-Nebel besprühte; siehe P. Vettel: Good Eating's Fine Dining in Chicago, Chicago 2013.

2 S. Brickman: The Food of the Future, in: New Yorker, 1. September 2014, www.newyorker.com/culture/culture-desk/food-future.

3 Berghaus: The Futurist Banquet: Nouvelle Cuisine or Performance Art?, S. 3–17, hier S. 15.

4 Ebd., S. 70.

5 So lautet der Titel eines kürzlich erschienenen Artikels; siehe: Futurist Cooking: Was Molecular Gastronomy Invented in the 1930s?, in: The Staff Canteen, 25. April 2014, www.thestaffcanteen.com/Editorials-and-Advertorials/futurist-cooking-was-molecular-gastronomy-invented-in-the-1930s.

6 Marinetti veröffentlichte sein berüchtigtes «Manifest der futuristischen Küche» am 28. Dezember 1930 in der Gazzetta del Popolo in Turin. Nachgedruckt in Marinetti: Die futuristische Küche, dt. von Klaus M. Rarisch, Stuttgart 1983.

7 S. Smith (Hg.): Feast: Radical Hospitality in Contemporary Art, Chicago 2013, S. 35.

8 D. MacHale: Wisdom, London 2002.

9 D. Darrah: Futurist's Idea on Food Finds Italy Contrary, in: Chicago Daily Tribune, 11. Dezember 1931; H. B. Higgins: Schlurrrp! The Case for and Against Spaghetti, in Smith (Hg.): Feast: Radical Hospitality in Contemporary Art, S. 40–47; McCouat: The Futurists Declare War on Pasta; R. Golan: Ingestion/Anti-Pasta, in: Cabinet 10, 2003, S. 1–5.

10 Higgins: Schlurrrp! The Case for and Against Spaghetti, S. 40–47, hier S. 43.

11 Marinetti: The Futurist Cookbook, 1932, S. 84.

12 Marinetti: The Futurist Cookbook, 1932, S. 65.

13 Berghaus: The Futurist Banquet: Nouvelle Cuisine or Performance Art?, S. 3–17, hier S. 8–9.

14 T. Hayward: The Cult of Inconsistency, in: FTWeekend Magazine, 10. Oktober 2014, www.ft.com/content/41cb3e4c-4e66-11e4-bfda-00144feab7de.

15 C. Spence und J. Youssef: Constructing Flavour Perception: From Destruction to Creation and Back Again, in: Flavour 5, Nr. 3, 2016. Das betreffende Gericht stammte von der Kitchen Theory.

16 Jurafsky: The Language of Food: A Linguist Reads the Menu.

17 Zitiert in J. Wakefield: What Would a Computer Cook For Dinner?, in: BBC News Online, 7. März 2014, www.bbc.co.uk/news/technology-26352743.

18 Zitiert in M. Wall: From Pizzas to Cocktails the Data Crunching Way, in: BBC News, 18. August 2015, www.bbc.co.uk/news/business-33892409.

19 Miller: Artist Invites Public to Taste Color in Ten-Day Event with Dancers and Wine at the Oval.

20 D. Arroche: Never Heard of Sensploration? Time to Study Up on Epicure's Biggest Luxury Trend, in: LuxeEpicure, 22. Dezember 2015, www.justluxe.com/lifestyle/dining/feature-1962122.php.

21 Zitiert nach Y. Arrigo: Welcome to the Booming Experience Economy, in: Raconteur (Future of Events and Hospitality) 362, 2016, S. 2–3.

22 «Spitzenköche, die das Gesamterlebnis als Gesamtkunstwerk neuden-
ken, haben sich Carême zufolge einen Platz im Pantheon der großen
Künstler verdient.» Zitiert in J. Abrams: Mise en Plate: The Scenographic
Imagination and the Contemporary Restaurant, in: Performance Research: A Journal of the Performing Arts 18, Nr. 3, 2013, S. 7–14, hier S. 14.

23 J. Wapner: The Flavour Factory: Hijacking Our Senses to Tailor Tastes, in:
New Scientist, 3. Februar 2016, www.newscientist.com/article/2075674-
the-flavour-factory-hijacking-our-senses-to-tailor-tastes.

24 Aduriz: Mugaritz: A Natural Science of Cooking, S. 42–43.

25 N. Scott: The 50 Greatest Yogi Berra Quotes, in: For The Win (Blog), USA
Today, 23. September 2015, http://ftw.usatoday.com/2015/09/the-50-grea-
test-yogi-berra-quotes.

Charles Spence ist Professor für Experimentalpsychologie an der University of Oxford. Für seine Forschungen erhielt er zahlreiche Preise, u.a. den Friedrich Wilhelm Bessel-Forschungspreis der Alexander von Humboldt-Stiftung (2005), den Ig Nobel Prize (2008) und den Science Prose Award (2015).